Schriften zur Evaluationsforschung

werden herausgegeben von

Prof. Dr. Nicolai Dose, Universität Duisburg-Essen
Prof. Dr. Sabine Kuhlmann, Universität Potsdam
Prof. Dr. Isabella Proeller, Universität Potsdam
Prof. Dr. Jan Ziekow, Deutsches Forschungsinstitut
für öffentliche Verwaltung, Speyer

Band 7

Jan Ziekow | Dieter Katz
Axel Piesker | Hanna Willwacher

Die Rechtsextremismus-Datei in der polizeilichen und nachrichtendienstlichen Praxis

Ergebnisse der Evaluation nach Artikel 3 Absatz 2 des Gesetzes zur Verbesserung der Bekämpfung des Rechtsextremismus

Nomos

Die Deutsche Nationalbibliothek verzeichnet diese Publikation in der Deutschen Nationalbibliografie; detaillierte bibliografische Daten sind im Internet über http://dnb.d-nb.de abrufbar.

ISBN 978-3-8487-3517-4 (Print)

ISBN 978-3-8452-7818-6 (ePDF)

1. Auflage 2017

Vorwort

Als Reaktion auf die Taten des nationalsozialistischen Untergrunds (NSU), der in den 1990er und 2000er Jahren eine Reihe von Anschlägen, Morden und Banküberfällen in Deutschland verübt hatte, wurde im Jahr 2012 die sog. Rechtsextremismus-Datei (RED) geschaffen.

Gesetzliche Grundlage der Datei ist das Rechtsextremismus-Datei-Gesetz (RED-G), durch das 36 Sicherheitsbehörden verpflichtet werden, relevante Informationen zu gewaltbezogenen Rechtsextremisten in der RED zu speichern. Gleichzeitig erhält jede teilnehmende Behörde unmittelbaren Zugriff auf die dort gespeicherten Daten. Dadurch soll der Informationsaustausch zwischen den Behörden verbessert und eine effektivere Bekämpfung des gewaltbezogenen Rechtsextremismus gewährleistet werden.

Artikel 3 Absatz 2 des Gesetzes zur Verbesserung der Bekämpfung des Rechtsextremismus vom 20. August 2012 sah eine Evaluierung des RED-G vor dem 31. Januar 2016 unter Einbeziehung wissenschaftlicher Sachverständiger vor. Mit der Durchführung der Evaluation beauftragte das Bundesministerium des Innern (BMI) im Einvernehmen mit dem Deutschen Bundestag das Institut für Gesetzesfolgenabschätzung und Evaluation (InGFA) in Speyer.

Die Evaluierung verfolgte zum einen das Ziel, die Häufigkeit und die Auswirkungen der mit den Datenerhebungen, -verarbeitungen und -nutzungen verbundenen Grundrechtseingriffe im Rahmen der RED zu erfassen. Zum anderen ging es um die Untersuchung der Wirksamkeit der gesetzlichen Regelungen im Hinblick auf die Bekämpfung des gewaltbezogenen Rechtsextremismus. Die Evaluation verfolgte dabei einen interdisziplinären Ansatz, der aus einer Verknüpfung einer empirisch-sozialwissenschaftlichen mit einer rechtswissenschaftlichen Analyse bestand. Der vorliegende Band stellt eine an einigen Stellen redaktionell überarbeitete Version des ursprünglichen Evaluationsberichts dar.

Unser Dank gilt vor allem den AnsprechpartnerInnen und InterviewpartnerInnen der Sicherheitsbehörden auf Bundes- und Landesebene, insbesondere des Bundeskriminalamts (BKA), ohne deren kooperative Mitwirkung das Evaluationsvorhaben nicht zu einem erfolgreichen Abschluss hätte gebracht werden können. Darüber hinaus möchten wir uns besonders bei Herrn Johann Jergl, Referent im Referat ÖS I 3 des BMI, für die sehr gute Zusammenarbeit bedanken.

Schließlich gilt unser Dank Frau Ursula Jungkind und Herrn Tobias Ritter, beide Deutsches Forschungsinstitut für öffentliche Verwaltung, für das Korrekturlesen und die Unterstützung bei der Formatierung des Berichts.

Speyer, im August 2017

Jan Ziekow
Axel Piesker
Hanna Willwacher

Inhaltsverzeichnis

Abbildungsverzeichnis

Tabellenverzeichnis

1. Einleitung

Nach Bekanntwerden der Taten des sog. „Nationalsozialistischen Untergrunds (NSU)“ im Jahr 2011, der in den 1990er und 2000er Jahren eine Reihe von Anschlägen, Morden und Banküberfällen in Deutschland verübt hatte, entschloss sich der Gesetzgeber, eine rechtliche Grundlage für die Schaffung einer gemeinsamen Datei im Bereich des gewaltbezogenen Rechtsextremismus zu schaffen.[1]

Das Rechtsextremismus-Datei-Gesetz (kurz: RED-G) trat am 20. August 2012 in Kraft und orientierte sich hinsichtlich der Struktur und Formulierung an dem aus dem Jahr 2006 stammenden Gesetz zur Errichtung einer standardisierten zentralen Antiterrordatei von Polizeibehörden und Nachrichtendiensten von Bund und Ländern (kurz: ATDG). Obwohl sich die Antiterror-Datei (ATD) und die Rechtsextremismus-Datei (RED) sehr ähnlich sind, wurde von einer einfachen Erweiterung der ATD abgesehen, u. a. da der Bundesnachrichtendienst (BND) keinen gesetzlichen Auftrag im Bereich der Bekämpfung des gewaltbezogenen Rechtsextremismus in Deutschland besitzt und deshalb keinen Zugriff auf die Datei erhalten sollte. Zudem wären umfangreiche Anpassungsarbeiten erforderlich gewesen, die man vermeiden wollte.[2]

Ziel der RED ist es, den Informationsaustausch zwischen den Sicherheitsbehörden zur Bekämpfung des gewaltbezogenen Rechtsextremismus effektiver zu gestalten und bewährte Formen der Zusammenarbeit sinnvoll zu ergänzen. Darüber hinaus soll die Datei das Risiko von Übermittlungsfehlern verringern und die Qualität der zur Verfügung stehenden Daten steigern.[3]

Neben der RED wurde bereits im November 2011 das Gemeinsame Abwehrzentrum Rechtsextremismus (GAR) eingerichtet, das mittlerweile im Gemeinsamen Extremismus- und Terrorismusabwehrzentrum (GETZ) aufgegangen ist. RED und GAR sollen strukturelle Mängel bei der Aufklärung von rechtsextremistischen Bestrebungen zukünftig verhindern und die Zusammenarbeit der Behörden untereinander erleichtern.[4] Art. 3 Abs. 2 des Gesetzes zur Verbesserung der Bekämpfung des Rechtsextremismus vom

1 *Friedrich* (2012a), 19204.
2 Bundesregierung (2012), 1; Innenausschuss (2012), 1.
3 Bundesregierung (2012), 10; *Maurer* (2012), 2.
4 *Friedrich* (2012b), 22395.

20. August 2012 sieht vor, dass das RED-G vor dem 31. Januar 2016 unter Einbeziehung eines oder mehrerer wissenschaftlicher Sachverständiger evaluiert wird:

> „Die Anwendung des Artikel 1 ist von der Bundesregierung vor dem 31. Januar 2016 unter Einbeziehung eines oder mehrerer wissenschaftlicher Sachverständiger, die im Einvernehmen mit dem Deutschen Bundestag bestellt werden, zu evaluieren. Bei der Untersuchung sind auch die Häufigkeit und die Auswirkungen der mit den Datenerhebungen, -verarbeitungen und -nutzungen verbundenen Grundrechtseingriffe einzubeziehen und in Beziehung zu setzen zu der anhand von Tatsachen darzustellenden Wirksamkeit zum Zweck der Bekämpfung des gewaltbezogenen Rechtsextremismus. Die Sachverständigenauswahl muss dem Maßstab der Evaluierung gemäß Satz 2 Rechnung tragen.“

Mit der Durchführung der Evaluation hat das Bundesministerium des Innern (BMI) im Einvernehmen mit dem Deutschen Bundestag[5] das Institut für Gesetzesfolgenabschätzung und Evaluation (InGFA) beauftragt.

Auf Grundlage der Leistungsbeschreibung wurde vom InGFA ein Evaluationskonzept entwickelt und die Erhebung der für die Bewertung erforderlichen Daten sowie die verfassungsrechtliche Analyse zum RED-G durchgeführt.

5 Deutscher Bundestag (2014), 2127.

2. Evaluationsgegenstand

In Art. 3 Abs. 2 des Gesetzes zur Verbesserung der Bekämpfung des Rechtsextremismus vom 20. August 2012 erfolgt keine Beschränkung des Evaluationsumfangs auf bestimmte Normen. Folglich werden alle Regelungen des RED-G in die Evaluation miteinbezogen.

Bereits am 4. April 2013 hat das Bundesverfassungsgericht (BVerfG) in seinem Urteil zum ATDG auf gesetzlichen Änderungsbedarf hingewiesen, der aufgrund der Ähnlichkeit der beiden Dateien auf die RED übertragbar war.[6] Dem Gesetzgeber war vom BVerfG im ATDG-Urteil zur verfassungskonformen Regelung der ATD und anderer Gesetze eine Frist bis zum 31. Dezember 2014 eingeräumt worden.[7]

Um dem BVerfG-Urteil Rechnung zu tragen, hatte die Bundesregierung am 11. April 2014 den „Entwurf eines Gesetzes zur Änderung des Antiterrordateigesetzes und anderer Gesetze“ im Bundesrat eingebracht.[8] Die Vorgaben des BVerfG sollten dadurch auch entsprechend für die RED umgesetzt werden. Der Bundesrat hat dazu am 23. Mai 2014 Stellung genommen.[9] Der Innenausschuss des Bundestages hat in öffentlicher Verhandlung am 22. September 2014 darüber beraten und am 15. Oktober 2014 eine Beschlussempfehlung abgegeben, in der vereinzelte Korrekturen des Gesetzesentwurfs vorgeschlagen wurden.[10] Das Änderungsgesetz trat am 18. Dezember 2014 mit Wirkung zum 1. Januar 2015 in Kraft.

Aufgrund der bereits im März 2014 begonnenen Durchführung der Evaluation bezieht sich die empirische und verfassungsrechtliche Analyse auf die ursprüngliche Fassung des RED-G. Um auch den Auswirkungen der Rechtsänderung Rechnung zu tragen, wird im Rahmen der verfassungsrechtlichen Analyse – sofern die rechtlichen Änderungen zu einer Neubewertung führten – auch Bezug auf die RED-G-Neufassung genommen.

Aufgabe der vorliegenden Evaluation ist es somit, die Anwendung der Bestimmungen, die bis zum 31. Dezember 2014 galten, wissenschaftlich zu überprüfen. Eine verfassungspolitische Bewertung wird nicht vorgenom-

6 BVerfG (2013), 1499 ff.
7 BVerfG (2013), 1499 (Rn. 229).
8 Bundesregierung (2014a), 1.
9 Bundesrat (2014).
10 Innenausschuss (2014).

men, da dies Aufgabe der Verfassungsorgane bleibt. Völkerrechtliche Fragen bzw. die Vereinbarkeit mit Europarecht sind ebenfalls nicht Gegenstand des Evaluationsauftrags. Eine Ausdehnung der Evaluation auf das gesamte Sicherheitsrecht wurde von der Partei DIE LINKE im Innenausschuss angeregt, ist jedoch vom Evaluationsauftrag in Art. 3 des Gesetzes zur Verbesserung der Bekämpfung des Rechtsextremismus nicht erfasst und daher auch nicht Gegenstand der hier vorliegenden Untersuchung.

3. Struktur und Funktionsweise der RED

Die RED wurde am 19. September 2012 in Betrieb genommen. Bei der Datei handelt es sich um ein Kontaktanbahnungsinstrument, das die beteiligten Sicherheitsbehörden bei der Bekämpfung des gewaltbezogenen Rechtsextremismus unterstützen soll. Durch eine Abfrage in der Datei kann eine anfragende Behörde erkennen, ob bei anderen Sicherheitsbehörden Informationen z. B. zu einer gesuchten Person vorliegen und kann dann innerhalb der Datei Kontakt zu der datenbesitzenden Behörde aufnehmen. Damit ergänzt und erleichtert die RED den Informationsaustausch zwischen den einzelnen Sicherheitsbehörden.

An der Verbunddatei waren gemäß § 1 Abs. 1 RED-G im Untersuchungszeitraum 36 deutsche Sicherheitsbehörden beteiligt. Auf Bundesebene arbeiten das Bundeskriminalamt (BKA), die Bundespolizei (BPOL), das Bundesamt für Verfassungsschutz (BfV) und der Militärische Abschirmdienst (MAD) mit der Datei. Auf Landesebene greifen die Verfassungsschutzbehörden der Länder (LfV) sowie die Landeskriminalämter (LKÄ) auf die RED zu.[11] Darüber hinaus gab es weitere 23 Landespolizeibehörden aus vier Bundesländern, die gemäß § 1 Abs. 2 RED-G zum Zugriff auf die Datei berechtigt waren.[12]

Die beteiligten Behörden sind verpflichtet, in der Datei Daten zu den relevanten Personen und Objekten zu speichern. Für die Verfassungsschutzbehörden der Länder und des Bundes erfolgt dies über das gemeinsam geführte Informationssystem NADIS WN, die Speicherung durch die LKÄ erfolgt über die gemeinsame Datei INPOL-Fall „Innere Sicherheit“. Sowohl der MAD als auch die BPOL erfassen die relevanten Daten direkt in der RED, da der MAD kein Nutzer von NADIS ist und die BPOL mit dem System @rtus arbeitet, für das keine elektronische Schnittstelle zur Befüllung der RED geschaffen wurde. Die Befüllung der Datei erfolgte in insgesamt

11 *Voß* (2014), 2.

12 Im Bericht erfolgt jedoch eine aggregierte Darstellung der Ergebnisse – sofern nicht anders angegeben –, so dass hier die Gesamtzahl von 36 Sicherheitsbehörden (zwei Polizeibehörden des Bundes, zwei Nachrichtendienste des Bundes, 16 Landespolizeibehörden und 16 Landesverfassungsschutzbehörden) zugrunde gelegt wird.

drei Stufen[13]. Die RED kann Informationen enthalten, die als Verschlusssachen (VS) bis zum Geheimhaltungsgrad GEHEIM eingestuft sind. Daher ist zwischen den polizeilichen Informationssystemen (im Wesentlichen INPOL-Fall) und der RED ein Sicherheitsgateway geschaltet. Zwischen den nachrichtendienstlichen Quellsystemen (im Wesentlichen NADIS), die selbst entsprechend eingestufte Informationen enthalten, und der RED ist dies nicht erforderlich. Der Zugriff auf die Daten in der RED erfolgt mittels eines besonders gesicherten und nach Vorgaben des Bundesamtes für Sicherheit in der Informationstechnik (BSI) verschlüsselten VS-Netzwerks. Folglich bedarf es insbesondere bei den Polizeibehörden, deren Netze ansonsten nur Informationen bis zum Geheimhaltungsgrad „VS-NUR FÜR DEN DIENSTGEBRAUCH (VS-NfD)" verarbeiten, umfangreicher technisch-organisatorischer Maßnahmen, damit die Datei vor Ort genutzt werden kann. Hierzu gehören eine gesonderte Infrastruktur, sicherheitsüberprüftes Personal sowie die Beachtung weiterer Vorgaben der Verschlusssachenanweisung (VSA).

Die nachfolgenden Abbildungen geben einen Überblick, wie die Arbeit mit der RED funktioniert.

13 Insgesamt hat das BMI mit den an der RED beteiligten Sicherheitsbehörden drei Stufen zur Befüllung der Datei vereinbart. In der ersten Stufe, die am 15. Dezember 2012 abgeschlossen wurde, wurden alle Personen gemäß § 2 Nr.1 und 2 RED-G a. F. mit ihren Grunddaten in der RED erfasst. In der zweiten Befüllungsstufe, die am 15. März 2013 abgeschlossen wurde, wurden die Personen gemäß § 2 Nr. 3 RED-G a. F. mit ihren Grunddaten, die rechtsextremistischen Vereinigungen (§ 2 Nr. 4 a) RED-G a. F.) und die sonstigen unabhängigen Hauptobjekte (§ 2 Nr. 4 b) RED-G a. F.) in der Datei erfasst. In der dritten Stufe, die am 31. März 2014 abgeschlossen wurde, wurden die erweiterten Grunddaten zu den in der RED gespeicherten Personen erfasst.

Abb. 1: Befüllung und Zugriffe RED

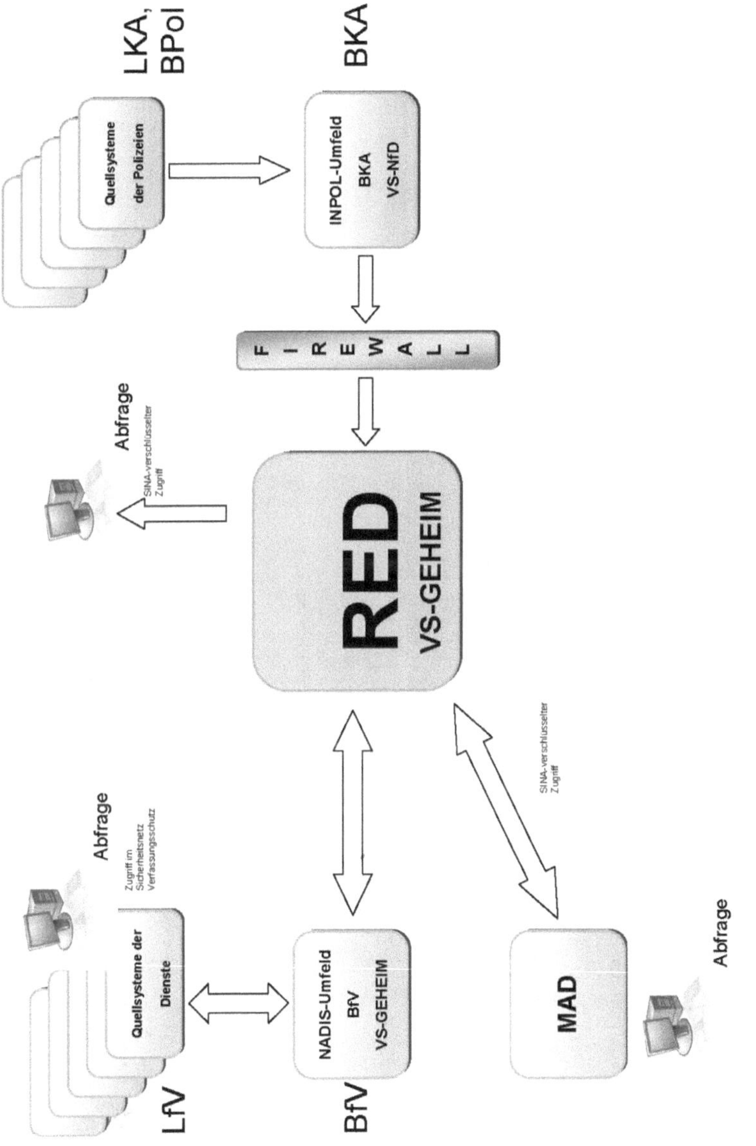

Abb. 2: Suchabfragen in der RED (offener und verdeckter Bestand)

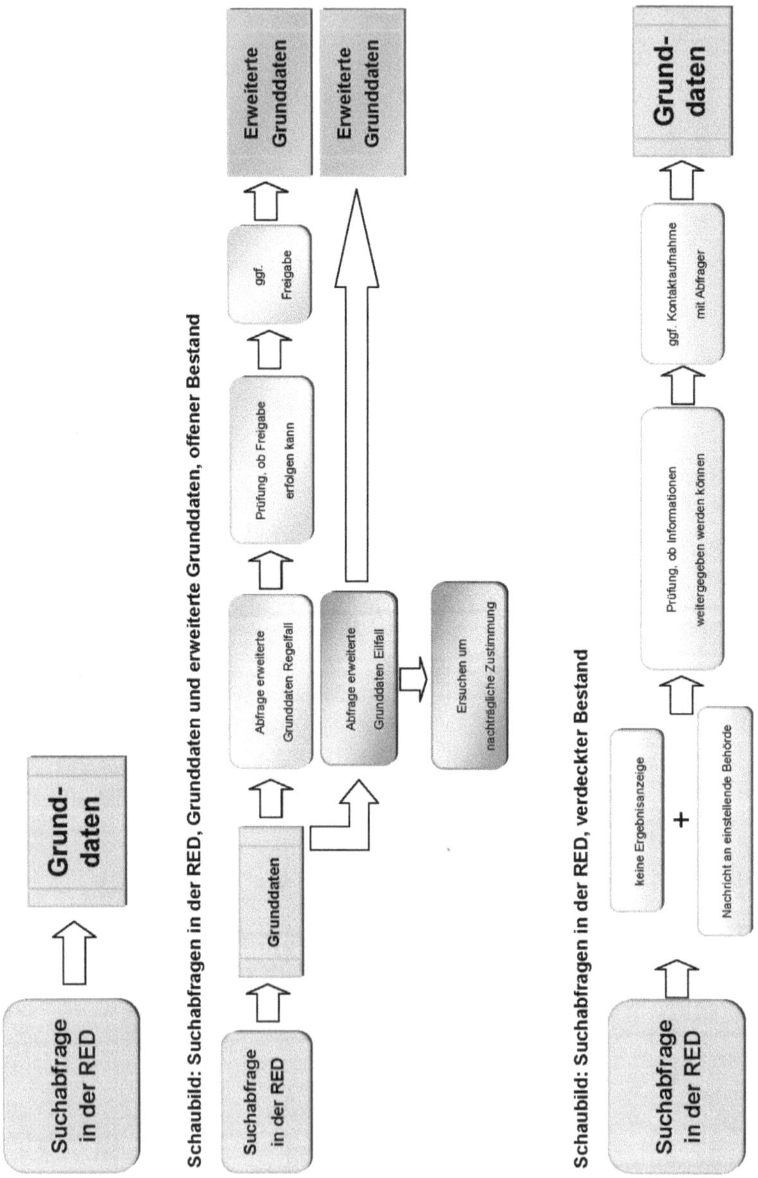

3.1 RED-G a. F.

Das RED-G trat am 31. August 2012 in Kraft und bildet die Grundlage für die Schaffung der RED. Im Folgenden werden die zentralen rechtlichen Vorgaben für die Datei kurz vorgestellt, die durch das Gesetz zur Änderung des Antiterrordateigesetzes und anderer Gesetze vom 18. Dezember 2014 zum Teil modifiziert wurden (siehe hierzu Kapitel 3.2).

Gemäß § 1 Abs. 1 RED-G ist jede der dort genannten Behörden verpflichtet, bereits erhobene Daten gemäß § 2 RED-G a. F. in der RED zu speichern. Grundsätzlich lassen sich mit Blick auf die Nutzung der RED verschiedene Hauptobjekte (Personen, Kontaktpersonen und unabhängige Hauptobjekte) unterscheiden.

(1) Personen/Kontaktpersonen

- Personen, bei denen Tatsachen die Annahme rechtfertigen, dass sie einer terroristischen Vereinigung nach § 129a des Strafgesetzbuchs (StGB) mit rechtsextremistischem Hintergrund angehören oder diese unterstützen,
- Personen, die als Täter oder Teilnehmer einer rechtsextremistischen Gewalttat Beschuldigte oder rechtskräftig Verurteilte sind,
- Personen, bei denen Tatsachen die Annahme rechtfertigen, dass sie rechtsextremistische Bestrebungen verfolgen und in Verbindung damit zur Gewalt aufrufen, die Anwendung von rechtsextremistisch begründeter Gewalt als Mittel zur Durchsetzung politischer Belange unterstützen, vorbereiten oder durch ihre Tätigkeiten vorsätzlich hervorrufen oder bei denen Schusswaffen ohne die erforderlichen waffenrechtlichen Berechtigungen, Kriegswaffen oder Explosivstoffe aufgefunden wurden, oder
- Personen, die den Sicherheitsbehörden aufgrund von Tatsachen als Angehörige einer rechtsextremistischen Szene bekannt sind, wenn sie mit den in Nummer 1 oder in Nummer 2 genannten Personen nicht nur flüchtig oder in zufälligem Kontakt stehen und durch sie weiterführende Hinweise für die Aufklärung oder Bekämpfung des gewaltbezogenen Rechtsextremismus gewonnen werden können (Kontaktpersonen).

(2) Unabhängige Hauptobjekte

- rechtsextremistische Vereinigungen und Gruppierungen,

- Sachen, Bankverbindungen, Anschriften, Telekommunikationsanschlüsse, Telekommunikationsendgeräte, Internetseiten oder Adressen für elektronische Post,

  bei denen Tatsachen die Annahme rechtfertigen, dass sie im Zusammenhang mit einer Person nach Nummer 1 oder Nummer 2 stehen und durch sie Hinweise für die Aufklärung oder Bekämpfung des gewaltbezogenen Rechtsextremismus gewonnen werden können,

und die Kenntnis der Daten für die Aufklärung oder Bekämpfung des gewaltbezogenen Rechtsextremismus erforderlich ist. Satz 1 gilt nur für Daten, die die beteiligten Behörden nach den für sie geltenden Rechtsvorschriften automatisiert verarbeiten dürfen.

Darüber hinaus existiert mit den **nachgeordneten Objekten (NGO)** eine weitere Datenkategorie in der RED. Hierzu zählen die Daten, die direkt mit einer Person oder einem Hauptobjekt verknüpft sind. Für die in der Datei gespeicherten Personen lassen sich zwei Arten unterscheiden: (1) **Grunddaten** (z. B. Name, Geschlecht, Alter, Anschrift) sowie (2) **erweiterte Grunddaten** (z. B. Telefon-/Faxanschlüsse, Adressen für elektronische Post, Bankverbindungen). Für die unabhängigen Hauptobjekte können ebenfalls Zusatzinformationen gespeichert werden (**Objekt-Daten**).

Die abfragende Behörde kann in den **Grunddaten** (§ 3 Abs. 1 Nr. 1 a) RED-G) recherchieren und darauf zugreifen. Sie erhält also nicht nur die Anzeige eines Trefferfalls, sondern auch die darin hinterlegten konkreten Informationen (§ 5 Abs. 1 RED-G)[14], die die Behörde zur Überprüfung nutzen darf, ob die Daten der von ihr gesuchten Person zuzuordnen sind. Ist dies der Fall, kann sie sich für weitere Informationen mit der datenbesitzenden Behörde in Verbindung setzen. Der Zugriff auf die einfachen Grunddaten dient also im „Trefferfall" dazu, die folgenden Übermittlungsersuchen vorzubereiten und besser zu begründen (§ 6 Abs. 1 S. 1 RED-G) bzw. unbegründete Übermittlungsersuchen von vornherein zu vermeiden. Die folgende Übermittlung richtet sich nach den jeweils geltenden Übermittlungsvorschriften (§ 8 RED-G).[15] Einfache Grunddaten dürfen für andere Zwecke als das Übermittlungsersuchen nur unter den Voraussetzungen der Zweckänderung verwendet werden (§ 6 Abs. 1 S. 2 RED-G).

Die **erweiterten Grunddaten** (§ 3 Abs. 1 Nr. 1 b) RED-G a. F.) sind der abfragenden Behörde im Unterschied zu den **Grunddaten** grundsätzlich nicht direkt zugänglich. Wie oben dargestellt erfolgt im Regelfall eine Recherche in den Grunddaten. Jedoch besteht auch die Möglichkeit (das Folgende

14 Bundesregierung (2012), 10.

15 BVerfG (2013), 1499 (Rn. 125 ff.).

gilt für das RED-G a. F.), in den erweiterten Grunddaten direkt zu recherchieren. Erzielt die Behörde bei der Recherche in den erweiterten Grunddaten einen Treffer, wird ihr der Inhalt dieser Daten nicht angezeigt. Die Behörde erhält dadurch jedoch einen Zugriff auf die einfachen Grunddaten: Nimmt die Behörde in den erweiterten Grunddaten nur eine merkmalbezogene Recherche vor (sog. Inverssuche), werden die abgefragten erweiterten Grunddaten individuell zuordenbar und als personenbezogene Information auswertbar. So kann die Behörde durch Abfrage, welche Personen einen bestimmten Ort aufsuchen (§ 3 Abs. 1 Nr. 1 b) ll) RED-G a. F.), Informationen über alle einfachen Grunddaten zu Personen erhalten, die sich an dem Ort aufgehalten haben und in der Datei gespeichert sind.[16]

Erzielt die abfragende Behörde bei ihrer Suche in der RED einen Treffer in den Grunddaten, hat sie die Möglichkeit ein Übermittlungsersuchen zu stellen, damit ihr ein unmittelbarer Zugriff auf die erweiterten Grunddaten in der Datei gewährt werden kann.[17] Grundsätzlich bietet die RED die Möglichkeit, eine Anfrage an die datenbesitzende Behörde zur Freischaltung der erweiterten Grunddaten über das System zu stellen. Ob die speichernde Behörde die Daten für die abfragende Behörde freigibt, bestimmt sich nach den Datenübermittlungsvorschriften in den Fachgesetzen (§ 8 RED-G). Somit erfolgt der Zugriff auf die erweiterten Grunddaten erst nach Freigabe durch die datenbesitzende Behörde.

Ein unmittelbarer Zugriff auf die erweiterten Grunddaten ist grundsätzlich nicht zulässig.[18] Ausnahmen bilden die sogenannten Eilfälle, in denen eine Behörde auf die Daten unmittelbar zugreifen und zu eigenen Zwecken nutzen darf, wenn dies unter bestimmten Voraussetzungen unerlässlich ist (§§ 5 Abs. 2, 6 Abs. 2 RED-G).

Reine **Objektdaten** (§ 3 Abs. 1 Nr. 2 RED-G) werden ohne Bezug zu personenbezogenen Daten gespeichert. Im Fall eines Treffers erhält die abfragende Behörde unmittelbaren Zugriff auf die Objektdaten genauso wie auf die Grunddaten (§ 5 Abs. 1 S. 2 Nr. 1 b) RED-G). Die Erkenntnis dient wie bei den einfachen Grunddaten dazu, ein Ersuchen um Übermittlung an die jeweilige Fachbehörde zu stellen, eine weitere Nutzung ist nur unter den Voraussetzungen der Zweckänderung zulässig (§ 6 Abs. 2 RED-G). Die Handhabung der Objektdaten entspricht daher derjenigen der einfachen Grunddaten. Eine Konkretisierung, welche Daten in der RED zu den in § 2

16 BVerfG (2013), 1499 (Rn. 200 ff).
17 Bundesregierung (2012), 10 f.
18 Bundesregierung (2012), 10; Bundesregierung (2013), 3.

Nr. 4 a) und b) RED-G a. F. aufgeführten unabhängigen Hauptobjekten gespeichert werden können, erfolgte allerdings – anders als bei den Grunddaten – nur in der Errichtungsanordnung.

Für die **Kontaktpersonen** wurde bislang (d. h. im RED-G a. F.) folgendermaßen differenziert: Personen, die von der Planung oder Begehung einer rechtsextremistischen Straftat der Hauptperson oder von der Ausübung, Unterstützung oder Vorbereitung rechtsextremistischer Gewalt im Sinne von § 2 S. 1 Nr. 2 RED-G Kenntnis haben (sog. dolose Kontaktpersonen), durften mit den einfachen und erweiterten Grunddaten gespeichert werden. Personen ohne entsprechende Kenntnis (sog. undolose Kontaktpersonen) durften nur mit den einfachen Grunddaten gespeichert werden. Gleichzeitig enthalten die erweiterten Grunddaten der Hauptperson auch eine Angabe zu deren Kontaktpersonen (§ 3 Abs. 1 Nr. 1 b) mm) RED-G).

Eine verstärkte Geheimhaltung wird durch die sog. **verdeckte Speicherung** erzielt. Aufgrund besonderer Geheimhaltungsinteressen oder besonders schutzwürdiger Interessen des Betroffenen können einfache oder erweiterte Grunddaten bzw. Objektdaten verdeckt gespeichert werden (§ 4 Abs. 1 RED-G). Die Daten werden von der Ausgangsbehörde in die Datei eingegeben, sind jedoch für die abfragende Behörde im Trefferfall nicht sichtbar. Startet die Behörde eine Abfrage, erhält sie – im Unterschied zu den übrigen in die Datei eingegebenen Daten – keine Trefferanzeige. Die Anzeige eines Treffers erfolgt vielmehr bei der datenbesitzenden Behörde, die unverzüglich Kontakt mit der abfragenden Behörde aufnehmen soll, um zu klären, ob Erkenntnisse übermittelt werden können (§ 4 Abs. 2 RED-G). Die Übermittlung erfolgt sodann außerhalb der RED, wobei weder eine Freischaltung noch ein unmittelbarer Zugriff auf die erweiterten Grunddaten in Eilfällen möglich ist.

Eine weitere Möglichkeit, besonderen Geheimhaltungsinteressen oder besonders schutzwürdigen Interessen der Betroffenen im Ausnahmefall Rechnung zu tragen, ist die **beschränkte Speicherung** nach § 4 Abs. 1 RED-G. In diesen Fällen kann die datenbesitzende Behörde von der Speicherung ganz (d. h. der ganze Datensatz wird nicht gespeichert) oder teilweise (d. h. einzelne Datenfelder eines Datensatzes werden nicht befüllt) absehen. Der Zugang zu beschränkt gespeicherten Daten, d. h. Daten, die nicht in der RED gespeichert werden, kann also nur über eine individuelle Kontaktaufnahme mit der datenbesitzenden Behörde erfolgen.

Die nach § 3 RED-G zu speichernden Daten – also die Grunddaten, die erweiterten Grunddaten und die Objektdaten – können für Projekte nach § 7 RED-G erweitert genutzt werden. Dies wird als **erweiterte Datennutzung** bezeichnet. Da die technischen Umsetzungsmöglichkeiten im Evaluationszeitraum noch nicht vorhanden waren, gab es jedoch keinen Anwendungsfall.

Die datenschutzrechtliche Verantwortung für die gespeicherten Daten trägt gem. § 9 RED-G die einspeichernde Behörde (also nicht etwa das BKA als die die RED verwaltende Stelle). Die Protokollierung wird dagegen gem. § 10 RED-G vom BKA durchgeführt (siehe Kapitel 6.2.10). Die Datenschutzkontrolle obliegt gem. § 11 RED-G dem Bundesbeauftragten für den Datenschutz und die Informationsfreiheit (BfDI) bzw. den Datenschutzbeauftragten der Länder. Bürger können Auskunftsersuchen (sog. Petentenanfragen) über eingespeicherte Daten an das BKA richten, für verdeckt gespeicherte Daten müssen sie sich an die jeweilige Fachbehörde wenden (siehe Kapitel 6.2.11).

3.2 RED-G n. F.

Am 1. Januar 2014 trat das Gesetz zur Änderung des Antiterrordateigesetzes und anderer Gesetze in Kraft, das in Art. 2 auch eine Reihe von Änderungen zum RED-G enthielt. Die wichtigsten Änderungen werden im Folgenden kurz dargestellt.

Die Unterscheidung in der RED zwischen einfachen und erweiterten Grunddaten, Objektdaten sowie verdeckt und beschränkt gespeicherten Daten wird auch in der aktuellen Fassung des RED-G beibehalten. Allerdings werden einige Informationen nach der neuen Fassung des RED-G anderen Datentypen zugeordnet.

Kontaktpersonen (incl. festgelegter Zusatzinformationen) dürfen aufgrund der Gesetzesänderung nur noch als erweiterte Grunddaten zu einer Person gemäß § 2 Nr. 1 und 2 RED-G n. F. gespeichert werden (§ 3 Abs. 2 RED-G n. F.). Die erweiterten Grunddaten zur Hauptperson enthalten weiterhin Angaben zu den Kontaktpersonen.

Nach § 4 Abs. 3 RED-G n. F. werden Daten, die aus einem bestimmten Katalog von Eingriffen in Art. 10 Abs. 1 oder Art. 13 Abs. 1 GG herrühren, ausschließlich verdeckt oder beschränkt (d. h. auf eine Speicherung der entsprechenden Datenfelder wird verzichtet) gespeichert.

Bislang führte eine Recherche in den erweiterten Grunddaten, wenn nur einzelne Merkmale eingegeben wurden, zu einem Zugriff auf die einfachen Grunddaten von allen Personen, auf welche das recherchierte Merkmal in den erweiterten Grunddaten zutraf (sog. **Inverssuche**). Diese Verfahrensweise ist durch § 5 Abs. 1 RED-G n. F. nun nicht mehr möglich: Recherchiert eine Behörde in den erweiterten Grunddaten ohne Angabe eines Namens, erlangt sie keinen Zugriff mehr auf die einfachen Grunddaten. Vielmehr erhält sie nur die Mitteilung nach § 3 Abs. 1 Nr. 3 RED-G n. F., welche Behörde mit welchem Aktenzeichen und Geschäftszeichen über nähere Informationen verfügt. Erlangt die suchende Behörde trotz Angabe eines Namens mehrere Treffer, erlangt sie ebenfalls keinen unmittelbaren Zugriff auf die einfachen Grunddaten. Letzteres wird nicht als vom BVerfG gefordert angesehen.[19] Eine erweiterte Nutzung der Daten für Projekte ist gem. § 7 Abs. 1 RED-G n. F. nicht mehr für die verdeckt gespeicherten Daten zulässig, so dass nur noch die Nutzung von Daten möglich ist, die offen gespeichert sind.

19 *Voß* (2014), 8. Maßgebend insoweit BVerfG (2013), 1499 (Rn. 199 f.); die Ausführungen des BVerfG beziehen sich ausschließlich auf den Fall, dass eine Abfrage ausschließlich zu einem Treffer in den erweiterten Grunddaten geführt hat. Der Fall, dass bei einer namensspezifischen Suche mehrere Treffer erzielt werden, wurde vom BVerfG nicht angesprochen.

4. Methodisches Vorgehen

Zur weiteren Konkretisierung des Evaluationsauftrags wurde vom InGFA in Abstimmung mit dem BMI zunächst ein Konzept zur Durchführung des Evaluationsvorhabens erarbeitet. Das Evaluationskonzept orientierte sich dabei an dem vom BfDI in Auftrag gegebenen „Leitfaden zur ex-post-Evaluation unter besonderer Berücksichtigung datenschutzrechtlicher Folgen“ (kurz: BfDI-Leitfaden)[20] als auch am Handbuch für Gesetzesfolgenabschätzung[21]. Das Konzept sah – entsprechend der Leistungsbeschreibung – in einem ersten Schritt die Erhebung empirischer Daten vor, auf deren Grundlage in einem zweiten Schritt eine staatsrechtswissenschaftliche Analyse erfolgte. Das Vorgehen bei beiden Analyseschritten wird im Folgenden näher vorgestellt.

4.1 Empirische Analyse

Da das RED-G bereits seit dem 31. August 2012 in Kraft ist, handelte es sich bei dieser Evaluierung um eine retrospektive Gesetzesfolgenabschätzung, die sich in drei Phasen – Konzeptions-, Durchführungs- und Auswertungsphase – unterteilen lässt. Die einzelnen Phasen werden im Folgenden kurz vorgestellt:

4.1.1 Konzeptionsphase

In der Konzeptionsphase wurden alle für die Festlegung des Untersuchungsdesigns relevanten Entscheidungen getroffen. Hierzu gehörten die Festlegung des Evaluationsumfangs, die Ableitung zentraler Forschungsfragen und Untersuchungsschwerpunkte, die Festlegung und Operationalisierung der Prüfkriterien, die Identfikation der relevanten Stakeholder sowie die Auswahl der Erhebungsinstrumente.

20 *Ziekow/Debus/Piesker* (2013).
21 *Böhret/Konzendorf* (2001).

4.1.1.1 Festlegung des Evaluationsumfangs

In einem ersten Schritt wurde der genaue Evaluationsumfang festgelegt. Da Art. 1 des Gesetzes zur Verbesserung der Bekämpfung des Rechtsextremismus – also das gesamte RED-G – Gegenstand der Evaluation war, wurden alle Regelungen des Gesetzes in die Evaluation einbezogen (siehe Kapitel 2):

(1) Beteiligte Behörden

- § 1 RED-G (Beteiligte Behörden; Gesetzesziele).

(2) Datenspeicherung

- § 2 RED-G (Gespeicherte Personen),
- § 3 RED-G (Zu speichernde Daten) sowie
- § 4 RED-G (Beschränkte und verdeckte Speicherung).

(3) Datennutzung/Datenaustausch

- § 5 RED-G (Zugriff auf die Daten),
- § 6 RED-G (Weitere Verwendung der Daten),
- § 7 RED-G (Erweiterte Datennutzung) sowie
- § 8 RED-G (Übermittlung von Erkenntnissen).

(4) Datenschutzrechtliche Regelungen

- § 9 RED-G (Datenschutzrechtliche Verantwortung),
- § 10 RED-G (Protokollierung, technische und organisatorische Maßnahmen),
- § 11 RED-G (Datenschutzrechtliche Kontrolle, Auskunft an den Betroffenen) sowie
- § 12 RED-G (Berichtigung, Löschung und Sperrung von Daten).

(5) Sonstige Regelungen

- § 13 RED-G (Errichtungsanordnung),
- § 14 RED-G (Einschränkung von Grundrechten) sowie
- § 15 RED-G (Außerkrafttreten).

4.1.1.2 Ableitung zentraler Forschungsfragen und Untersuchungsschwerpunkte

In einem *zweiten Schritt* wurden auf Grundlage der Evaluationsklausel und der Leistungsbeschreibung folgende Evaluationsfragen und Untersuchungsschwerpunkte abgeleitet, die im Rahmen des Evaluationsvorhabens untersucht werden sollten:

(1) Wie intensiv sind die mit den Datenerhebungen, -verarbeitungen und -nutzungen verbundenen Grundrechtseingriffe?

(2) Sind die Erwartungen des Gesetzgebers (Vorteile, Grundrechtseingriffe) in der Praxis eingetreten?

(3) Wie ist das Verhältnis der Grundrechtseingriffe zur Wirksamkeit des RED-G zu bewerten?

Des Weiteren enthielt die Leistungsbeschreibung folgende fünf Untersuchungsschwerpunkte, die im Rahmen der Evaluation bearbeitet wurden:

(1) Messbare Veränderungen des Informationsaustausches zwischen den beteiligten Behörden,

(2) Wahrgenommene Veränderungen der Zusammenarbeit der beteiligten Behörden allgemein,

(3) Bewertung der einzelnen gesetzlichen Regelungen des RED-G im Hinblick auf die inhaltliche Ausrichtung, Umsetzbarkeit und Qualität der Ausführung in der Praxis,

(4) Einfluss technisch-organisatorischer Faktoren sowie

(5) Bewertung der mit § 7 RED-G eröffneten Möglichkeit zur erweiterten Datennutzung sowie deren Umsetzung in der Praxis[22].

Es erfolgte eine Zuordnung der relevanten Aspekte zu den im nächsten Teilkapitel (Kapitel 4.1.1.3) vorgestellten Prüfkriterien bzw. den in Kapitel 4.1.1.5 näher vorgestellten Erhebungsinstrumenten. Zudem wurden die Un-

22 Da die technischen Voraussetzungen für die in § 7 RED-G geschaffene Möglichkeit zur erweiterten Datennutzung im Untersuchungszeitraum nicht vorhanden waren, konnte die Anwendung der Regelung nicht – wie vorgesehen – empirisch untersucht werden.

tersuchungsschwerpunkte in der abschließenden Gesamtbewertung aufgegriffen und mit den Ergebnissen der verfassungsrechtlichen Analyse verknüpft.

4.1.1.3 Festlegung und Operationalisierung der Prüfkriterien

In einem *dritten Schritt* wurden die Prüfkriterien, die der Ausdifferenzierung der untersuchungsleitenden Fragestellung dienten, festgelegt und operationalisiert. Die Festlegung der Kriterien orientierte sich dabei im Wesentlichen am BfDI-Leitfaden sowie an der in der Leistungsbeschreibung genannten Schwerpunktsetzung. Folgende Prüfkriterien wurden für die Evaluation ausgewählt und operationalisiert:

Eingriffsintensität[23]

Die Eingriffsintensität des RED-G stellte im Rahmen dieses Evaluationsvorhabens ein wichtiges Prüfkriterium dar, um die grundrechtsrelevanten Folgen des Gesetzes bewerten zu können. Entsprechend dem BfDI-Leitfaden wurden die in der RED gespeicherten Daten – soweit möglich – hinsichtlich verschiedener Merkmale analysiert, ohne dass hierfür ein Zugriff auf den Inhalt der Daten erforderlich war. Hierzu zählen:

(1) Menge der gespeicherten Daten
- Anzahl der Datenspeicherungen in der RED.

(2) Sensibilität der gespeicherten Informationen
- Art und Umfang der in der RED gespeicherten Daten.

(3) Umstände der Erhebung
- Art der Erhebung der in der RED gespeicherten Daten.

(4) Kreis der datenverarbeitenden Stellen
- Zahl der Behörden, die auf die RED zugreifen.

(5) Grad der Zweckbindung
- Art der Nutzung der in der RED gespeicherten Daten (z. B. Weiterübermittlung, Verzicht auf eigene Datenerhebung, Validierung eigener Erkenntnisse) sowie

23 *Ziekow/Debus/Piesker* (2013), 104 ff.

- Gründe für die Nutzung der RED.

(6) Anzahl und Auswahl der betroffenen Personen

- Art und Anzahl der Personen, über die Daten in der RED gespeichert werden sowie
- Anzahl der Zugriffe auf Daten in der RED.

(7) Additive Grundrechtseingriffe

- Parallele Datenerhebungsmaßnahmen im Zusammenhang mit der RED-Abfrage sowie
- Verfügbarkeit milderer Mittel zur Datenerhebung.

Wirksamkeit der RED[24]

Bei der RED handelt es sich um ein Instrument zur Kontaktanbahnung, das den Informationsaustausch zwischen den Sicherheitsbehörden im Bereich des gewaltbezogenen Rechtsextremismus verbessern soll. Daher wurde im Zuge des Evaluationsvorhabens geprüft, ob bzw. inwieweit die Regelungen des RED-G dazu beitragen, dieses Ziel zu erreichen. Hierzu wurde neben einer Analyse der messbaren Veränderungen des Informationsaustausches zwischen den beteiligten Behörden auch untersucht, wie sich die Zusammenarbeit nach Einführung der RED aus Sicht der beteiligten Behörden verändert hat und ob dadurch eine vertrauensvolle Zusammenarbeit gefördert wurde.

- Veränderungen des Informationsaustausches zwischen den Sicherheitsbehörden,
- Anzahl der Kontaktanbahnungen zwischen Sicherheitsbehörden durch die Nutzung der RED sowie
- Vermeidung eigener Datenerhebungen durch die Nutzung der RED.

Praktikabilität der Regelungen des RED-G und mögliche Anwendungsprobleme[25]

Mit Hilfe des Prüfkriteriums der Praktikabilität wurden die Erfahrungen der Sicherheitsbehörden mit der Anwendung der Regelungen des RED-G erfasst. Damit sollten Faktoren identifiziert werden, die die Wirksamkeit des

---

24 *Ziekow/Debus/Piesker* (2013), 38.
25 *Ziekow/Debus/Piesker* (2013), 39.

RED-G beeinträchtigen. Bei der Beurteilung der Praktikabilität der RED-G-Regelungen wurden zudem die technisch-organisatorischen Maßnahmen berücksichtigt, die im Zusammenhang mit der Nutzung der RED von den Sicherheitsbehörden ergriffen wurden.

- Erfahrungen mit dem Vollzug der Regelungen des RED-G,
- Vor- und Nachteile der Regelungen des RED-G aus Sicht der beteiligten Sicherheitsbehörden,
- Anwendungsprobleme, die dazu führen, dass Gesetzesziele nicht oder nur teilweise erreicht werden,
- Möglichkeiten des Informationsaustausches zwischen den Sicherheitsbehörden außerhalb der RED,
- Einfluss technischer und organisatorischer Faktoren auf die Praktikabilität und Nutzung der RED,
- Bewertung der technischen Infrastruktur der RED beim BKA,
- Bewertung der technischen Infrastruktur der RED bei den beteiligten Sicherheitsbehörden sowie
- Organisatorische Voraussetzungen für die Nutzung der RED bei den beteiligten Sicherheitsbehörden.

Nicht-intendierte Nebenwirkungen[26]

Im Zusammenhang mit neu eingeführten Regelungen können Neben- und Folgewirkungen auftreten, die vom Gesetzgeber nicht beabsichtigt waren und bei der Konzeption des Gesetzes nicht berücksichtigt wurden. Daher war es notwendig, auch diese Auswirkungen bei der Gesamtbewertung des RED-G zu berücksichtigen:

- Art der nicht-intendierten Nebenwirkungen sowie
- Auswirkungen der Nebenwirkungen (z. B. auf die Eingriffsintensität und die Wirksamkeit des RED-G).

---

26 *Ziekow/Debus/Piesker* (2013), 39.

4.1.1.4 Identifikation der relevanten Akteure

In einem *vierten Schritt* wurden die im Evaluationsprozess relevanten Akteure identifiziert, um die für die Evaluation benötigten Daten erheben zu können. In § 1 RED-G sind die Adressaten des Gesetzes aufgeführt. Die dort genannten Sicherheitsbehörden müssen die RED im Bereich des gewaltbezogenen Rechtsextremismus mit ihren relevanten Daten befüllen. Aus diesem Grund wurde zur Beurteilung der einzelnen RED-G-Regelungen bei folgenden Behörden eine Datenerhebung durchgeführt:

- Bundeskriminalamt (BKA),
- Bundesamt für Verfassungsschutz (BfV),
- Militärischer Abschirmdienst (MAD),
- Landesbehörden für Verfassungsschutz (LfV),
- Bundespolizeipräsidium und Bundespolizeidirektionen (BPOL) sowie
- Polizeibehörden der Länder (LKÄ) einschließlich weiterer Polizeivollzugsbehörden

Eine unmittelbare Einbeziehung Betroffener in den Evaluationsprozess, d. h. Personen, über die Daten in der RED gespeichert sind, war aus ermittlungstaktischen und datenschutzrechtlichen Gründen hingegen ausgeschlossen. Die Berücksichtigung der Belange dieser Personen erfolgte über die Bewertung der Regelungen zur Auskunft an den Betroffenen (§ 11 Abs. 2 RED-G) sowie zur Berichtigung, Löschung und Sperrung von Daten (§ 12 RED-G).

4.1.1.5 Auswahl der Erhebungsinstrumente

Ziel einer retrospektiven Gesetzesfolgenabschätzung ist es, Veränderungen zu erfassen und zu bewerten, die durch das evaluierte Gesetz induziert wurden. Um die hierfür erforderlichen Daten erheben zu können, stehen verschiedene Ansätze zur Verfügung. Im Rahmen der vorliegenden Evaluierung kamen sowohl quantitative als auch qualitative Evaluierungsmethoden zum Einsatz[27], um Daten zu den verschiedenen Untersuchungsschwerpunkten gewinnen zu können und die größtmögliche Validität der Ergebnisse

27 Für eine ausführlichere Diskussion der verschiedenen Evaluationsmethoden vgl. *Ziekow/Debus/Piesker* (2013), 59 ff.

sicherzustellen. Im Folgenden werden die eingesetzten Erhebungsinstrumente kurz vorgestellt:

(1) Statistische Analyse der Protokolldaten gemäß § 10 RED-G

Für die quantitative Analyse der Eingriffsintensität wurde in erster Linie auf die gemäß § 10 RED-G vom BKA vorzuhaltenden Protokolldaten zurückgegriffen. Zur Datenschutzschutzkontrolle hat das BKA bei jedem Zugriff auf die RED den Zeitpunkt, die Angaben, die die Feststellung der aufgerufenen Datensätze ermöglichen, sowie die für den Zugriff verantwortliche Behörde und den Zugriffszweck nach § 5 Abs. 4 oder § 7 RED-G zu protokollieren. Die statistische Analyse der Protokolldaten wurde im Rahmen des Evaluationsvorhabens genutzt, um quantitative Aussagen über die RED und deren Nutzung treffen zu können.

(2) Begleitende Erhebung bei den Sicherheitsbehörden

Mit Hilfe der begleitenden Erhebung wurden zusätzliche Informationen zum Kommunikations- und Nutzungsverhalten der beteiligten Behörden (z. B. die Art der Kontaktaufnahme zur datenbesitzenden Behörde, Mehrfachsuchen, die Bewertung des Erkenntnisgewinns aufgrund eines Treffers, eine Abgrenzung von fachlichem und technischem Treffer) erhoben, die nicht über den Protokollserver gewonnen werden konnten.

Die begleitende Erhebung wurde als eine Einzelfallerhebung durchgeführt. Eine Suchabfrage in der RED wurde dabei als ein Fall definiert. Die an der RED beteiligten Behörden wurden – flankiert durch die ATD-/RED-Bund-Länder-Arbeitsgruppe (BLAG)[28] – durch das BKA gebeten, dass bei jeder Suchabfrage hierzu von den zuständigen BearbeiterInnen ein kurzer Fragebogen ausgefüllt und monatsweise gesammelt an das BMI übermittelt wird. Dadurch konnten spezifische Suchkontexte einzelner Fälle berücksichtigt werden.

28 Hierbei handelt es sich um eine Arbeitsgruppe unterhalb der Innenministerkonferenz, in der sich auf Arbeitsebene regelmäßig über die Erfahrungen mit der ATD bzw. RED ausgetauscht wird.

(3) Teilstandardisierte Nutzerbefragung

Im Rahmen einer teilstandardisierten Befragung wurden bei den an der RED beteiligten Behörden zudem Informationen zu Praktikabilität, nicht-intendierten Nebenwirkungen der technisch-organisatorischen Ausgestaltung, der Wirksamkeit und weiteren Aspekten erhoben. Um eine möglichst belastbare Datenbasis zu erhalten, wurde diese Befragung als Vollerhebung konzipiert. Die teilstandardisierte Befragung diente darüber hinaus dazu, einen qualitativen Vorher-Nachher-Vergleich durchzuführen, da Statistiken zum Informationsaustausch zwischen den Sicherheitsbehörden im Bereich der „Bekämpfung des gewaltbezogenen Rechtsextremismus" vor Inkrafttreten des RED-G weitgehend fehlten. Damit ermöglichte sie sowohl eine Auswertung mittels deskriptiver Statistiken als auch die Erfassung qualitativer Aspekte.

(4) Leitfadengestützte Interviews

Für die qualitative Analyse kamen leitfadengestützte Experteninterviews zum Einsatz, die insbesondere der Vertiefung der im Rahmen der quantitativen Analyse gewonnenen Erkenntnisse, der Bewertung der Wirksamkeit der RED und einer Einschätzung der mit § 7 RED-G geschaffenen Möglichkeit zur erweiterten Datennutzung dienten. Die Auswahl der für die Befragung in Frage kommenden Behörden erfolgte dabei nach folgenden Kriterien: der Umfang der Datenspeicherung in der RED, die Häufigkeit der Nutzung der RED[29], die Art der Behörde (Polizei/Nachrichtendienste und Bundes-/Landesbehörden) und regionale Aspekte (d. h. Behörden aus Regionen, in denen rechtsextremistische Gewalt in der Vergangenheit eine verstärkte Rolle spielte). Für die Auswahl der zu befragenden Sicherheitsbehörden wurde zudem auf erste Ergebnisse aus der Protokolldatenanalyse zurückgegriffen.

29 Bei Sicherheitsbehörden, die die Datei häufig nutzten, wurde davon ausgegangen, dass dort umfangreiche Praxiserfahrungen zum Umgang mit den verschiedenen Regelungen des RED-G vorliegen würden. Aber auch die Einbeziehung von Sicherheitsbehörden, die bislang wenig auf die Datei zugegriffen hatten, wurde als sinnvoll erachtet, um Hinweise auf mögliche Anwendungs- und Vollzugsprobleme zu erhalten.

4.1.2 Durchführungsphase

In der Durchführungsphase wurden die in der Konzeptionsphase festgelegten Daten mit Hilfe der ausgewählten Erhebungsinstrumente gewonnen.

Auf Grundlage des oben vorgestellten Evaluationskonzepts erstellte das BKA Skripte für die Aufbereitung der Protokolldaten, die beispielsweise Auskunft über die Zahl der gespeicherten Personen und Hauptobjekte oder die Zahl der durchgeführten Suchanfragen (incl. Anzahl der Treffer) gaben. Diese Vorauswertungen, die im April 2015 vorlagen, wurden vom InGFA so aufbereitet, dass zu den oben genannten Untersuchungsschwerpunkten Aussagen getroffen werden konnten. Um statistische Verzerrungen durch die schrittweise Befüllung der RED zu vermeiden, erfolgte die Auswertung ab Abschluss der ersten Befüllungsstufe für den Zeitraum 15. Dezember 2012 bis 30. September 2014.

Zwischen dem 15. August und dem 30. November 2014 wurde die begleitende Erhebung durchgeführt. Mit Hilfe eines Fragebogens wurde in diesem Zeitraum jede einzelne von den Sicherheitsbehörden in der RED durchgeführte Suchanfrage erfasst.

Zusätzlich zu der begleitenden Erhebung wurde zwischen November 2014 und Januar 2015 eine teilstandardisierte Befragung der RED-Nutzer durchgeführt. Bevor der Erhebungsbogen an die jeweiligen Sicherheitsbehörden versandt wurde, erfolgte ein Pretest mit dem BKA. Der Fragebogen wurde anschließend über das BMI an alle an der RED beteiligten Behörden weitergeleitet, mit der Bitte, diesen bis zum 15. Januar 2015 ausgefüllt zurückzusenden, wobei es insgesamt zwei Nachfassrunden gab. Die ausgefüllten Erhebungsbögen wurden dem InGFA im Anschluss durch das BMI zugeleitet.

Zum Abschluss der Durchführungsphase wurden im Mai und Juni 2015 mit Vertreterinnen und Vertretern von insgesamt elf Sicherheitsbehörden, die nach den in der Konzeptionsphase festgelegten Kriterien ausgewählt worden waren, leitfadengestützte Experteninterviews durchgeführt, um zusätzliche Informationen zur RED zu gewinnen, die mit Hilfe der anderen Instrumente nicht hätten gewonnen werden können. Bei diesen Behörden handelte es sich um je vier LfV und LKÄ sowie zwei Polizeibehörden und einen Nachrichtendienst des Bundes.

4.1.3 Auswertungsphase

Im Anschluss an die Durchführungsphase wurden die für die verschiedenen Untersuchungsschwerpunkte erhobenen Daten vom InGFA abschließend bewertet. Zunächst wurden die quantitativen Daten (Protokolldaten und begleitende Erhebung) ausgewertet. Mit Hilfe dieser Daten konnten vor allem Erkenntnisse darüber gewonnen werden, wie häufig die Regelungen des RED-G zur Anwendung kamen und ob eine RED-Abfrage zu einem Erkenntnisgewinn bei der abfragenden Behörde führte. Des Weiteren wurde vor allem mit Hilfe der im Rahmen der teilstandardisierten Erhebung und der Experteninterviews gewonnenen qualitativen Daten versucht, Hinweise auf mögliche Vollzugsprobleme, die Auswirkungen der RED auf den Informationsaustausch sowie nicht-intendierte Nebenwirkungen zu finden, um ggf. Vorschläge erarbeiten zu können, die die Erreichung des Gesetzesziels befördern können.

Die Auswertung der Ergebnisse erfolgte bei allen Erhebungsinstrumenten anonymisiert, so dass keine Rückschlüsse auf Einzelfälle bzw. einzelne Behörden möglich waren.

4.2 Staatsrechtswissenschaftliche Analyse

Auf Basis der empirisch gewonnenen Daten erfolgte eine verfassungsrechtliche Bewertung des RED-G, der eine umfassende Verhältnismäßigkeitsprüfung zugrunde gelegt wurde. Anhand der einschlägigen Rechtsprechung – insbesondere zum Recht auf informationelle Selbstbestimmung und zum ATDG – und den bei der Evaluierung ermittelten Problemen bei der Anwendung der Normen in der Praxis wurde überprüft, ob die zu evaluierenden Regelungen hinreichend klar und bestimmt gefasst sind.

Dabei wurden auch die aufgrund des BVerfG-Urteils zur Antiterrordatei im Gesetz zur Änderung des ATDG und weiterer Gesetze anhängigen Rechtsänderungen im RED-G berücksichtigt.

Anschließend wurden anhand der so gebildeten Maßstäbe die durch die empirischen Erhebungen gewonnenen Ergebnisse dahingehend bewertet, ob die Anwendung des RED-G in der Praxis verfassungsrechtlichen Bedenken begegnet.

4.3 Zusammenführung der empirischen und staatsrechtswissenschaftlichen Untersuchungsergebnisse

Abschließend erfolgte eine Zusammenfassung und Bewertung sowohl der empirischen als auch der rechtswissenschaftlichen Analyseergebnisse mit Blick auf die in Kapitel 4.1.1.2 genannten Untersuchungsschwerpunkte. Auf Grundlage der durch das InGFA zur Verfügung gestellten Analyseergebnisse wurden von der Bundesregierung eine politische Bewertung vorgenommen und Empfehlungen für den Deutschen Bundestag abgeleitet.

5. Ergebnisse der empirischen Analyse

5.1 Zentrale Ergebnisse der Auswertung der RED-Protokolldaten

Um die Wirksamkeit und die Eingriffsintensität bewerten zu können, war es zunächst erforderlich, sich einen Überblick über die Struktur der RED zu verschaffen, d. h. näher zu untersuchen, wie die Datenspeicherung in der RED in der Praxis erfolgte. Hierzu wurden – auf Grundlage der Vorgaben vom InGFA – vom BKA verschiedene Skripte erstellt, die eine quantitative Auswertung zu den zentralen Untersuchungsschwerpunkten ermöglichten (z. B. Anzahl der gespeicherten Daten (Personen, unabhängige Hauptobjekte), Anzahl der Suchanfragen, Anzahl der Fälle, in denen die Freischaltung von erweiterten Grunddaten erbeten wurde). Die Daten wurden dem InGFA vom BKA in anonymisierter Form zur Verfügung gestellt, sodass keine Rückschlüsse auf einzelne Behörden, sondern nur eine Zuordnung zu unterschiedlichen Sicherheitsbehördentypen (Dienste Bund/Land, Polizei Bund/Land) möglich war. Da die erste Befüllungsstufe für Personen am 15. Dezember 2012 abgeschlossen wurde, erstreckte sich die Analyse auf den Zeitraum 15. Dezember 2012 bis 1. Oktober 2014. Bei den sonstigen unabhängigen Hauptobjekten (§ 2 Nr. 4 b) RED-G a. F.) hingegen verkürzte sich der Untersuchungszeitraum (1. April 2013 bis 1. Oktober 2014), da die Befüllung in diesem Bereich erst zum 1. April 2013 abgeschlossen wurde.

Im Folgenden wird ein kurzer Überblick gegeben, welche Objekte von welchen Sicherheitsbehördentypen mit welcher Einstufung zwischen dem 15. Dezember 2012 und dem 1. Oktober 2014 in der RED erfasst bzw. gelöscht wurden. Im Anschluss daran werden die zentralen Ergebnisse für die Erfassung, Löschung, Änderung und Ansicht von Objekten gegenübergestellt. Des Weiteren werden die gespeicherten Personen und unabhängigen Hauptobjekte (incl. der ihnen nachgeordneten Objekte) im Detail betrachtet. Schließlich werden die durchgeführten Suchanfragen und die daraus resultierenden Treffer einer genaueren Analyse unterzogen. In diesem Zusammenhang wurde auch überprüft, wie häufig erweiterte Grunddaten freigeschaltet wurden. Die Analyse erfolgte dabei in der Regel sowohl zum Stichtag 1. Oktober 2014 als auch auf den gesamten Untersuchungszeitraum bezogen (entweder aggregiert oder im Zeitverlauf nach Monaten zu bestimmten Stichtagen).

5.1.1 Erfassung, Löschung, Änderung und Ansicht von Objekten in der RED im Untersuchungszeitraum

Die Aufzeichnungen des Protokollservers geben Aufschluss darüber, aus welchen Gründen auf ein Objekt zugegriffen wurde. Hierbei lassen sich insgesamt vier technische Bearbeitungsmodi[30] unterscheiden:

1) **Objekt-Erfassung**[31]: Bei der Objekt-Erfassung wird ein neuer Datensatz bzw. die Befüllung eines neuen Datenfeldes erfasst.
2) **Objekt-Löschung**: Mit der Objekt-Löschung wird die Löschung von Objekten aus der RED erfasst.
3) **Objekt-Änderung**: Mit der Objekt-Änderung werden Änderungen eines Objekts in einem vorhandenen Datensatz protokolliert.
4) **Objekt-Ansicht**: Eine Objekt-Ansicht wird dann protokolliert, wenn eine Behörde in der Webapplikation die Detailansicht des Fachobjektes aufgerufen hat. Es werden alle Attribute eines Fachobjektes angezeigt.

Da aus staatsrechtswissenschaftlicher Sicht zur Bewertung der Eingriffsintensität vor allem die Modi „Objekt-Erfassung" und „Objekt-Löschung" von besonderer Bedeutung sind, konzentriert sich die nachfolgende Analyse auf diese beiden Modi.

5.1.1.1 Erfassung von Objekten in der RED

Im Untersuchungszeitraum wurden insgesamt 67.320 Objekte in der RED erfasst[32], wobei es sich zum Großteil um nachgeordnete Objekte (58.817) und in einem geringeren Maße um Hauptobjekte (8.503) handelte. Als nachgeordnete Objekte wurden vor allem weitere Personenangaben[33]

30 Bundesregierung (2013), 40.

31 Bei der Objekt-Erfassung geht es um Daten, die im Untersuchungszeitraum neu in der RED gespeichert wurden. Daten, die vor dem 15. Dezember 2012 in der Datei gespeichert waren, zählen nicht dazu.

32 Hierbei handelt es sich um Objekte, die im Untersuchungszeitraum neu in der RED gespeichert wurden.

33 „Weitere Personenangaben" ist eine Sammelkategorie innerhalb der erweiterten Grunddaten, die folgende Subdatenfelder enthält: (1) Familienstand, (2) Angaben zur Gefährlichkeit, insbesondere Waffenbesitz, oder zum Gewaltbezug einer Person, (3) besondere Fähigkeiten, die nach den auf bestimmten Tatsachen beruhenden Erkenntnissen der beteiligten Behörden der Vorbereitung und Durchführung

(36.865), gefolgt von Alias (7.334), Telefon-/Fax-Nummern (4.482), besuchte Orte (3.256), Fahrzeuge (3.093) und Organisationsbezüge (2.763) gespeichert. Die übrigen Objektarten (elektronische Postadressen, Bankverbindungen, Waffen, Medien und Haftbefehle) spielten quantitativ dagegen nur eine untergeordnete Rolle.

Als Hauptobjekte wurden im Untersuchungszeitraum vor allem Hauptpersonen (4.317), gefolgt von dolosen Kontaktpersonen (2.286) sowie undolosen Kontaktpersonen (671) erfasst.

Speichernde Behörden

Der Großteil der erfassten Daten stammt von den Verfassungsschutz- und Polizeibehörden der Länder. Zwischen 2012 und 2014 erfassten sie insgesamt 60.701 Objekte. Dies entspricht einem Anteil von rund 90 Prozent aller in der RED erfassten Daten. Deutlich weniger Objekte wurden hingegen von den Nachrichtendiensten und Polizeibehörden des Bundes gespeichert. Mit 6.149 Objekten stammten nur knapp zehn Prozent der erfassten Daten von diesen Sicherheitsbehörden. Tab. 1 gibt einen Überblick, welche Sicherheitsbehördentypen welche Objekte im Einzelnen in der RED erfasst haben:

terroristischer Straftaten nach § 129a Abs. 1 und 2 StGB dienen können, insbesondere besondere Kenntnisse und Fertigkeiten in der Herstellung oder im Umgang mit Sprengstoffen oder Waffen, (4) Angaben zum Schulabschluss, zur berufsqualifizierenden Ausbildung und zum ausgeübten Beruf, (5) Angaben zu einer gegenwärtigen oder früheren Tätigkeit in einer lebenswichtigen Einrichtung im Sinne des § 1 Abs. 5 des Sicherheitsüberprüfungsgesetzes oder einer Verkehrs- oder Versorgungsanlage oder -einrichtung, einem öffentlichen Verkehrsmittel oder Amtsgebäude, (6) Fahrlizenzen und Luftfahrtscheine, (7) auf Tatsachen beruhende zusammenfassende besondere Bemerkungen, ergänzende Hinweise und Bewertungen zu Grunddaten und erweiterten Grunddaten, die bereits in Dateien der beteiligten Behörden gespeichert sind, sofern dies im Einzelfall nach pflichtgemäßem Ermessen geboten und zur Aufklärung oder Bekämpfung des gewaltbezogenen Rechtsextremismus unerlässlich ist sowie (8) Sprachkenntnisse.

Tab. 1: Erfasste Objekte nach Sicherheitsbehördentypen (2012-2014)

	Dienste Land	Polizei Land	Dienste Bund	Polizei Bund	Unbekannt[34]	Gesamt
Nachgeordnete Objekte	40.172	13.299	2.932	2.103	311	58.817
Alias	1.954	4.495	206	521	158	7.334
Bankverbindung	24	50	7	227	1	309
besuchte Orte	1.939	647	438	186	46	3.256
Haftbefehl	-	1	-	2	-	3
Medien	-	2	-	3	-	5
Weitere Personenangaben	31.542	3.104	2.114	51	54	36.865
Waffe	-	23	-	16	-	39
Telefon/Fax	1.711	2.231	81	436	23	4.482
Organisationsbezug	932	1.635	33	163	0	2.763
elektr. Post	286	134	25	220	3	668
Fahrzeug	1.784	977	28	278	26	3.093
Hauptobjekte	2.429	4.801	213	901	159	8.503
Person	1.062	2.499	197	447	112	4.317
Organisation	475	113	7	33	2	630
undolose Kontaktperson	602	1	7	24	37	671
dolose Kontaktperson	290	1.953	2	33	8	2.286
Adresse	-	179	-	69	-	248

34 Aufgrund technischer Probleme in der Anfangsphase der RED wurden einige Behörden nicht richtig zugeordnet, so dass diese Fälle als „Unbekannt" in den Protokolldaten erscheinen.

	Dienste Land	Polizei Land	Dienste Bund	Polizei Bund	Unbekannt[34]	Gesamt
Ausweis/ Dokument	-	7	-	12	-	19
Telefon/Fax	-	12	-	120	-	132
Waffe	-	0	-	50	-	50
elektr. Post	-	12	-	48	-	60
Bankverbindung	-	1	-	37	-	38
Fahrzeug	-	21	-	20	-	41
Medien	-	3	-	8	-	11
Gesamt	42.601	18.100	3.145	3.004	470	67.320

Kategorisierung der im Untersuchungszeitraum erfassten Objekte[35]

Mit Blick auf die Geheimhaltungsgrade der in der RED gespeicherten Daten ergibt sich folgendes Bild: Mehr als die Hälfte der Daten sind offen gespeichert oder als VS-NfD eingestuft. Ein nicht unerheblicher Teil der Daten ist zudem VS-VERTRAULICH bzw. VS-VERTRAULICH (Quellenschutz) eingestuft (ca. 38 Prozent). Als GEHEIM klassifizierte Daten spielen in der RED mit knapp neun Prozent quantitativ eine untergeordnete Rolle. Die als GEHEIM eingestuften Daten stammen ausschließlich von den Nachrichtendiensten des Bundes und der Länder, während die Polizeibehörden fast ausschließlich Daten in die RED einspeisen, die als offen oder VS-NfD eingestuft sind. In weniger als ein Prozent der polizeilichen Daten handelt es sich um solche mit Geheimhaltungsgrad VS-VERTRAULICH.

35 Grundsätzlich lassen sich gemäß VSA drei Geheimhaltungsgrade der in der RED gespeicherten Daten unterscheiden: **(1) VS-NfD**, wenn die Kenntnisnahme durch Unbefugte für die Interessen der Bundesrepublik Deutschland oder eines ihrer Länder nachteilig sein kann, **(2) VS-VERTRAULICH**, wenn die Kenntnisnahme durch Unbefugte für die Interessen der Bundesrepublik Deutschland oder eines ihrer Länder schädlich sein kann und **(3) GEHEIM**, wenn die Kenntnisnahme durch Unbefugte die Sicherheit der Bundesrepublik Deutschland oder eines ihrer Länder gefährden oder ihren Interessen schweren Schaden zufügen kann. Darüber hinaus gibt es bei der Einstufung VS-VERTRAULICH und GEHEIM jeweils den Zusatz „Quellenschutz". Dieser Zusatz ist als Hinweis zu verstehen, dass eine Information besonders sensibel zu handhaben ist.

Tab. 2: Von den Sicherheitsbehörden in der RED erfasste Objekte nach Geheimhaltungsgrad (2012-2014)

	Offen	VS-NfD	VS-VERTRAULICH	VS-VERTRAULICH (Quellenschutz)	GEHEIM	GEHEIM (Quellenschutz)	Gesamt	in %
Nachrichtendienste	5.007	9.499	4.966	20.344	534	5.396	45.746	68,0
Bund	278	732	378	1.230	275	252	3145	4,7
Land	4.729	8.767	4.588	19.114	259	5.144	42.601	63,3
Polizei	203	20.713	186	2	0	0	21.104	31,3
Bund	-	3.002	2	-	-	-	3.004	4,5
Land	203	17.711	184	2	-	-	18.100	26,9
Unbekannt	55	343	30	42	0	0	470	0,7
Gesamt	5.265	30.555	5.182	20.388	534	5.396	67.320	100,0
in %	7,8	45,4	7,7	30,3	0,8	8,0	100,0	

5.1.1.2 Löschung von Objekten in der RED

Zwischen Dezember 2012 und Oktober 2014 wurden insgesamt 52.969 Objekte aus der RED gelöscht, wobei es sich – analog zur Speicherung – zum Großteil um nachgeordnete Objekte (48.137) und in einem geringeren Maße um Hauptobjekte (4.832) handelte. Als nachgeordnete Objekte wurden vor allem weitere Personenangaben[36] (35.073), gefolgt von besuchten Orten (4.819), Alias (4.651), Telefon-/Faxanschlüssen (1.598) und Fahrzeugen (1.172) gelöscht. Die übrigen Objektarten (Angaben zum Organisa-

36 Unter weiteren Personenangaben wird eine Reihe von erweiterten Grunddaten zusammengefasst, die einen engen Personenbezug aufweisen (siehe hierzu Kapitel 5.1.1.4.2).

tionsbezug, elektronische Postadressen, Bankverbindungen, Waffen, Medien und Haftbefehle) spielten quantitativ dagegen nur eine untergeordnete oder überhaupt keine Rolle. Bei den Hauptobjekten wurden im Untersuchungszeitraum vor allem Hauptpersonen (3.578), dolose Kontaktpersonen (966) und undolose Kontaktpersonen (125) gelöscht.

Speichernde Behörden

Unterzieht man die von den Sicherheitsbehörden gelöschten Objekte einer genaueren Analyse, zeigt sich wie erwartet ein analoges Bild wie bei den Erfassungen (Löschungen erfolgen nur durch die Behörden, die die jeweiligen Daten zuvor gespeichert haben und somit die datenschutzrechtliche Verantwortung dafür tragen). Knapp 94 Prozent der vorgenommenen Löschungen im Untersuchungszeitraum erfolgten durch die Sicherheitsbehörden der Länder (Verfassungsschutz- und Polizeibehörden). Auf die Nachrichtendienste des Bundes entfielen hingegen fünf Prozent und auf die Polizeibehörden des Bundes rund ein Prozent aller zwischen 2012 und 2014 gelöschten Objekte. Tab. 3 stellt noch einmal im Detail dar, welche Sicherheitsbehörden welche Objekte im Untersuchungszeitraum gelöscht haben.

Tab. 3: Gelöschte Objekte nach Sicherheitsbehördentypen (2012-2014)

	Dienste Land	Polizei Land	Dienste Bund	Polizei Bund	Unbekannt	Gesamt
Nachgeordnete Objekte	38.026	7.087	2.554	470	-	48.137
Alias	1.196	3.290	65	100	-	4.651
Bankverbindung	6	9	1	53	-	69
besuchte Orte	4.399	27	375	18	-	4.819
Haftbefehl	-	-	-	-	-	-
Medien	-	2	-	-	-	2
weitere Personenangaben	30.362	2.602	2.099	10	-	35.073
Waffe	-	6	-	-	-	6

	Dienste Land	Polizei Land	Dienste Bund	Polizei Bund	Unbe-kannt	Gesamt
Telefon/ Fax	909	525	1	163	-	1.598
Organisa-tionsbezug	141	398	12	-	-	551
elektr. Post	65	31	1	99	-	196
Fahrzeug	948	197	-	27	-	1.172
Haupt-objekte	1.223	3.335	69	165	40	4.832
Person	979	2.413	58	89	39	3.578
Organisa-tion	27	6	4	3	-	40
undolose Kontakt-person	121	1	3	-	-	125
dolose Kontakt-person	96	854	4	11	1	966
Adresse	-	57	-	13	-	70
Ausweis/ Dokument	-	3	-	2	-	5
Telefon/ Fax	-	-	-	30	-	30
Waffe	-	-	-	-	-	-
elektr. Post	-	-	-	9	-	9
Bankver-bindung	-	-	-	5	-	5
Fahrzeug	-	1	-	3	-	4
Medien	-	-	-	-	-	-
Gesamt	39.249	10.422	2.623	635	40	52.969

5.1.1.3 Erfassung, Löschung, Änderung und Ansicht von Objekten im Vergleich

Betrachtet man das Verhältnis zwischen erfassten und gelöschten Objekten zwischen 2012 und 2014, wird eine Zweiteilung mit Blick auf die Sicherheitsbehördentypen deutlich. Während die Nachrichtendienste prozentual gesehen fast so viele Objekte löschen, wie sie erfassen, ist es im Untersuchungszeitraum im Bereich der Landespolizeibehörden sowie der Polizeibehörden des Bundes zu einem teils deutlichen Aufwuchs der Objekte in der RED gekommen.

Abb. 3: Verhältnis zwischen gelöschten und erfassten Objekten nach Sicherheitsbehördentypen (2012-2014) in %

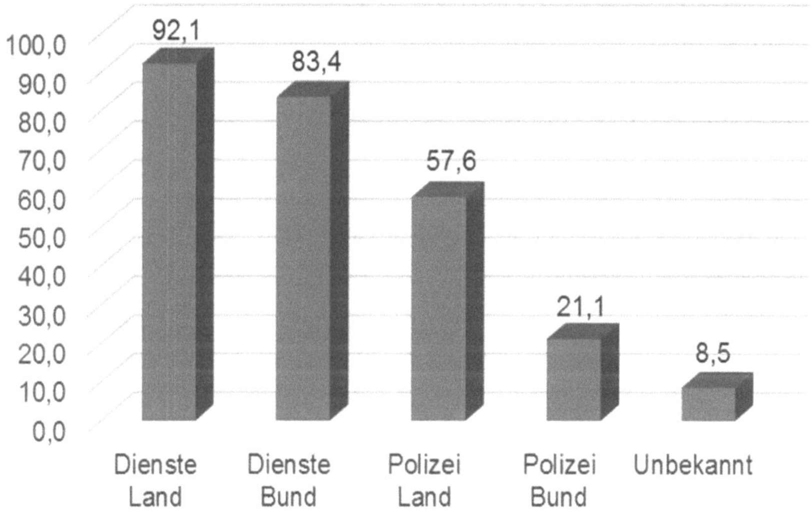

Mit Blick auf die Entwicklung der Objekterfassungen, -löschungen, -änderungen und -ansichten zwischen 2012 und 2014 fällt auf, dass sie zu Beginn des Normalbetriebs zunächst durch einen teilweise sehr deutlichen Anstieg gekennzeichnet waren, der im März/April 2013 seinen Höhepunkt erreichte. Ab April/Mai 2013 ging ihre Zahl teilweise deutlich zurück.

Abb. 4: Erfassung, Löschung, Änderung und Ansicht der in der RED vorhandenen Objekte (2012-2014)

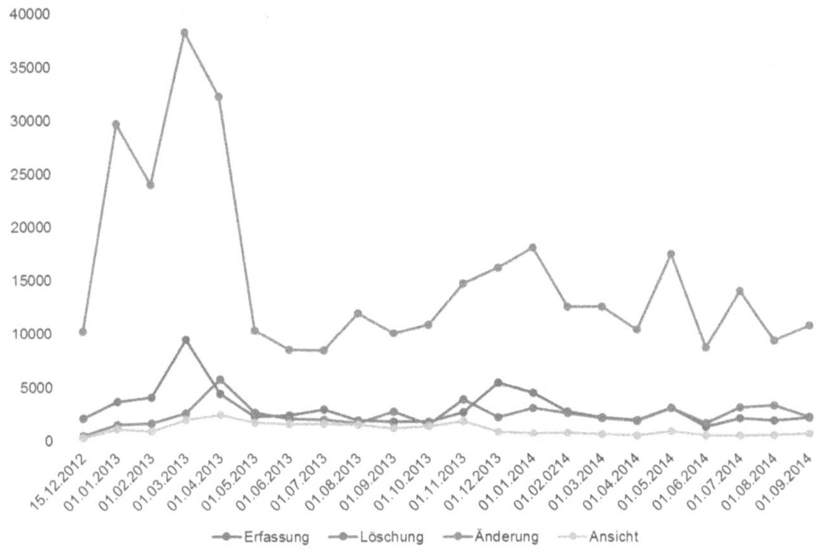

Wie in der Grafik erkennbar ist, liegt das Niveau bei den Objektänderungen deutlich über dem der anderen drei Kategorien, wobei alle vier Kategorien durch einen in der Tendenz ähnlichen Verlauf gekennzeichnet sind.

Für den Zeitraum 2012 bis 2014 gibt die Tab. 4 hierüber einen ausführlicheren Überblick.

Tab. 4: Erfassung, Löschung, Änderung und Ansicht von Objekten in der RED (2012-2014)

Datenarten	Erfassung	Löschung	Änderung	Ansicht
Nachgeordnete Objekte	58.817	48.137	274.407	1.809
besuchte Orte	3.256	4.819	71.760	154
Alias	7.334	4.651	63.749	5
Telefon/Fax	4.482	1.598	44.176	302
Fahrzeug	3.093	1.172	40.897	157
Organisationsbezug	2.763	551	18.937	204
weitere Personenangaben	36.865	35.073	17.239	934
elektronische Post	668	196	15.196	24
Bankverbindung	309	69	2.298	15
Waffe	39	6	153	8
Haftbefehl	3	-	2	3
Medien	5	2	-	3
Hauptobjekte	8.503	4.832	64.791	21.579
Personen	4.317	3.578	52.321	16.428
dolose Kontaktperson	2.286	966	6.863	3.738
undolose Kontaktperson	671	125	3.311	679
Organisation	630	40	1.702	460
Adresse	248	70	183	96
Telefon/Fax	132	30	168	49
Waffe	50	-	83	7
Bankverbindung	38	5	52	13
elektronische Post	60	9	40	40
Fahrzeug	41	4	36	40
Ausweis/Dokument	19	5	19	9
Medien	11	-	13	20
Gesamt	67.320	52.969	339.198	23.388

Beim Vergleich der vier Bearbeitungsmodi wird deutlich, dass Objektänderungen in der RED eine herausragende Rolle spielen. 339.198 Objekte wurden in dem genannten Zeitraum geändert, wobei es sich hauptsächlich um nachgeordnete Objekte (274.407) und zu einem deutlich geringeren Anteil um Hauptobjekte (64.791) handelte. Bei den nachgeordneten Objekten wurden in erster Linie Änderungen bei den besuchten Orten, den Alias, den Telefon-/Faxanschlüssen sowie bei den Fahrzeugen vorgenommen. Bei den Hauptobjekten wurden vor allem die Personen sowie dolose und undolose Kontaktpersonen geändert.

Deutlich seltener wurden hingegen Objekte erfasst oder gelöscht. Auch die Erfassungen und Löschungen konzentrierten sich vor allem auf nachgeordnete Objekte, wobei es hier – anders als bei den Änderungen – hauptsächlich weitere Personenangaben waren, die erfasst oder gelöscht wurden. Bei den Hauptobjekten hingegen stellte sich die Situation wie bei den Änderungen dar: Der Hauptteil der Erfassungen und Löschungen bezog sich auf Personen und dolose Kontaktpersonen.

Die Ansicht von Objekten ist – wenn man die Gesamtzahl mit den Ergebnissen der anderen drei Kategorien vergleicht – von deutlich geringerer Relevanz. Interessanterweise liegt hier zudem eine andere Schwerpunktsetzung als bei den zuvor genannten Kategorien vor, da fast ausschließlich Hauptobjekte angesehen wurden, während eine Ansicht von nachgeordneten Objekten nur selten erfolgte. Bei den Hauptobjekten waren es in erster Linie Personen und dolose Kontaktpersonen, die angesehen wurden. Bei den nachgeordneten Objekten wurden vor allem weitere Personenangaben von den RED-NutzerInnen angesehen.

5.1.1.4 Entwicklung der in der RED gespeicherten Personendaten

Für eine datenschutzrechtliche Bewertung sind nicht nur das Lösch- und das Erfassungsverhalten der einzelnen Behörden relevant, sondern auch die Zusammensetzung und der Umfang des Datenbestandes.

Zum Stichtag 1. Oktober 2014 enthielt die RED insgesamt 11.336 Personen. Beim Großteil der gespeicherten Personen handelte es sich um Hauptpersonen (knapp 80 Prozent), während dolose Kontaktpersonen (15 Prozent) und undolose Kontaktpersonen (5 Prozent) einen deutlich kleineren Teil ausmachten. Der Großteil der gespeicherten Personendaten stammte von Sicherheitsbehörden der Länder (93 Prozent), wobei davon mehr als die Hälfte von den Landesverfassungsschutzbehörden erfasst wurde. Hingegen wurden nur rund sieben Prozent der in der RED vorhandenen Personen von den Polizeibehörden und Nachrichtendiensten des Bundes gespeichert.

Tab. 5: Gespeicherte Personen in der RED nach Sicherheitsbehördentyp (Stichtag: 1. Oktober 2014)

	Dienste Bund	Dienste Land	Polizei Bund	Polizei Land	Gesamt	in % Personen
Hauptperson	270	3.715	425	4.602	9.012	79,5
dolose Kontaktperson	7	264	24	1.428	1.723	15,2
undolose Kontaktperson	34	543	24	-	601	5,3
Gesamt	311	4.522	473	6.030	11.336	100,0
in % nach Behörde	2,7	39,9	4,2	53,2	100,0	

Der überwiegende Teil der in der RED gespeicherten Personen (90 Prozent) waren Männer. 93 Prozent der erfassten Personen waren zum Stichtag 1. Oktober 2014 zwischen 17 und 44 Jahre alt, während die Altersgruppe 45 Jahre und älter lediglich einen Anteil von rund sechs Prozent hatte. In einem Prozent der Fälle gab es keine Angabe zum Geburtsdatum.

Abb. 5: Altersstruktur der in der RED gespeicherten Personen (Stichtag: 1. Oktober 2014)

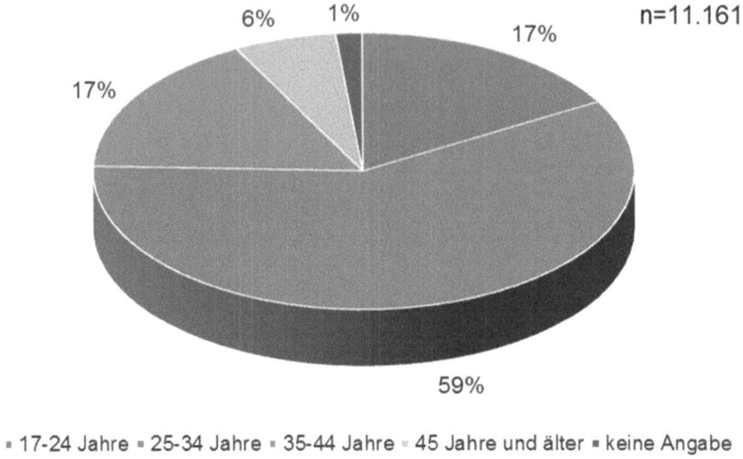

Speicherungsgründe

Knapp zwei Drittel der am 1. Oktober 2014 in der RED erfassten Personen (7.283) waren auf der Grundlage von § 2 S. 1 Nr. 1 b) RED-G a. F. (als Täter oder Teilnehmer einer rechtsextremistischen Gewalttat Beschuldigte oder rechtskräftig Verurteilte) gespeichert. Darüber hinaus erfolgte eine Speicherung in nennenswertem Umfang auf Grundlage von § 2 S. 1 Nr. 3 RED-G a. F. (der rechtsextremistischen Szene angehörige Kontaktperson zu § 2 S. 1 Nr. 3 RED-G) (2.404) und auf § 2 S. 1 Nr. 2 RED-G a. F. (rechtsextremistisch motivierte Förderer rechtsextremistischer Gewalt/Besitzer unerlaubter Schusswaffen/Kriegswaffen oder Explosivstoffe) (1.521). Speicherungen nach § 2 S. 1 Nr. 1 a) RED-G a. F. (Mitglied/Unterstützer einer terroristischen Vereinigung in § 129a StGB mit rechtsextremistischen Hintergrund) erfolgten mit 128 Fällen eher selten.

Abb. 6: Gründe für die Speicherung in der RED (Stichtag: 1. Oktober 2014)

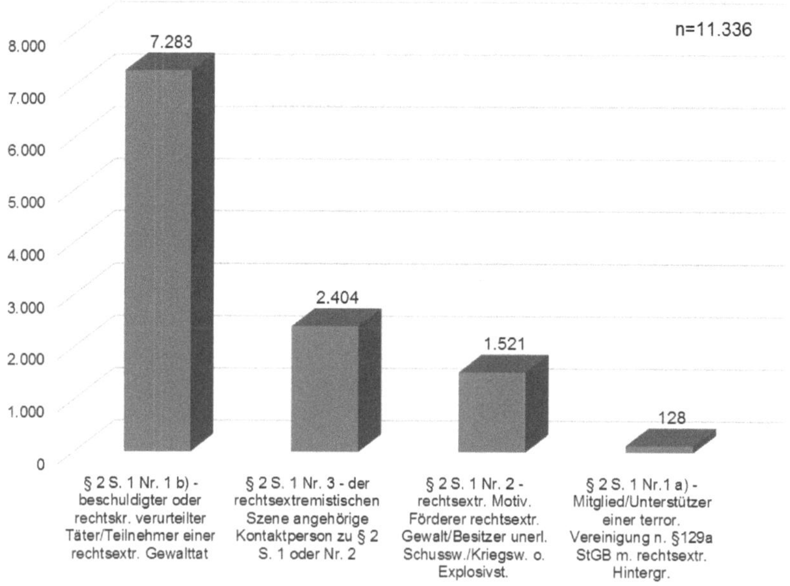

Betrachtet man die Entwicklung der in der RED gespeicherten Personen im Untersuchungszeitraum, lassen sich zwei Phasen unterscheiden. In der ersten Phase des Normalbetriebs der RED (bis September 2013) stieg die Zahl der gespeicherten Personen stetig von 8.731 auf 12.528 an. In der zweiten Phase – zwischen Oktober 2013 und August 2014 – pendelte sich die Zahl der gespeicherten Personen zwischen 11.800 und 12.200 ein, wobei in den letzten beiden Monaten des Untersuchungszeitraums ein deutlicher Rückgang zu verzeichnen war. Dies hängt vermutlich mit der Umsetzung des BVerfG-Urteils zum ATDG zusammen, aufgrund dessen und im Vorgriff auf die absehbare Änderung des RED-G die Kontaktpersonen aus der RED gelöscht wurden. Ansonsten deutet die vergleichsweise konstante Entwicklung des Datenbestandes in der zweiten Phase darauf hin, dass in ähnlichem Umfang personenbezogene Daten gelöscht wurden wie neue hinzukamen.

Abb. 7: In der RED gespeicherte Personen (2012-2014)

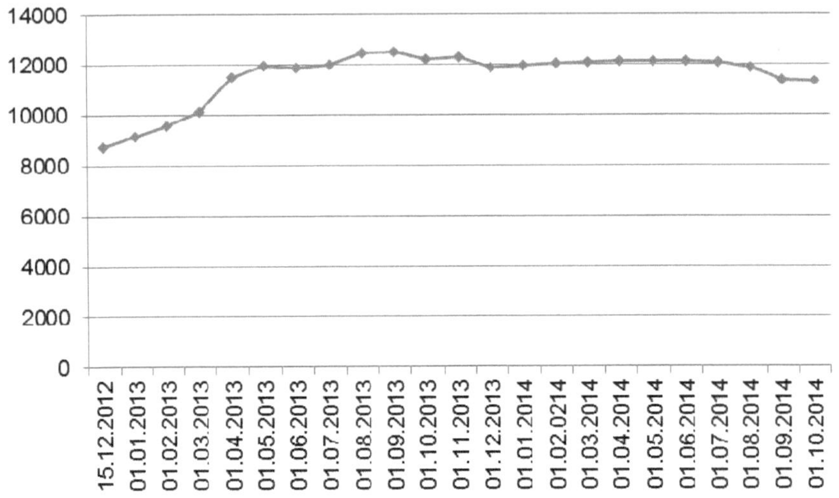

5.1.1.4.1 Grunddaten in der RED

Im Folgenden werden die zu den o. g. Personen gespeicherten nachgeordneten Objekte ausgewertet, wobei zunächst die Grunddaten und anschließend die erweiterten Grunddaten analysiert werden.

Zu Personen werden gemäß § 3 Abs. 1 Nr. 1 a) RED-G eine Reihe von Grunddaten in der RED gespeichert. Insgesamt gibt es in der Datei 19 Hauptdatenfelder im Bereich der Grunddaten, die z. T. mehrere Subdatenfelder aufweisen, in denen z. T. auch mehrere Daten gespeichert werden können. Beispielsweise besteht das Hauptdatenfeld „Anschrift" aus mehreren Subdatenfeldern (Land, Postleitzahl, Ort, Straße und Hausnummer). Diese Daten sind für die in der RED suchende Behörde direkt einsehbar:

(1) Personenrolle[37],
(2) Kennzeichnung i. S. d. § 3 Abs. 2 RED-G,
(3) Geheimhaltungsgrad,
(4) Name der zuständigen Behörde,

37 Die Personenrolle gibt unter Bezugnahme auf die Speichergrundlage an, um welche Person (Hauptperson, dolose/undolose Kontaktperson) es sich handelt.

(5) Aktenzeichen und sonstiges Geschäftszeichen der zuständigen Behörde,
(6) Familienname,
(7) Vorname,
(8) Frühere Namen, andere Namen, abweichende Namensschreibweisen (Sonstiger Name – Bezeichnung),
(9) Geschlecht,
(10) Geburtsdatum,
(11) Geburtsort,
(12) Geburtsstaat,
(13) Staatsangehörigkeiten,
(14) Anschriften,
(15) Besondere körperliche Merkmale,
(16) Lichtbilder,
(17) Rechtsgrundlage der Speicherung,
(18) Identitätspapiere sowie
(19) Aliaspersonalien.

Zum Stichtag 1. Oktober 2014 waren durchschnittlich rund 14 Hauptdatenfelder pro gespeicherter Person belegt[38] – dies entspricht einer durchschnittlichen Quote von ca. 70 Prozent pro Person. Bei 14 der zum Stichtag 11.336 Personen in der RED waren lediglich sieben Hauptdatenfelder belegt, während in 29 Fällen 17 der 19 Hauptdatenfelder Informationen enthielten. Somit lag die Streubreite der Belegungsquote zwischen 36,8 und 94,7 Prozent.

Mit Blick auf die einzelnen Datenfelder zeigten sich allerdings noch deutlichere Unterschiede bei der Belegungsquote als bei den gespeicherten Personen. Während Informationen zur datenbesitzenden Behörde, zur Personenrolle, zum Geheimhaltungsgrad, zum Speicherungsgrund und zu den Alias immer verfügbar waren, waren die Datenfelder Sonstiger Name (2.585), Identitätspapiere (1.477) sowie körperliche Merkmale (622) deutlich seltener belegt. Die für die Identifizierung von Personen wichtigen Datenfelder (Familienname, Vorname, Geburtsdatum) waren in mehr als 98 Prozent der Fälle belegt. Das Aktenzeichen der zuständigen Behörde war zu 834 Personen nicht in der RED gespeichert.

38 Ein Hauptdatenfeld wurde als belegt bewertet, wenn mindestens ein Subdatenfeld belegt war. Nicht berücksichtigt wurde dabei, wie viele Subdatenfelder belegt waren.

Tab. 6: Belegung der Hauptdatenfelder im Bereich der Grunddaten (Stichtag: 1. Oktober 2014)

Datenfelder (Grunddaten)	Belegt	nicht belegt	Belegung in %
Alias	11.336	-	100,0
Geheimhaltungsgrad	11.336	-	100.0
Personenrolle	11.336	-	100,0
Rechtsgrundlage Speicherung	11.336	-	100,0
Zuständige Behörde	11.336	-	100,0
Familienname	11.282	54	99,5
Vornamen	11.272	64	99,4
Geburtsdatum	11.157	179	98,4
Geschlecht	11.159	177	98,4
Aktenzeichen	10.802	534	95,3
Geburtsort	9.865	1.471	87,0
Anschrift	9.178	2.158	81,0
Geburtsstaat	7.078	4.258	62,4
Staatsangehörigkeit	3.879	7.457	34,2
Lichtbilder	3.089	8.247	27,2
Sonstige Namen	2.585	8.751	22,8
Identitätspapiere	1.477	9.859	13,0
Kennzeichnung[39]	1.051	10.285	9,3
besondere körperliche Merkmale	622	10.714	5,5
Durchschnittliche Belegung	7.957	3.379,4	70,2

39 Hierbei handelt sich um ein Datenfeld, das nur belegt ist, wenn die gespeicherten Daten tatsächlich aus einer G 10-Maßnahme stammen. Folglich bedeutet „nicht belegt" nicht, dass hier Informationen fehlen. Aus diesem Grund wird das Datenfeld im Rahmen dieser Vergleichsaufstellung nicht weiter berücksichtigt.

5.1.1.4.2 Erweiterte Grunddaten zu in der RED gespeicherten Personen

Neben den Grunddaten ermöglicht das RED-G die Speicherung von erweiterten Grunddaten zu den in der Datei gespeicherten Personen. Im Folgenden wird – analog zu den Grunddaten – näher betrachtet, welche erweiterten Grunddaten zum Stichtag 1. Oktober 2014 in der RED vorhanden waren.

Zu den o. g. Personen wurden gemäß § 3 Abs. 1 Nr. 1 b) RED-G eine Reihe von erweiterten Grunddaten in der RED gespeichert. Insgesamt gibt es in der Datei 23 Hauptdatenfelder[40] im Bereich der erweiterten Grunddaten, die z. T. mehrere Subdatenfelder aufweisen. Beispielsweise besteht das Hauptdatenfeld „Bankverbindung" aus mehreren Subdatenfeldern (Postleitzahl, Ort, Straße/Hausnummer, Bank, Bankleitzeitzahl/BIC, Eröffnungs-/Auflösedatum, Kontonummer/IBAN, Kontoart etc.). Die erweiterten Grunddaten sind im Regelfall für die in der RED suchende Behörde nicht direkt einsehbar und müssen auf Anfrage freigeschaltet werden:

- Eigene oder von ihnen genutzte Telekommunikationsanschlüsse und Telekommunikationsendgeräte,
- Adressen für elektronische Post,
- Bankverbindungen,
- Schließfächer,
- auf die Person zugelassene Fahrzeuge,
- Familienstand,
- besondere Fähigkeiten, die nach den auf bestimmten Tatsachen beruhenden Erkenntnissen der beteiligten Behörden der Vorbereitung und Durchführung terroristischer Straftaten nach § 129a Abs. 1 und 2 StGB dienen können, insbesondere besondere Kenntnisse und Fertigkeiten in der Herstellung oder im Umgang mit Sprengstoffen oder Waffen,
- Angaben zum Schulabschluss,
- Angaben zur berufsqualifizierenden Ausbildung,
- Angaben zum erlernten/ausgeübten Beruf,
- Angaben zu einer gegenwärtigen oder früheren Tätigkeit in einer lebenswichtigen Einrichtung im Sinne des § 1 Abs. 5 des Sicherheitsüberprüfungsgesetzes oder einer Verkehrs- oder Versorgungsanlage oder -einrichtung, einem öffentlichen Verkehrsmittel oder Amtsgebäude,

40 Die Zahl der Hauptdatenfelder weicht von den in der Errichtungsanordnung aufgeführten Datenkategorien ab, da Hauptdatenfelder in der RED teilweise zusammengefasst (z. B. besuchte Orte und besuchte rechtsextremistische Konzerte und sonstige Veranstaltungen), teilweise ausdifferenziert wurden (z. B. Angaben zum Schulabschluss, zur berufsqualifizierenden Ausbildung, zum ausgeübten/erlernten Beruf).

- Angaben zur Gefährlichkeit, insbesondere Waffenbesitz, oder zum Gewaltbezug der Person,
- Fahrlizenzen und Luftfahrtscheine,
- besuchte Orte oder Gebiete (incl. rechtsextremistischer Konzerte und sonstiger Veranstaltungen), an oder in denen sich die in § 2 S. 1 Nr. 1 oder 2 genannten Personen treffen,
- Angaben zu Kontaktpersonen nach § 2 S. 1 Nr. 3 zu den jeweiligen Personen nach § 2 S. 1 Nr. 1 oder 2,
- der Tag, an dem das letzte Ereignis eingetreten ist, das die Speicherung der Erkenntnisse begründet[41],
- auf Tatsachen beruhende zusammenfassende besondere Bemerkungen, ergänzende Hinweise und Bewertungen zu Grunddaten und erweiterten Grunddaten, die bereits in Dateien der beteiligten Behörden gespeichert sind, sofern dies im Einzelfall nach pflichtgemäßem Ermessen geboten und zur Aufklärung oder Bekämpfung des gewaltbezogenen Rechtsextremismus unerlässlich ist,
- aktuelle Haftbefehle mit rechtsextremistischem Hintergrund,
- besuchte rechtsextremistische Konzerte und sonstige Veranstaltungen,
- Angaben über den Besitz oder die Erstellung von rechtsextremistischen Druckerzeugnissen, Handschriften, Abbildungen, Trägermedien wie Büchern und Medienträgern, jeweils in nicht geringer Menge,
- Sprachkenntnisse,
- aktuelle und frühere Mitgliedschaften sowie Funktionen (Funktionär, Mitglied oder Anhänger) in rechtsextremistischen Vereinen und sonstigen rechtsextremistischen Organisationen sowie
- Zugehörigkeit zu rechtsextremistischen Netzwerken und sonstigen rechtsextremistischen Gruppierungen.

Am 1. Oktober 2014 waren zu 5.443 erfassten Personen erweiterte Grunddaten[42] in der RED gespeichert. Das entspricht einem Anteil von 48 Prozent. Im Umkehrschluss waren damit zu mehr als 50 Prozent der in der RED erfassten Personen keinerlei erweiterte Grunddaten vorhanden. Bei den 5.443 Personen, zu denen erweiterte Grunddaten in der Datei gespeichert waren, schwankte die Belegungsquote zwischen 4,5 und 50 Prozent. Relativ viele Informationen waren zu Telefon- und Faxanschlüssen (2.356 Personen) sowie zu Fahrzeugen (1.534 Personen) und zu besuchten Orten (1.460

41 Dieses Datenfeld wurde bei der Berechnung der Belegungsquote nicht berücksichtigt, da es in den Protokolldaten nicht ausgewiesen wurde.

42 Um als erweitertes Grunddatum gezählt zu werden, muss mindestens eines der genannten Datenfelder belegt sein.

Personen) hinterlegt. Hingegen gab es in der RED zu keiner Person Informationen zu Alias von Kontaktpersonen sowie zu Schließfächern.

Zu 3.205 Personen war mindestens eines der Subdatenfelder der Sammelkategorie „weitere Personenangaben" belegt. Für eine detailliertere Analyse wurde die Sammelkategorie aufgelöst und die darin enthaltenen Subdatenfelder einzeln ausgewertet. Gespeichert waren hier vor allem Angaben zum Familienstand (2.212 Personen), zu aktuellen und früheren Mitgliedschaften und Funktionen in rechtsextremistischen Organisationen (812 Personen), zum erlernten/ausgeübten Beruf (617 Personen) sowie besondere Bemerkungen zu einer in der RED erfassten Person (Freitextfeld) (481 Personen). Nur wenige Informationen wurden zu besonderen Fähigkeiten, die nach den auf bestimmten Tatsachen beruhenden Erkenntnissen der beteiligten Behörden der Vorbereitung und Durchführung terroristischer Straftaten nach § 129a Abs. 1 und 2 StGB dienen können, insbesondere besondere Kenntnisse und Fertigkeiten in der Herstellung oder im Umgang mit Sprengstoffen oder Waffen (27 Personen) sowie Angaben zu einer gegenwärtigen oder früheren Tätigkeit in einer lebenswichtigen Einrichtung im Sinne des § 1 Abs. 5 Sicherheitsüberprüfungsgesetz oder einer Verkehrs- oder Versorgungsanlage oder -einrichtung, einem öffentlichen Verkehrsmittel oder Amtsgebäude (eine Person) gespeichert.

Allerdings ist darauf hinzuweisen, dass in den Protokolldaten zu insgesamt 6.509 Personen weitere Personenangaben erfasst zu sein schienen. Jedoch stellte sich bei einer genaueren Analyse heraus, dass bei mehr als der Hälfte der Personen (3.304) keines der dort enthaltenen Subdatenfelder belegt war. Dies ist nach Angabe des BKA darauf zurückzuführen, dass die Quellsysteme der beteiligten Behörden z. T. weitere Daten zu den in der RED erfassten Personen enthalten, diese Informationen jedoch nicht in die RED übernommen wurden.

Verglichen mit den gespeicherten Grunddaten sind also deutlich weniger erweiterte Grunddaten in der RED vorhanden. Im Durchschnitt war bei den erweiterten Grunddaten lediglich ein Hauptdatenfeld pro Person belegt. Das entspricht einer Belegungsquote von 4,8 Prozent aller Hauptdatenfelder.

Tab. 7: In der RED gespeicherte erweiterte Grunddaten (Stichtag: 1. Oktober 2014)

Datenfelder (erweiterte Grunddaten)	Belegt	Nicht belegt	Belegung in %
Weitere Personenangaben	6.509 (3.205)	4.827 (8.131)	57,4 (28,3)
Familienstand	*2.012*	*9.324*	*17,3*
Zugehörigkeit zu rechtsextremistischen Netzwerken und sonstigen rechtsextremistischen Gruppierungen	*812*	*10.524*	*7,2*
Erlernter/ausgeübter Beruf	*617*	*10.719*	*5,4*
Besondere Bemerkungen	*481*	*10.855*	*4,2*
Angaben z. Gefährlichkeit	*255*	*11.081*	*2,2*
Fahrlizenzen/ Luftfahrtscheine	*229*	*11.107*	*2,0*
Angaben z. Ausbildung	*135*	*11.201*	*1,2*
Angaben z. Schulabschluss	*118*	*11.218*	*1,0*
Sprachkenntnisse	*110*	*11.226*	*1,0*
Besondere Kenntnisse	*27*	*11.309*	*0,2*
Tätigkeit i. e. lebenswichtigen Einrichtung	*1*	*11.335*	-
Telefon-/Faxanschlüsse	2.356	8.980	20,8
Fahrzeuge	1.534	9.802	13,5
Besuchte Orte	1.460	9.976	12,9
Organisationsbezug	1.339	9.997	11,8
Adressen f. elektr. Post	395	10.941	3,5
Bankverbindungen	73	11.263	1,6
Waffen	23	11.313	0,2
Haftbefehle	2	11.334	-
Medien	1	11.335	-
Alias Kontaktpersonen	-	11.336	-
Schließfächer	-	11.336	-
Durchschnittliche Belegung[43]	545	10.796	4,8

5.1.1.5 Entwicklung der in der RED gespeicherten unabhängigen Hauptobjekte

Neben den in der RED gespeicherten Personen gibt es zudem noch die unabhängigen Hauptobjekte, zu denen zum einen rechtsextremistische Vereinigungen und Gruppierungen (kurz: Organisationen) sowie zum anderen sonstige unabhängige Hauptobjekte (Sachen, Bankverbindungen, Anschriften, Telekommunikationsanschlüsse, Telekommunikationsendgeräte, Internetseiten oder Adressen für elektronische Post) zählen. Im Folgenden wird zunächst die Verteilung der in der RED gespeicherten Organisationen mit den dazugehörigen nachgeordneten Objekten vorgestellt. Im Anschluss erfolgt eine Analyse der sonstigen in der RED gespeicherten unabhängigen Hauptobjekte.

Organisationen

Zum Stichtag 1. Oktober 2014 waren insgesamt 599 Organisationen in der RED gespeichert. Der überwiegende Teil (rund 75 Prozent) stammte von den Nachrichtendiensten der Länder, während knapp ein Viertel der Organisationen von den Polizeibehörden der Länder erfasst worden war. Die Nachrichtendienste des Bundes hatten hingegen kaum und die Polizeibehörden des Bundes überhaupt keine Organisationen zum Stichtag 1. Oktober 2014 in der RED gespeichert. Mehr als die Hälfte dieser Hauptobjekte waren nicht höher als VS-NfD bzw. rund 98 Prozent nicht höher als VS-VERTRAULICH eingestuft. Lediglich die Nachrichtendienste des Bundes klassifizierten elf Datensätze zu Organisationen als GEHEIM.

43 Da es sich hierbei um ein Gruppendatenfeld handelt, werden nur die einzelnen, dort enthaltenen Subdatenfelder für die Berechnung der durchschnittlichen Belegungsquote herangezogen.

Tab. 8: Gespeicherte Organisationen nach Sicherheitsbehörden und Geheimhaltungsgrad

Geheimhaltungsgrad	Dienste Land	Polizei Land	Dienste Bund	Gesamt	in %
Offen	84	1	-	85	14,2
VS-NfD	85	131	1	217	36,2
VS-VERTRAULICH	62	5	1	68	11,4
VS-VERTRAULICH (Quellenschutz)	216	1	1	218	36,4
GEHEIM	4	-	-	4	0,7
GEHEIM (Quellenschutz)	7	-	-	7	1,2
Gesamt	458	138	3	599	100,0
in %	76,5	23,0	0,5	100,0	

Zu den jeweiligen Organisationen können allerdings noch weitere Informationen gespeichert werden. Hierfür stehen insgesamt folgende zwölf Hauptdatenfelder zur Verfügung, die durch die speichernde Behörde belegt werden können:

- Objektart,
- Name der zuständigen Behörde,
- Geheimhaltungsgrad,
- Aktenzeichen zuständige Behörde,
- Organisationsname,
- Anschrift,
- Betätigungsfeld,
- Organisationszweck,
- Gründungsdatum,
- Auflösungsdatum,
- Internetseite sowie
- Adresse für elektr. Post.

Bezogen auf die einzelnen in der RED gespeicherten Organisationen waren im Durchschnitt rund fünf Hauptdatenfelder belegt[44], woraus sich eine Belegungsquote von 44 Prozent ergab. Die Spannbreite reichte dabei von 41,4 bis zu 91,1 Prozent. Lediglich zur zuständigen Behörde, zum Geheimhaltungsgrad und zum Organisationsnamen waren für alle Organisationen Informationen hinterlegt. Bei den übrigen Datenfeldern schwankte die Belegungsquote zwischen 1,5 Prozent (Adressen für elektronische Post) und 13,9 Prozent (Anschriften). Betrachtete man die Belegungsquote der Hauptdatenfelder insgesamt, wurde deutlich, dass kaum zusätzliche Informationen zu den gespeicherten Organisationen in der RED gespeichert waren.

Abb. 8: Anzahl der belegten Hauptdatenfelder zu den in der RED gespeicherten rechtsextremistischen Organisationen und Vereinigungen (Auswahl) (Stichtag: 1. Oktober 2014)[45]

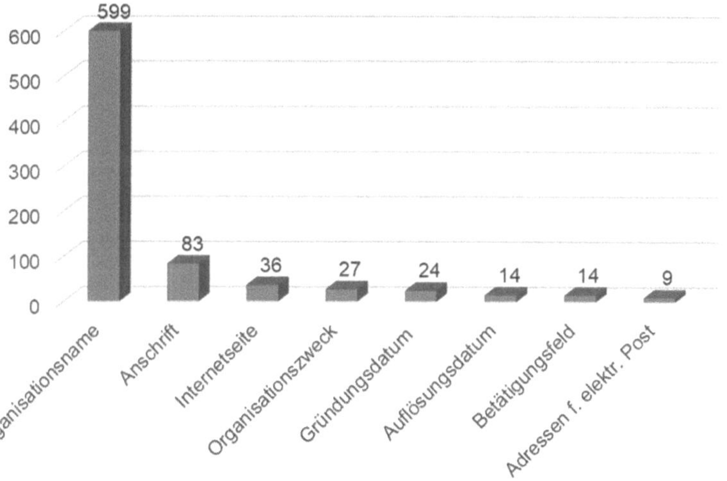

Nahm man die Entwicklung der in der RED gespeicherten rechtsextremistischen Organisationen in den Blick, zeigte sich, dass sie anders verlief als die in der RED gespeicherten Personen. Insgesamt war bei den Organisationen ein starker Anstieg erkennbar, der durch einen treppenförmigen Ver-

44 Zur Berechnung der Belegungsquote siehe Fn. 38.

45 Die übrigen Hauptdatenfelder, die vollständig belegt waren, sind hier nicht aufgeführt, da diese bei der Nutzung der RED immer erfasst bzw. angegeben werden müssen (z. B. Objektart, Behörde, Geheimhaltungsgrad).

lauf gekennzeichnet war. Während die RED in den ersten Monaten des Normalbetriebs gerade einmal zehn Organisationen enthielt, waren zum Stichtag 1. Oktober 2014 599 rechtsextremistische Organisationen in der RED gespeichert.

Abb. 9: Entwicklung der Zahl der in der RED gespeicherten rechtsextremistischen Vereinigungen und Gruppierungen (2012-2014)

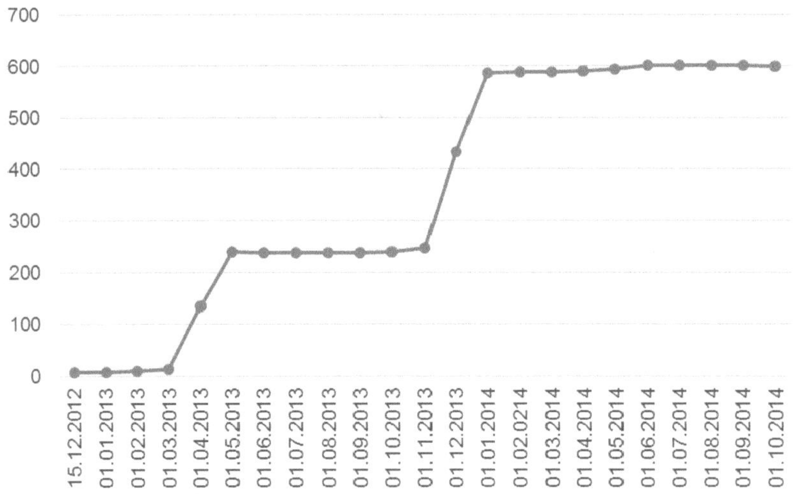

Sonstige unabhängige Hauptobjekte

Neben den rechtsextremistischen Gruppierungen und Vereinigungen (§ 2 Abs. 1 Nr. 4 a) RED-G a. F.) besteht auch die Möglichkeit, Sachen, Bankverbindungen, Anschriften, Telekommunikationsanschlüsse, Telekommunikationsendgeräte, Internetseiten und Adressen als sonstige unabhängige Hauptobjekte[46] in der RED zu speichern (§ 2 Abs. 1 Nr. 4 b) REG a. F.).

Zum Stichtag 1. Oktober 2014 waren insgesamt 476 sonstige Hauptobjekte in der RED gespeichert, bei denen es sich in erster Linie um Adressen (178) und Telefon-/Faxanschlüsse (102) handelte. Knapp 60 Prozent der sonstigen Hauptobjekte entfielen damit auf diese beiden Objektarten. Die

46 Es besteht darüber hinaus die Möglichkeit, zu den sonstigen unabhängigen Hauptobjekten weitere Informationen zu speichern (z. B. bei Waffen: Art, Hersteller, Individualnummer, Typ/Modell, Kaliber, Prüfzeichen).

verbleibenden 40 Prozent verteilten sich auf Adressen für elektronische Post (51), Waffen (50), Fahrzeuge (37), Bankverbindungen (33), Ausweise/Dokumente (14) und Medien (11).

Alle in der RED vorhandenen sonstigen Hauptobjekte wurden von Polizeibehörden gespeichert, wobei etwa 60 Prozent von Polizeibehörden des Bundes und ca. 40 Prozent von Landespolizeibehörden stammten. Diese Verteilung blieb über den gesamten Evaluationszeitraum relativ stabil. Der Großteil der in der RED gespeicherten sonstigen unabhängigen Hauptobjekte (464) war als VS-NfD eingestuft. Darüber hinaus enthielt die RED zum Stichtag noch einige wenige offen eingestufte Objekte (12).

Bis auf zwei Telefon-/Faxanschlüsse und eine Adresse handelte es sich um nicht verdeckt gespeicherte Daten.

Betrachtet man die Entwicklung der sonstigen Hauptobjekte seit dem 1. April 2013, zeigt sich, dass ihre Zahl – im Gegensatz zu den in der RED gespeicherten Organisationen – insgesamt relativ stabil blieb und nur geringfügige Schwankungen aufwies. Umfasste der Datenbestand am 1. April 2013 insgesamt 483 sonstige Hauptobjekte, lag ihre Anzahl mit 473 am 1. Oktober 2014 nur leicht unter dem Wert vom April 2013.

Lediglich bei den gespeicherten Adressen kam es – sowohl absolut als auch prozentual – zu einem nennenswerten Rückgang von rund 13 Prozent. Hingegen veränderte sich die Zahl der in der RED gespeicherten Waffen im untersuchten Zeitraum überhaupt nicht.

Abb. 10: Entwicklung der Zahl der in der RED gespeicherten sonstigen Hauptobjekte (2013-2014)

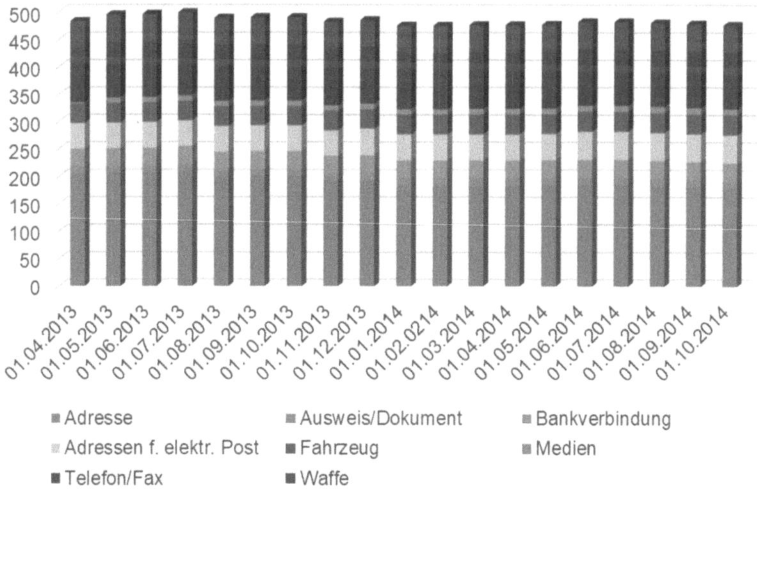

5.1.2 Verdeckt gespeicherte Daten und Daten aus G 10-Maßnahmen in der RED

Am 1. Oktober 2014 waren insgesamt 60 Personen (davon 50 Hauptpersonen und 10 dolose Kontaktpersonen) verdeckt gespeichert. Bezogen auf den gesamten Bestand der in der RED zu diesem Zeitpunkt gespeicherten Personen entsprach dies einem Anteil von 0,5 Prozent. Der überwiegende Teil der verdeckt gespeicherten Daten stammte von Landesverfassungsschutzbehörden (52), während die Polizeibehörden (7) sowie die Nachrichtendienste (1) des Bundes deutlich weniger Daten auf diese Weise speicherten. Landespolizeibehörden hatten hingegen keine Datensätze in der RED verdeckt erfasst.

Zwischen dem 15. Dezember 2012 und dem 1. Oktober 2014 wurden von fünf Sicherheitsbehörden – zwei Nachrichtendiensten und drei Polizeibehörden – insgesamt 940 Daten verdeckt gespeichert. Dies entsprach einem Anteil von 1,4 Prozent aller in diesem Zeitraum in der RED erfassten Daten. Der überwiegende Teil der verdeckt gespeicherten Daten – knapp 90 Prozent – stammte von einer einzigen Landesverfassungsschutzbehörde. Darüber hinaus speicherte eine Polizeibehörde des Bundes in nennenswertem Umfang Daten verdeckt (rund 10 Prozent). Vereinzelte verdeckte Speicherungen erfolgten zudem durch je einen Nachrichtendienst des Bundes und eines Landes sowie durch eine Landespolizeibehörde.

Bei knapp 80 Prozent der verdeckt gespeicherten Daten handelte es sich um weitere Personenangaben. Die verbleibenden 20 Prozent verteilten sich hauptsächlich auf Telefon-/Faxanschlüsse (ca. 7 Prozent), Adressen für elektronische Post (4,6 Prozent) sowie auf Angaben zum Organisationsbezug (3,6 Prozent). Dagegen spielte die verdeckte Speicherung von Alias (19), Organisationen (18), Personen (17), Fahrzeugen (13), besuchten Orten (7) sowie dolosen Kontaktpersonen nur eine untergeordnete Rolle.

Im selben Zeitraum erfolgte die Löschung von 877 verdeckt gespeicherten Daten ebenfalls durch fünf Sicherheitsbehörden – zwei Polizeibehörden und drei Nachrichtendienste. Dies entsprach einem Anteil von rund 1,7 Prozent aller zwischen Dezember 2012 und September 2014 gelöschten Daten. Der Großteil dieser Daten (rund 98 Prozent) wurde von einer Landesverfassungsschutzbehörde gelöscht. Darüber hinaus erfolgten vereinzelte Löschungen durch einen Nachrichtendienst des Bundes und eines Landes sowie durch eine Landespolizeibehörde und eine Polizeibehörde des Bundes.

Bei dem überwiegenden Teil der gelöschten Daten, die verdeckt gespeichert worden waren, handelte es sich um weitere Personenangaben (82 Prozent), gefolgt von Telefon-/Faxanschlüssen (4,6 Prozent), besuchten Orten

(3,6 Prozent), Alias (3,1 Prozent), Personen (1,6 Prozent), Fahrzeugen (1,6 Prozent), Organisationsbezug (1,5 Prozent) sowie dolosen Kontaktpersonen (1,3 Prozent).

Tab. 9: Erfassung und Löschung verdeckt gespeicherter Daten (2012-2014)

Datenarten	Erfassungen	Löschungen
Hauptobjekte gesamt	40	27
elektronische Post	1	-
dolose Kontaktperson	2	11
Person	17	16
Organisation	18	-
Telefon/Fax	2	-
Nachgeordnete Objekte	900	850
weitere Personenangaben	724	719
Telefon/Fax	61	40
elektronische Post	42	2
Organisationsbezug	34	14
Alias	19	27
Organisation	18	-
Fahrzeuge	13	16
besuchte Orte	7	32
Gesamt	940	877

Betrachtete man den Bestand der zwischen Dezember 2012 und Oktober 2014 verdeckt gespeicherten Daten, zeigte sich eine relativ konstante Entwicklung. Der Bestand schwankte zwischen 60 und 76 Datensätzen, deren Großteil von den Verfassungsschutzbehörden der Länder stammte. Hingegen speicherten die Nachrichtendienste und Polizeibehörden des Bundes nur vereinzelt Datensätze verdeckt (zwischen einem und sieben). Die Landespolizeibehörden machten im Untersuchungszeitraum dagegen überhaupt nicht von dieser Möglichkeit Gebrauch.

Noch geringer ist die Anzahl an Datensätzen, die im Rahmen einer G 10-Maßnahme gewonnen wurden. Zum Stichtag 1. Oktober 2014 waren insgesamt zwei G 10-Datensätze zu Personen – je einer von einer Landesverfassungsschutzbehörde und von einem Nachrichtendienst des Bundes – in der RED gespeichert. Im Untersuchungszeitraum blieb ihre Zahl – wie bei den verdeckt gespeicherten Daten – relativ konstant und schwankte lediglich zwischen einem Datensatz (August 2013 bis Januar 2014) und vier Datensätzen (Dezember 2012 und Januar 2013).

5.1.3 Suchanfragen und Treffer

Im Durchschnitt wurden 1.833 **Suchanfragen** pro Monat an die RED gerichtet. Insgesamt wurden im Untersuchungszeitraum 40.323 Suchanfragen in der RED durchgeführt. In mehr als 80 Prozent der Fälle wurden Personen sowie dolose und undolose Kontaktpersonen gesucht. Bei rund 14 Prozent der Anfragen handelte es sich um eine Anschriftensuche. Die verbleibenden rund fünf Prozent der Suchanfragen bezogen sich auf folgende Objekte:

- Telekommunikation (743),
- Adresse (387),
- Telefon/Fax (371),
- Organisation (247),
- Ausweis/Dokument (139),
- Fahrzeug (128),
- Objekt ID Suche (29),
- Bankverbindung (13),
- Adressen f. elektr. Post (8),
- keine Angabe (7)[47],
- Sache (5) sowie
- Waffe (1).

Mit Blick auf die Entwicklung der Suchanfragen im Evaluationszeitraum ließen sich zwei Phasen erkennen: Die erste Phase reichte von Dezember 2012 bis Juni 2013 und war durch eine Zunahme der Suchanfragen gekennzeichnet. Ihre Zahl stieg von 666 im Dezember 2012 auf 3.258 Anfragen im Juni 2013 an. In der zweiten Phase zwischen Juli 2013 und September

47 Hierbei handelte es sich um sog. objektübergreifende Suchanfragen, die sich aus der Kombination zweier Objektsuchen ergeben. Dabei werden zwei Objektarten kombiniert, so dass das Datenfeld „Objektart“ keine Angabe enthält.

2014 zeigte sich in der Tendenz eine Abnahme der Suchanfragen. Auffällig waren die beiden Monate September und Dezember 2013, in denen es kurzfristig zu einer deutlichen Abnahme bei den Suchanfragen kam.

Abb. 11: Entwicklung der Suchanfragen (2012-2014)

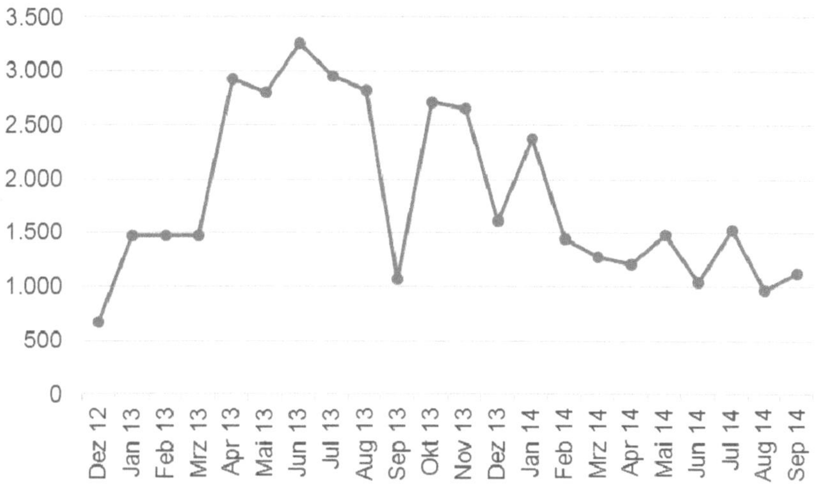

Anhand des bei jeder Suchanfrage obligatorisch anzugebenden Abfragegrundes ließ sich nachvollziehen, warum die Behörden die RED genutzt haben. Am häufigsten wurden ein „sonstiger Abfragegrund“ bzw. „Datenpflege“ (12.222), die „Überprüfung eines konkreten Hinweises zu einer Person zum Zwecke der Erkenntnisverdichtung“ (11.927) sowie die „Überprüfung im Zusammenhang mit einem abstrakten Gefährdungssachverhalt“ (8.964) angegeben. Seltener wurden hingegen konkrete Maßnahmen der Strafverfolgung, datenschutzrechtliche Kontrollen nach § 11 Abs. 1 RED-G a. F. und Überprüfungen im Zusammenhang mit einer allgemeinen Beobachtung genannt.

Abb. 12: Gründe für die Suche in der RED (2012-2014)

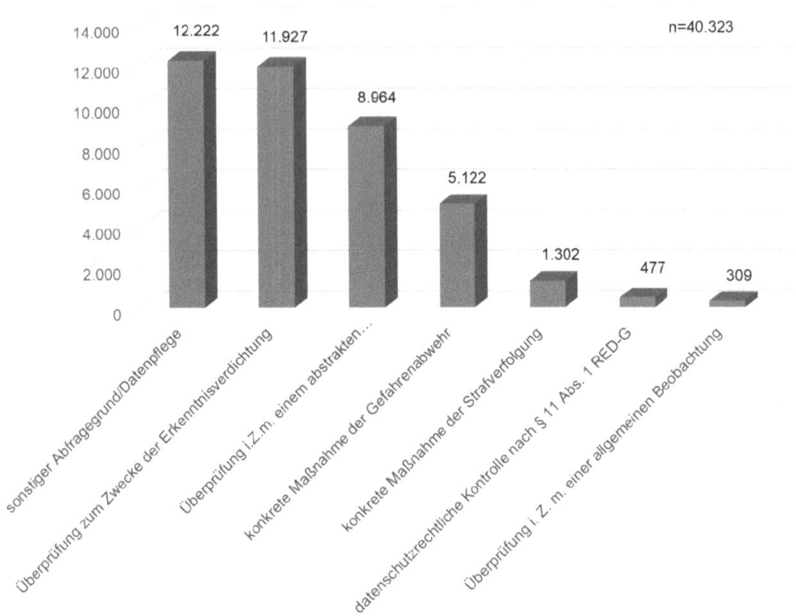

95 Prozent der Suchanfragen stammten von den Polizeibehörden der Länder und des Bundes, wobei die Landespolizeibehörden mit 24.567 Anfragen die Datei deutlich häufiger nutzten als die Polizeibehörden auf Bundesebene (13.644 Anfragen). Hingegen griffen die Nachrichtendienste der Länder (1.309) und des Bundes (803) relativ selten auf die RED zu, um Objekte zu suchen.

Abb. 13: Suchanfragen nach Sicherheitsbehördentypen (2012-2014)

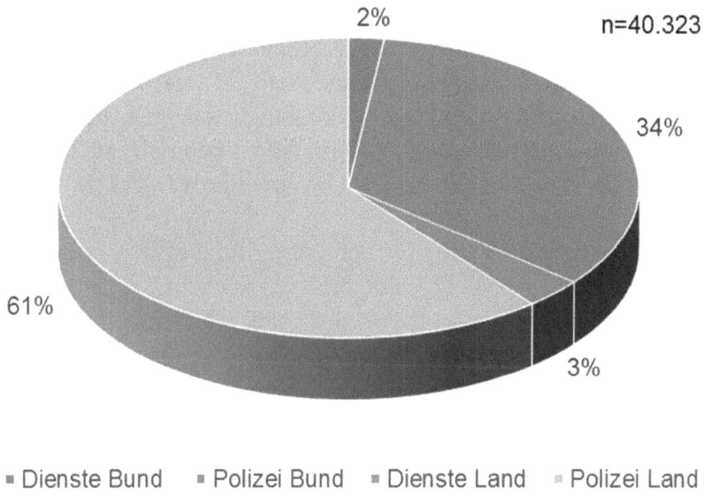

Bei Suchanfragen kann jeweils entschieden werden, ob der verdeckte Datenbestand mit umfasst werden soll oder nicht. Knapp zwei Drittel der getätigten Suchanfragen erstreckten sich auch auf den verdeckten Datenbestand, während etwas mehr als ein Drittel sich allein auf den nicht verdeckt gespeicherten Datenbestand der RED beschränkte. Im Evaluationszeitraum wurden darüber hinaus fast ausschließlich Suchanfragen als „Regelfall“[48] markiert. Lediglich in 0,3 Prozent der Fälle (128) erfolgte eine Suchanfrage

48 *Anfrage im Regelfall*: Hierbei handelt es sich um eine Anfrage, deren Bearbeitung innerhalb der regulären Dienstzeiten erfolgt.

mit Angabe „hohe Dringlichkeit“[49]. Ein Eilfall nach § 5 Abs. 2 RED-G kam im Untersuchungszeitraum nicht vor.[50]

Die zwischen dem 15. Dezember 2012 und dem 1. Oktober 2014 durchgeführten Suchanfragen führten zu insgesamt 393.955 technischen **Treffern**[51]. Auf jede Suchanfrage entfielen damit im Durchschnitt 9,8 technische Treffer. In mehr als 99 Prozent der Fälle handelte es sich um Treffer im nicht verdeckt gespeicherten Datenbestand. Lediglich 180 Treffer – dies entspricht 0,05 Prozent aller Treffer – wurden im verdeckten Bestand erzielt.

Betrachtete man die Verteilung der Treffer im Detail, so wurde in mehr als der Hälfte der in der RED durchgeführten Suchanfragen überhaupt kein Treffer erzielt. In knapp 40 Prozent der Fälle gab es zwischen einem und fünf Treffern. Bei knapp vier Prozent der Suchanfragen wurden zwischen sechs und 50 Treffer erzielt. In weniger als einem Prozent der Fälle lag die Zahl der Treffer bei mehr als 50. Allerdings ist darauf hinzuweisen, dass bei 39 Suchanfragen mehr als 1.000 (maximal 12.494 Treffer) erzielt wurden.

---

49 *Anfrage mit hoher Dringlichkeit (Ausnahmefall)*: Eine hohe Dringlichkeit liegt dann vor, wenn die Abfrage in einem unmittelbaren zeitlichen Zusammenhang steht a) im Bereich der Gefahrenabwehr mit aa) der Abwehr einer gegenwärtigen Gefahr für Leib, Leben, Gesundheit oder Freiheit einer Person bzw. ab) der Abwehr einer gegenwärtigen Gefahr für Sachen und Vermögenswerte von erheblichem Wert, deren Erhaltung im öffentlichen Interesse geboten ist **oder** b) im Bereich der Strafverfolgung mit aa) der Verfolgung einer rechtsextremistisch motivierten Straftat gegen Leib, Leben oder vergleichbare bedeutende Rechtsgüter und dabei Anhaltspunkte dafür bestehen, dass die Verfolgung der Straftat andernfalls erheblich erschwert wird (insbesondere durch Flucht, Fluchtgefahr oder Verdunkelungsgefahr). Anfragen mit hoher Dringlichkeit, die sich auf verdeckt gespeicherte Daten beziehen, sind schnellstmöglich und auch außerhalb der regulären Dienstzeiten zu bearbeiten.

50 Im Vergleich zu einer Anfrage mit hoher Dringlichkeit bezieht sich der Eilfall auf die Freischaltung erweiterter Grunddaten, auf die die anfragende Behörde dann direkt zugreifen kann (siehe Kapitel 3).

51 Die Protokolldaten ermöglichten an dieser Stelle keine Unterscheidung, ob es sich um einen „technischen“ oder einen „fachlichen“ Treffer handelte. Ein „technischer“ Treffer liegt dann vor, wenn die Suchabfrage in der RED zu Ergebnissen geführt hat. Hierunter fallen z. B. auch Personen, die namensgleich sind, aber nicht von der Behörde gesucht wurden. Ein „fachlicher“ Treffer liegt dann vor, wenn z. B. die gesuchte Person in der RED gefunden wurde. Von den Sicherheitsbehörden wurde allerdings darauf hingewiesen, dass auch kein Treffer einen Erkenntnisgewinn darstellen kann.

Abb. 14: Anzahl der bei Suchanfragen in der RED erzielten Treffer (2012-2014)

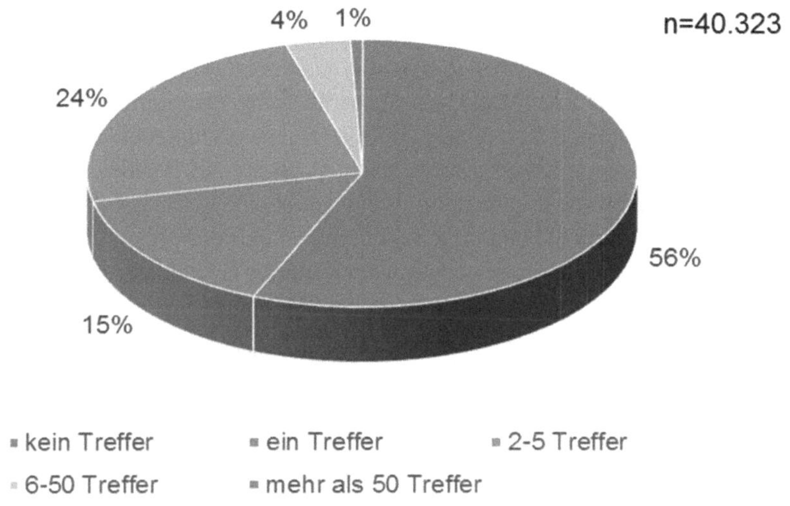

5.1.4 Freischaltung erweiterter Grunddaten

Zwischen dem 15. Dezember 2012 und 31. Oktober 2014 gab es insgesamt 120 Anfragen zur Freischaltung der erweiterten Grunddaten (Regelfälle und Anfragen mit hoher Dringlichkeit). Dies entsprach knapp fünf Anfragen pro Monat.

Im überwiegenden Teil der Fälle wurde die Abfrage der erweiterten Grunddaten mit einer konkreten Maßnahme der Gefahrenabwehr (40) sowie der Überprüfung eines konkreten Hinweises zu einer Person zum Zwecke der Erkenntnisverdichtung (40) begründet. Darüber hinaus wurde in jeweils 16 Fällen ein sonstiger Abfragegrund bzw. die Überprüfung im Zusammenhang mit einer allgemeinen Beobachtung genannt. Die übrigen Gründe wie die Überprüfung im Zusammenhang mit einem abstrakten Gefährdungssachverhalt (5), konkrete Maßnahmen der Strafverfolgung sowie die datenschutzrechtliche Kontrolle nach § 11 Abs. 1 RED-G (1) wurden hingegen seltener angegeben.

Am häufigsten stellten die Landespolizeibehörden im Untersuchungszeitraum ein Ersuchen auf Freischaltung erweiterter Grunddaten (79 Mal), gefolgt von den Verfassungsschutzbehörden der Länder (23 Mal) und den Nachrichtendiensten des Bundes (14 Mal). Die Polizeibehörden des Bundes haben hingegen nur in vier Fällen die Freischaltung von erweiterten Grunddaten erbeten.

In mehr als der Hälfte der Fälle wandten sich Landespolizeibehörden an andere Landespolizeibehörden. Von Landesverfassungsschutzbehörden wurden insgesamt 23 Anfragen zur Übermittlung erweiterter Grunddaten gestellt, von denen 16 an andere Landesverfassungsschutzbehörden gerichtet waren. Hingegen haben die Nachrichtendienste des Bundes auf diesem Wege ausschließlich Kontakt zu Landespolizeibehörden aufgenommen. Von den 36 an der RED beteiligten Sicherheitsbehörden haben 21 Behörden bislang noch nie um die Freischaltung erweiterter Grunddaten gebeten.

Tab. 10: Anfragen zur Freischaltung erweiterter Grunddaten nach Behördentyp (2012-2014)

		Angefragte Behörde				
Anfragende Behörde	Behördentyp	Dienste Bund	Polizei Bund	Dienste Land	Polizei Land	Gesamt
	Dienste Bund	-	-	-	14	14
	Polizei Bund	-	1	-	3	4
	Dienste Land	1	2	16	4	23
	Polizei Land	6	3	46	24	79
	Gesamt	7	6	62	45	120

Anfragen im Regelfall

Bei dem Großteil der Anfragen handelte es sich um sogenannte Regelfälle (92 Prozent), während lediglich in zehn Fällen eine hohe Dringlichkeit vermerkt wurde. Bei den Regelfällen baten am häufigsten die Polizeibehörden der Länder um eine Freischaltung erweiterter Grunddaten (79). Im überwiegenden Teil der Fälle wandten sich diese an Landesverfassungsschutzbehörden (46) bzw. Landespolizeibehörden (24). Vergleichsweise wenige Ersuchen gab es von Seiten der Nachrichtendienste des Bundes (14) und der Länder (13) sowie von den Polizeien des Bundes (4).

Bei den *angefragten Behörden* zeigte sich ein ähnliches Bild. Während der Großteil der Ersuchen an Landespolizei- und Landesverfassungsschutzbehörden gerichtet war (107), wurde nur in relativ wenigen Fällen Kontakt zu den Nachrichtendiensten (7) und Polizeien (6) des Bundes aufgenommen. Als Hauptgründe für die Datenabfrage wurden die Überprüfung eines konkreten Hinweises zu einer Person zum Zwecke der Erkenntnisverdichtung (40) und konkrete Maßnahmen zur Gefahrenabwehr (35) genannt. Eine untergeordnete Rolle spielten hingegen die Überprüfung im Zusammenhang mit einer allgemeinen Beobachtung (16), ein sonstiger Abfragegrund/Datenpflege (11), die Überprüfung im Zusammenhang mit einem abstrakten Gefährdungssachverhalt (5), eine konkrete Maßnahme der Strafverfolgung (2) sowie die datenschutzrechtliche Kontrolle nach § 11 Abs. 1 RED-G (1). Im überwiegenden Teil der Fälle ging es um die Freischaltung erweiterter Grunddaten von Personen (96), während die Freischaltung erweiterter Grunddaten von dolosen und undolosen Kontaktpersonen deutlich seltener vorkam (14).

Bei den Regelfällen wurde in über 80 Prozent der Anfragen der Bitte um Freischaltung der erweiterten Grunddaten entsprochen. In 14 Prozent der Fälle wurde das Ersuchen abgelehnt und in zwei Fällen reagierte die angefragte Behörde nicht auf die Bitte, die erweiterten Grunddaten freizuschalten. Im Durchschnitt erfolgte eine Reaktion der angefragten Behörden in rund vier Tagen, wobei die Ablehnung des Ersuchens mit durchschnittlich knapp fünf Tagen länger dauerte als die positive Reaktion. Die Spannbreite bei der Reaktionszeit reichte dabei von einer sofortigen Übermittlung bis zu 25 Tagen.

Abb. 15: Antwortverhalten der angefragten Behörden nach Ersuchen um Freischaltung der erweiterten Grunddaten

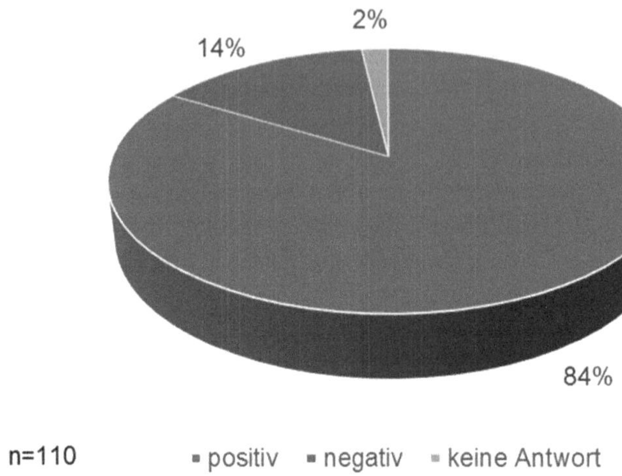

Auffällig war zudem, dass 80 Prozent der Anfragen von zwei Nachrichtendiensten und zwei Polizeibehörden gestellt wurden. Die Ersuchen richteten sich dagegen ausschließlich an Polizeibehörden. Bis auf drei Landespolizeibehörden erhielten alle Polizeibehörden Anfragen zur Freischaltung erweiterter Grunddaten.

Anfragen mit hoher Dringlichkeit

Anfragen, die eine hohe Dringlichkeit aufwiesen, wurden ausschließlich von einer Landesverfassungsschutzbehörde an sich selbst gestellt. In je fünf Fällen wurde als Abfragegrund eine konkrete Maßnahme der Gefahrenabwehr bzw. ein sonstiger Abfragegrund/Datenpflege genannt. Im überwiegenden Teil der Fälle ging es um die Freischaltung erweiterter Grunddaten von dolosen Kontaktpersonen (8). In zwei Fällen betraf das Ersuchen Hauptpersonen. In acht von zehn Fällen wurde die Bitte um Freischaltung abgelehnt. Hingegen erfolgte die Freischaltung erweiterter Grunddaten jeweils zu einer Hauptperson und zu einer dolosen Kontaktperson. In allen Fällen erfolgte eine Antwort auf das Ersuchen, die erweiterten Grunddaten freizuschalten, in durchschnittlich 0,3 Tagen. Auf acht der zehn Ersuchen wurde innerhalb eines Tages reagiert. In zwei Fällen gab es nach 1,1 bzw. 1,3 Tagen eine Rückmeldung.

5.2 Zentrale Ergebnisse der begleitenden Erhebung

Um weiterführende Erkenntnisse zur Nutzung der RED durch die Sicherheitsbehörden gewinnen zu können, wurde zwischen dem 15. August und dem 30. November 2014 eine begleitende Erhebung durchgeführt. Hierzu erhielten alle an der RED beteiligten Sicherheitsbehörden einen Erhebungsbogen (siehe Anhang), der für jeden Suchvorgang, der zwischen dem 15. August und dem 30. November 2014 durchgeführt wurde, ausgefüllt werden sollte.

Insgesamt wurden 984 Erhebungsbögen von elf Sicherheitsbehörden – sechs Landespolizeibehörden, zwei Polizeibehörden des Bundes, einem Nachrichtendienst des Bundes sowie zwei Landesverfassungsschutzbehörden – ausgefüllt und über das BMI an das InGFA übermittelt.

Drei Suchanfragen wurden im eigenen Datenbestand aufgrund der Anpassung an die gesetzliche Neuregelung, die zu einer Löschung aller bis zum 24. November 2014 erfassten Kontaktpersonen führte, durchgeführt und wurden daher nicht bei der weiteren Analyse berücksichtigt. Darüber hinaus sahen sich zwei Landessicherheitsbehörden aufgrund der Vielzahl der durchgeführten Suchanfragen nicht in der Lage, jeden Fall einzeln zu erfassen, so dass für den Erhebungszeitraum eine aggregierte Meldung erfolgte. Diese Suchanfragen wurden ebenfalls nicht in die Auswertung einbezogen.

Im Erhebungszeitraum stammten mehr als die Hälfte der Suchanfragen von den Polizeibehörden des Bundes. Knapp 30 Prozent der Erhebungsbögen wurden von Landespolizeibehörden übermittelt. Die übrigen Erhebungsbögen stammten von einem Nachrichtendienst des Bundes (14,8 Prozent) und von zwei Landesverfassungsschutzbehörden (2,8 Prozent).

Abb. 16: Rücklauf der begleitenden Erhebung nach Sicherheitsbehördentypen

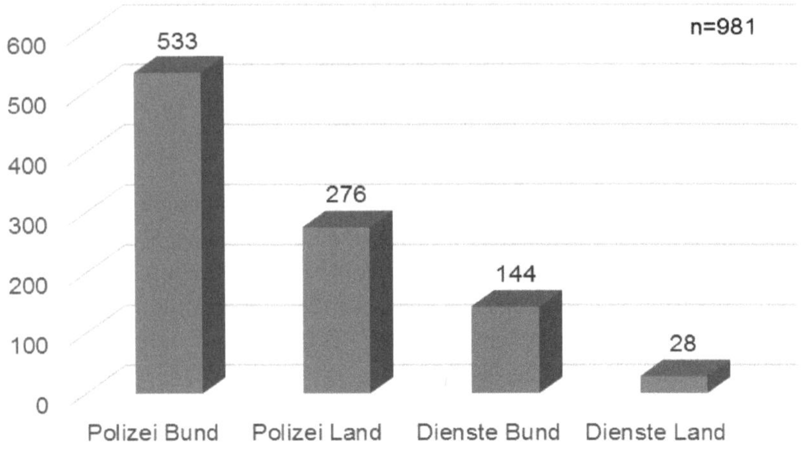

Bei weniger als 20 Prozent der Suchanfragen wurde ein technischer Treffer erzielt, während in mehr als 80 Prozent der Fälle das Objekt nicht gefunden wurde. Die Anfragen erstreckten sich dabei in über 80 Prozent der Fälle auch auf den verdeckten Bestand, wobei es in keinem Fall zu einer Rückmeldung kam. 20 Prozent der Suchanfragen beschränkten sich ausschließlich auf den nicht verdeckt gespeicherten Datenbestand.

In 144 Fällen wurde das gesuchte Objekt gefunden, wobei in nur 30 Prozent dieser Fälle Kontakt zur datenbesitzenden Behörde aufgenommen wurde. In 70 Prozent der Fälle, in denen das gesuchte Objekt gefunden wurde, sah die jeweilige Behörde von einer weiteren Kontaktaufnahme ab.

Abb. 17: Kontaktaufnahme zur datenbesitzenden Behörde im Trefferfall

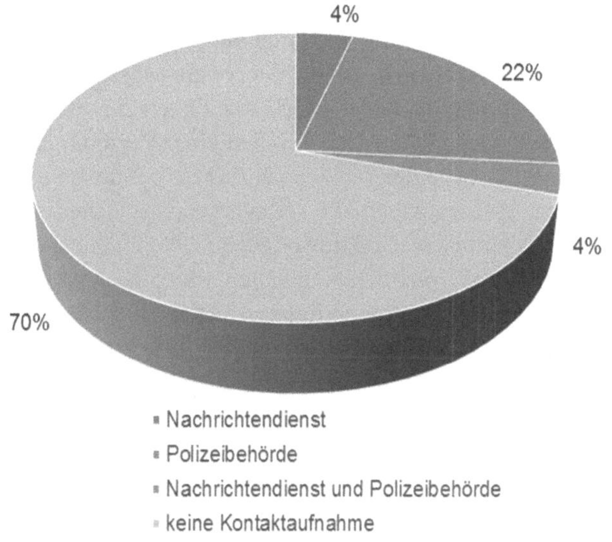

Im Gegensatz zu den Protokolldaten konnten durch die begleitende Erhebung auch Einschätzungen zum Erkenntnisgewinn durch die jeweiligen Treffer und die Art der Kontaktaufnahme zu den datenbesitzenden Behörden erfasst werden. Dabei ließ sich feststellen, dass durch die im Rahmen der begleitenden Erhebung erfassten Trefferfälle nur wenige weiterführende Erkenntnisse gewonnen wurden. In lediglich knapp sechs Prozent der Fälle lieferte die Abfrage weiterführende Erkenntnisse, während in weiteren etwa vier Prozent hierzu keine Angaben gemacht werden konnten. Im überwiegenden Teil der mittels der begleitenden Erhebung erfassten Fälle wurde keine Freischaltung erweiterter Grunddaten erbeten (dies entspricht somit dem Bild, das aus den Protokolldaten gewonnen wurde). Hingegen wurde die Bitte zur Übermittlung erweiterter Grunddaten in 14 Fällen per E-Mail über das RED-System und in fünf Fällen per Telefon an die datenbesitzende Behörde gerichtet. In zehn der 14 Fälle, in denen die jeweilige Behörde eine Freischaltung direkt über die RED erbeten hatte, wurde ihr der Zugriff von der datenbesitzenden Behörde gewährt. Vier Ersuchen wurden dagegen abgelehnt. In vier der fünf Fälle, in denen die Anfrage auf Freischaltung der erweiterten Grunddaten per Telefon gestellt wurde, erhielt die anfragende Behörde Zugriff auf die Daten. In einem Fall erfolgte keine Übermittlung der erweiterten Grunddaten. Im Durchschnitt dauerte es etwas mehr als drei Tage, bis die erbetenen Daten von der datenbesitzenden Behörde zur Verfügung gestellt wurden.

In acht Fällen wurden die durch die Suchabfrage gewonnenen Daten gemäß § 6 Abs. 1 RED-G für einen anderen Zweck als zur Bekämpfung des gewaltbezogenen Rechtsextremismus verwendet. Hierbei handelte es sich um eine Landespolizeibehörde, welche die Daten zur Abwehr einer Gefahr für Leib, Leben, Gesundheit oder Freiheit einer Person nutzte.

Für knapp die Hälfte der 144 Suchanfragen, bei denen das gesuchte Objekt gefunden wurde, gaben die teilnehmenden Sicherheitsbehörden an, dass sie die mit Hilfe der RED gewonnenen Daten nicht aus eigenen Datenbanken oder Informationssystemen hätten erhalten können.

90 Prozent der Suchanfragen lieferten nach Einschätzung der befragten Sicherheitsbehörden keine weiterführenden Erkenntnisse für ihre Arbeit. Lediglich sechs Prozent der Suchanfragen führten zu einem zusätzlichen Erkenntnisgewinn.

Abb. 18: Weiterführende Erkenntnisse durch die Suchanfrage in der RED für die eigene Arbeit

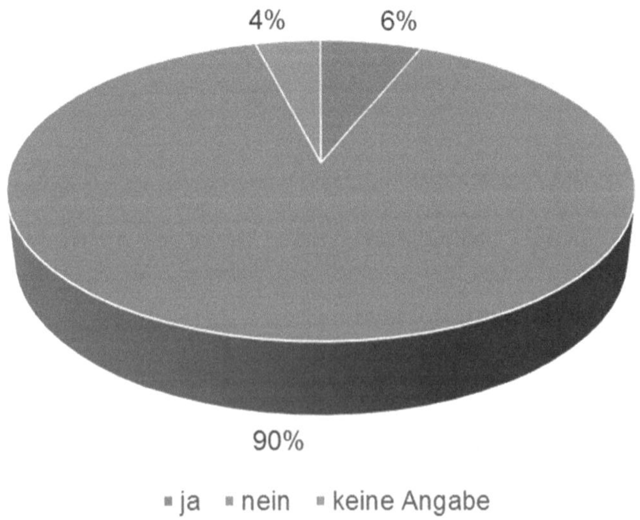

Darüber hinaus zeigte die begleitende Erhebung, dass die Sicherheitsbehörden neben der RED auch oft weitere Informationsquellen für ihre Arbeit

nutzten. In 44 Prozent der Fälle griffen die RED-Nutzer zusätzlich auf INPOL (147) oder NADIS (118) zurück bzw. führten eine Fahndungsabfrage (87) durch. Oft wurden die verschiedenen Abfragemöglichkeiten kombiniert von den Sicherheitsbehörden genutzt. Zudem wurden weitere Maßnahmen durchgeführt (z. B. Datenabgleich in anderen Systemen).

Allerdings gaben die Sicherheitsbehörden auch an, dass in mehr als der Hälfte der Fälle keine weiteren Datenerhebungsmaßnahmen im Zusammenhang mit der Suchabfrage durchgeführt wurden. In knapp vier Prozent der Fälle konnten keine Angaben gemacht werden, ob weitere Datenerhebungsmaßnahmen durchgeführt wurden.

Über die Protokolldaten hinaus konnte durch die begleitende Erhebung auch erfasst werden, ob der Abfrage bereits Suchanfragen zum selben Fall vorangegangen waren. In mehr als 70 Prozent der Fälle war dies nicht der Fall. Knapp einem Viertel der Anfragen gingen bereits Suchanfragen voraus. In rund fünf Prozent konnten hierzu keine Angaben gemacht werden.

Abb. 19: Anteil der Fälle mit vorangegangenen Suchanfragen

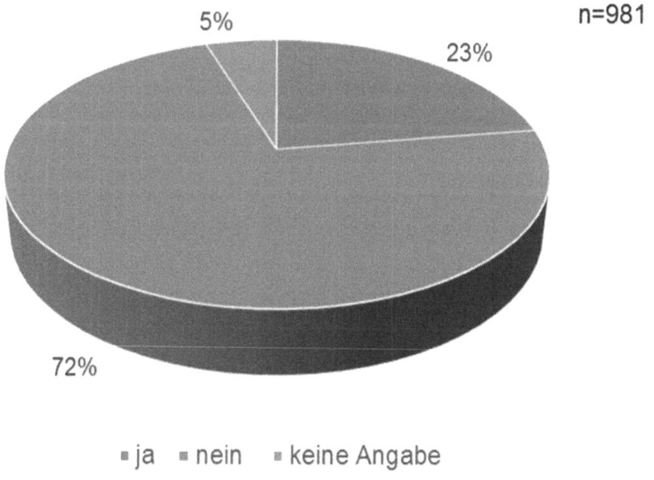

Den 221 Suchanfragen, denen weitere Anfragen vorgeschaltet waren, ging in rund 60 Prozent der Fälle eine einzelne weitere Anfrage voraus. In 40

Prozent der Suchanfragen wurden zwischen zwei und 30 zusätzliche Suchanfragen durchgeführt. Bei zwei Fällen konnten die Sicherheitsbehörden hierzu keine Angaben machen.

Abb. 20: Anzahl der vorangegangenen Suchanfragen in der RED

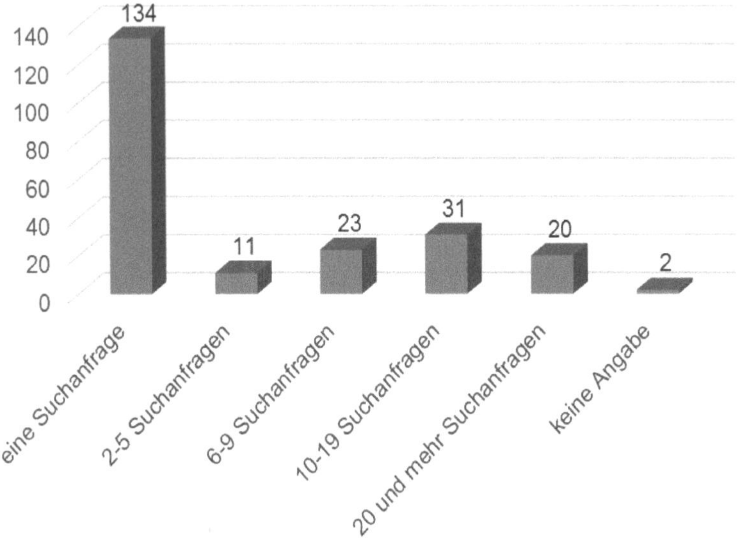

5.3 *Zentrale Ergebnisse der Nutzerbefragung*

5.3.1 Struktur des Rücklaufs

Zusätzlich zur Auswertung der Protokolldaten und der begleitenden Erhebung wurde im November/Dezember 2014 eine teilstandardisierte Befragung durchgeführt, die sich an alle an der RED beteiligten Behörden richtete, um vor allem allgemeine Einschätzungen zur Funktion, zum Umgang mit und zum Nutzen der Datei zu erhalten. Ursprünglich war geplant, dass jede Behörde einen Erhebungsbogen (siehe Anhang) ausfüllt. Da die Nutzung der RED im Bereich der Bundespolizei jedoch bei den neun Bundespolizeidirektionen (BPOLD) lag, bekam jede BPOLD einen Erhebungsbogen. Zudem wurden von einer Landespolizei – anders als ursprünglich vorgesehen – sechs Erhebungsbögen (LKA und fünf Dienststellen nach § 1 Abs. 2 RED-G) übermittelt. Somit wurden von 40 Sicherheitsbehörden ausgefüllte Erhebungsbögen übermittelt.

Die Rücklaufquote der teilstandardisierten Erhebung lag insgesamt bei über 80 Prozent, wies jedoch – bezogen auf die vier Sicherheitsbehördentypen – Unterschiede auf. Während alle Sicherheitsbehörden des Bundes (Polizeien und Nachrichtendienste) einen ausgefüllten Erhebungsbogen übermittelten, lag die Rücklaufquote bei den Landespolizeibehörden bei rund 95 Prozent und bei den Landesverfassungsschutzbehörden bei 50 Prozent.

Abb. 21: Rücklaufquoten der teilstandardisierten Befragung nach Sicherheitsbehördentypen (in %)

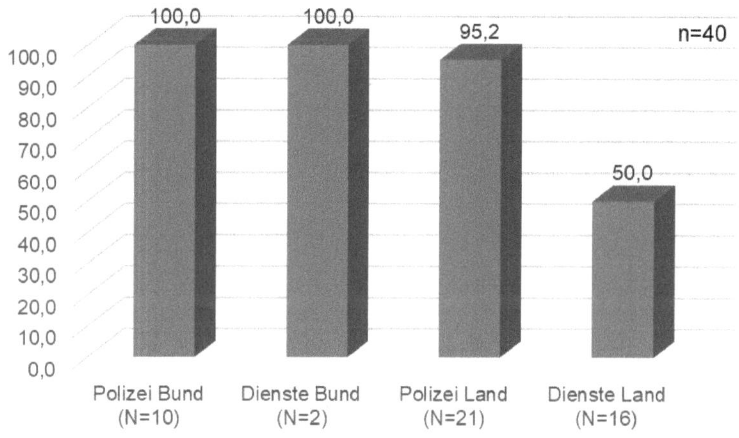

5.3.2 Anwendungserfahrungen

Im Rahmen der Befragung ging es u. a. darum, zu klären, wie die RED von den Sicherheitsbehörden bislang genutzt[52] wurde. Am häufigsten wurde von den Sicherheitsbehörden angegeben, dass sie die Datei zur Gewinnung neuer Informationen nutzen (42 Prozent) bzw. zur Verifikation vorhandener Daten (38 Prozent). In einem Fünftel der Fälle wurden sonstige Nutzungsgründe genannt.

52 Der Begriff „Nutzung" bezog sich an dieser Stelle nicht auf die Speicherpflicht der Behörden, sondern nur auf die Suche in der RED. Dennoch gaben fünf Behörden die Speicherung von Daten als Nutzungsgrund an.

Abb. 22: Nutzung der RED durch die Sicherheitsbehörden (Mehrfachantworten möglich)[53]

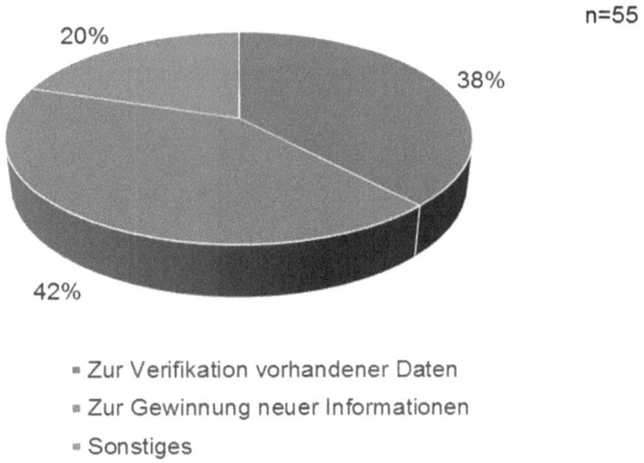

Als sonstige Nutzungsgründe wurden von den Sicherheitsbehörden genannt:

- Speicherung (5),
- Durchführung von Abfragen (1),
- Informationsgewinnung/-steuerung (1),
- Dublettenverschmelzung (1),
- Kontaktaufnahme mit LKÄ, LfV und BPOL (1),
- Beantwortung von Erkenntnisanfragen (1) sowie
- keine Nutzung (1).

Um einen Überblick über die Arbeitsorganisation im Zusammenhang mit der RED in den einzelnen Behörden zu bekommen, wurden diese danach gefragt, ob die Personen, die auf die Datei zugreifen, auch diejenigen sind, die die gewonnenen Daten fachlich nutzen. Zwei Drittel der befragten Sicherheitsbehörden gaben an, dass es sich um unterschiedliche Personen handele, während bei etwas weniger als einem Drittel keine Aufteilung auf

53 Da 15 Sicherheitsbehörden zwei Antwortkategorien angekreuzt haben, ist n hier größer als 40.

unterschiedliche Personen erfolgte. Eine Behörde gab an, dass beides auf sie zutreffe.

In einem weiteren Schritt wurden die 13 Behörden, bei denen die Abfrage in der RED und die fachliche Nutzung der gewonnenen Informationen durch unterschiedliche Personen erfolgt, gebeten, diese arbeitsorganisatorische Aufteilung in ihrer Behörde zu beurteilen. Während sieben Behörden diese Variante als sehr gut oder gut bewerteten, fiel die Bewertung bei nur einer Behörde schlecht aus. In zwei Fällen waren die Behörden grundsätzlich zufrieden, während in drei Fällen keine Angaben gemacht wurden. Die Sicherheitsbehörden begründeten ihre Bewertungen wie folgt:

Tab. 11: Begründung für die Bewertung der Arbeitsaufteilung in der Behörde

Bewertung und Begründung	Anzahl Nennungen
Sehr gut	*2*
Die Abfrage erfolgt durch die Datenstation Staatsschutz des LKA, die auch für die Speicherung in der RED zuständig ist. Diese Aufgabenteilung hat sich bewährt. Der Austausch von Informationen ist ablauforganisatorisch gewährleistet.	1
Sehr gute und vertrauensvolle Zusammenarbeit zwischen den Hauptsachgebieten „Datenverarbeitung“, „Auswertung“ und „Ermittlung“.	1
Gut	*5*
Die durch die RED gewonnenen Informationen werden durch die Fachdienststellen des LKA, bzw. der Staatsschutzdienststellen innerhalb der Kriminalpolizeiinspektion im Lande fachlich genutzt. Auf Grund der organisatorischen Angliederung der RED in ein u. a. für IT-Angelegenheiten des Staatsschutzes zuständiges Sachgebiet des LKA, bleibt die Befüllung und Bedienung der RED an zentraler Stelle gebündelt. Eine organisatorische Aufsplittung von RED, ATD und weiteren VS-Systemen ist daher nicht notwendig. Auf Grund der engen Zusammen-	1

Bewertung und Begründung	Anzahl Nennungen
arbeit mit den für den Bereich Rechtsextremismus zuständigen Dienststellen wird der schnelle Informationsfluss aus und in die RED gewährleistet, so dass die Aufgabenteilung als gut beurteilt werden kann.	
Es werden nur wenige Abfragen überhaupt durchgeführt, zudem ist ein hoher administrativer Aufwand mit diesen Abfragen verbunden. Die Durchführung der Abfragen durch geschulte Datenkräfte ist vor dem Hintergrund dieser Rahmenbedingungen besonders effizient.	1
Im LKA fungieren einzelne MitarbeiterInnen eines Sachbereiches des Grundsatzdezernates der Staatsschutzabteilung als zentrale RED-Endanwender für die Landespolizei. Der Umgang mit der RED ist im LKA per VS-Dienstanweisung geregelt. Diese Verfahrensweise hat sich aus hiesiger Sicht bewährt, sie sichert darüber hinaus einen einheitlichen hohen Qualitätsstandard im Umgang mit der RED.	1
Keine weitere Begründung.	1
Zugriff auf die RED haben Tarifbeschäftigte. Die Aus-/Bewertung der gewonnenen Informationen erfolgt im Anschluss durch Kriminalbeamte.	1
Zufriedenstellend	*2*
Auf dem SINA-Thin-Client laufen neben der RED auch noch die ATD und VS-Mail. Von dem Mitarbeiter, der täglich mehrmals den VS-Eingang prüft und Überprüfungsergebnisse zu Sicherheitsüberprüfungen an die anfragenden Behörden zurücksendet, wird auch hauptsächlich die RED betreut. Dieser Mitarbeiter gewährleistet auch den Kontakt mit den anderen RED-Teilnehmern, hauptsächlich jedoch mit der Bundespolizei. Deren Feststellungen (potentiell identische Objekte gefunden) gehen meist per E-Mail/Telefon und parallel in der RED (Posteingang) ein.	1

Bewertung und Begründung	Anzahl Nennungen
Sinnvoll ist die Nutzung der RED durch die jeweiligen Sachbearbeiter der Auswertung bzw. Ermittlung, das erfolgt in unserer Behörde gegenwärtig noch nicht.	1
Schlecht	*1*
Ursache ist der Standort des SINA-Clients (nicht beim Sachbearbeiter).	1
Keine Angabe	*3*
Die Bundespolizei hat für die Verfolgung von Staatsschutzdelikten keine originäre Zuständigkeit, so dass hier lediglich eine Datenerhebung aus dem Zuständigkeitsbereich der Bundespolizei erfolgt. Die erhobenen Daten werden ausschließlich durch die für die Verfolgung zuständigen Behörden genutzt.	1
Keine weitere Begründung.	2

Verständlichkeit des RED-G

Des Weiteren wurden die Befragten um ihre Einschätzung der Verständlichkeit der gesetzlichen Vorgaben für die Speicherung von Personen und Organisationen in der RED gebeten. Knapp 90 Prozent der befragten Sicherheitsbehörden vertraten die Ansicht, dass die Vorgaben klar und eindeutig seien. Lediglich fünf Behörden waren anderer Meinung und gaben für ihre Einschätzung folgende Gründe an:

- § 2 Satz 2 RED-G ist zu unbestimmt und führt in der Praxis zu unterschiedlichen Interpretationen und einem uneinheitlichen Erfassungsverhalten. Eine bundeseinheitliche Bewertung wäre zu wünschen.
- Definitionsprobleme, insbesondere Abgrenzung gewaltbezogener Rechtsextremismus.
- Es gab in der Vergangenheit bei der Speicherung von Personen Unklarheiten. Diesbezüglich wurde bei der Dienststelle zur fachlichen Betreuung der RED im BKA Nachfrage gehalten. So gab es u. a. Rückfragen zum zeitlichen Faktor, weil Erkenntnisse zu Personen älter

als 10 Jahre waren, es gab Probleme im Zusammenhang mit polizeilichen Informationen, die nicht in einer Verurteilung, sondern ggf. in einem Freispruch endeten und es gab Probleme im Zusammenhang mit der Prognose (§ 2 Satz 1 Nr. 3 RED-G), die für Kontaktpersonen erstellt werden müsste.

- Insgesamt ja, jedoch lassen die gesetzlichen Voraussetzungen in manchen Bereichen einen großen Interpretationsspielraum zu, wie beispielsweise im Bereich der Kontaktpersonen, der Speicherungsfristen oder bei der Abgrenzung einer möglichen rechtsextremistischen Gesinnung.
- Problematik der Definition der unbestimmten Begrifflichkeiten in § 2 Nr. 2 RED-G, insbesondere des Gewaltbegriffes; ehemals die Unterscheidung in dolose bzw. undolose Kontaktpersonen.

Daten- und Freitextfelder in der RED

Die Sicherheitsbehörden wurden auch darum gebeten, die Relevanz der in der RED enthaltenen Datenfelder im Bereich der Grunddaten und der erweiterten Grunddaten zu bewerten. Bei der Analyse zeigte sich ein deutlicher Unterschied bei der Bewertung zwischen Grunddaten und erweiterten Grunddaten. Während die Hälfte der Sicherheitsbehörden die Relevanz der vorhandenen Datenfelder bei den Grunddaten als sehr hoch oder hoch einstufte, teilte nur ein Viertel diese Einschätzung für die erweiterten Grunddaten. Hingegen gaben nur zwei Behörden an, dass die Datenfelder im Bereich der Grunddaten eine geringe bzw. sehr geringe Relevanz besäßen. Bei den erweiterten Grunddaten sahen dies fünf Behörden so. Auffällig ist zudem, dass 35 Prozent der Sicherheitsbehörden keine Beurteilung der Relevanz für die Datenfelder der erweiterten Grunddaten abgeben konnten („Keine Angabe“), während sich hierzu mit Blick auf die Grunddaten lediglich fünf Behörden nicht in der Lage sahen. Hingegen gab es kaum einen Unterschied in der Bewertungskategorie „teils/teils“, da elf (Grunddaten) bzw. zehn (erweiterte Grunddaten) Behörden eine solche Beurteilung vornahmen.

Abb. 23: Bewertung der Relevanz der in der RED vorhandenen Datenfelder im Bereich der Grunddaten und der erweiterten Grunddaten

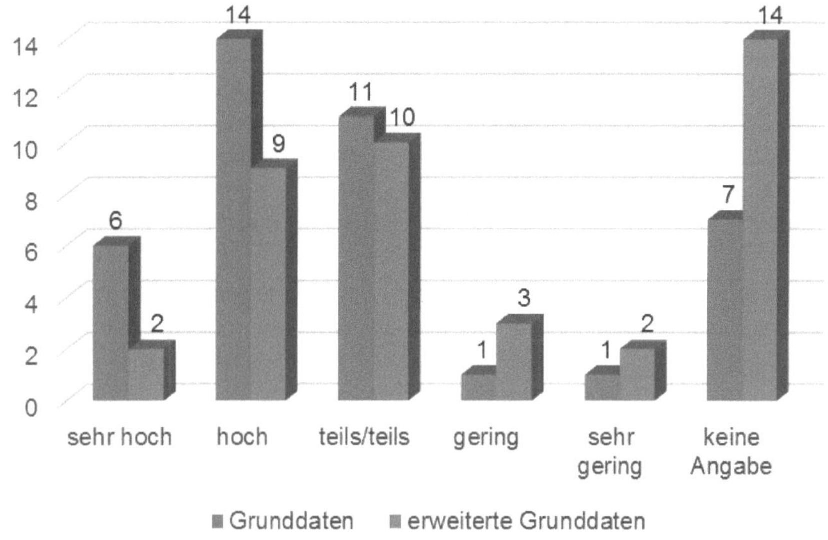

Die Sicherheitsbehörden wurden dazu befragt, ob sie Datenfelder in der RED vermissen bzw. Datenfelder entfallen sollten. Grundsätzlich schien es nur wenig Handlungsbedarf zu geben, Änderungen an der RED mit Blick auf die Datenfelder vorzunehmen. Lediglich drei Sicherheitsbehörden waren der Auffassung, dass neue Datenfelder in der Datei aufgenommen werden sollten. Die drei Vorschläge bezogen sich auf die Erfassung der Gefährlichkeit bzw. der Tätigkeit in einer lebenswichtigen Einrichtung von Kontaktpersonen in den Grunddaten, wobei dies in zwei Fällen nicht weiter begründet wurde und in einem Fall auf den Bericht der Bund-/Länderarbeitsgruppe ATD/RED vom 31. Oktober.2014 hingewiesen wurde.[54]

Nur zwei Sicherheitsbehörden waren der Meinung, dass Datenfelder entfallen könnten. Genannt wurden hier die Datenfelder „aktuell" (bei Anschriften), „ausgeübter Beruf" sowie die „Personalausweisnummer". Im Zusammenhang mit den Datenfeldern „aktuell" (bei Anschriften) und „ausgeübter Beruf" wurde der Wunsch nach Streichung damit begründet, dass Anschriften täglich inaktuell werden könnten, eine Datenerhebung jedoch

54 Eine entsprechende Forderung wurde ebenfalls vom Ausschuss für Innere Angelegenheiten (federführend) und dem Rechtsausschuss des Bundesrats formuliert, vgl. hierzu Ausschuss für Innere Angelegenheiten (In) (Federführend) und der Rechtsausschuss (R) des Bundesrates (2014), 2.

zur Aktualisierung der in der RED gespeicherten Anschriften nicht zulässig sei. Beim Datenfeld „ausgeübter Beruf“ wurde angemerkt, dass der Katalog „sehr schmal“ sei und daher keine Bewertung zuließe.

Erfragt wurde zudem die Bewertung der Aufteilung zwischen Grunddaten und erweiterten Grunddaten in der Praxis. Rund ein Viertel der Behörden beurteilte diese als sehr gut und gut, während lediglich drei Behörden die Aufteilung für schlecht bzw. sehr schlecht hielten. Mehr als ein Viertel konnte hingegen keine eindeutige, in die eine oder andere Richtung tendierende Bewertung abgeben. Die größte Gruppe stellten mit 40 Prozent die Behörden dar, die überhaupt keine Einschätzung abgeben konnten.

Abb. 24: Bewertung der Aufteilung zwischen Grunddaten und erweiterten Grunddaten in der Praxis

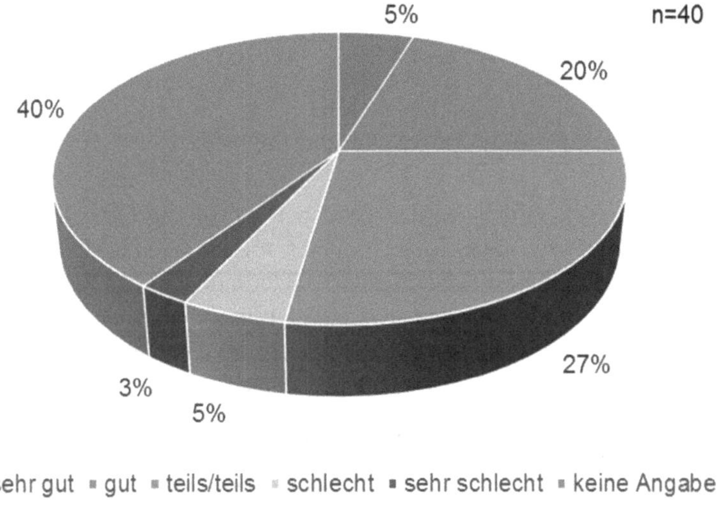

Tab. 12 gibt einen Überblick, aus welchen Gründen die jeweiligen Bewertungen vorgenommen wurden:

Tab. 12: Begründung für die Bewertung der Aufteilung zwischen Grunddaten und erweiterten Grunddaten in der Praxis

Bewertung und Begründung	Zahl der Nennungen
Sehr gut	*2*
Grunddaten sind für eine eindeutige Identifizierung von Personen geeignet.	1
Sie lassen Verhaltens- und Gewohnheitsrückschlüsse zu.	1
Gut	*8*
Bezüglich Frage 12 wird von der visuellen Darstellung der Grunddaten und erweiterten Grunddaten ausgegangen, welche ausreichend ist.	1
Die BPOL bekämpft die politisch motivierte Kriminalität – rechts – im Rahmen ihrer präventiven Aufgaben (z. B. bei Demonstrationen) und beanzeigt festgestellte (Staatsschutz-)Delikte im „Ersten Angriff", daher werden in diesem Zusammenhang in der RED lediglich die Grunddaten verwendet.	1
Die Möglichkeit, dass erweiterte Grunddaten nur auf Anfrage freigegeben werden können, ist sinnvoll.	1
Erweiterte Grunddaten werden für eine erste Einschätzung derzeit nur äußerst selten benötigt.	1
Für den ersten „Zugriff" auf eine Person reicht die Ansicht der Grunddaten aus und macht die Freischaltung der Ansicht der erweiterten Grunddaten (die an höhere gesetzliche Voraussetzungen gebunden sind) i. d. R. obsolet.	1
Ohne weitere Begründung.	3
Teils/teils	*11*
Bislang konnte nur wenig Nutzen aus der Unterteilung gezogen werden.	1
Die Aufteilung als solche ist der praktischen Nutzbarkeit angemessen. Allerdings erfolgen in der Regel keine	1

Bewertung und Begründung	Zahl der Nennungen
Abfragen über die RED. Wesentliche Auskunftsdatei – auch für die Polizei – ist NADIS WN.	
Die Aufteilung ist ausreichend.	1
Die erweiterten Grunddaten sind nicht ergiebig und müssen für eine aktuelle Bewertung nochmals in anderen Datensystemen abgeglichen werden.	1
Erweiterte Grunddaten sind oftmals nicht aktuell, weil nicht vorhanden.	1
Erweiterte Grunddaten wären u. E. nach z. T. in den Grunddaten besser verwendbar. Würde Arbeit erleichtern.	1
Gewöhnungsbedürftig und nicht selbsterschließend.	1
Meiner Kenntnis nach ist diese Aufteilung überwiegend datenschutzrechtlichen Vorgaben geschuldet. Ich würde mir wünschen, dass Telekommunikationsdaten und die Personenbeschreibung direkt beim Hauptobjekt angezeigt werden.	1
Ohne weitere Begründung.	3
Schlecht	*2*
Die Anfrage zur Freischaltung der erweiterten Grunddaten ist eine zusätzliche Hürde.	1
Insgesamt ist die Aufteilung zum Zwecke der Identitätsfeststellung akzeptabel. Jedoch wird durch das LKA die mit der Gesetzesänderung zum 1.1.2015 erfolgte Speicherung von Daten zu Kontaktpersonen unter den erweiterten Grunddaten als problematisch angesehen, da diese lediglich über ein Aktenzeichen gespeichert werden und somit immer eine Erkenntnisanfrage an die datenbesitzende Stelle zu dem jeweiligen Aktenzeichen die Folge ist. Diese Praxis stellt einen erheblichen Mehraufwand für Daten da, die man je nach Anfrage nicht zwangsläufig benötigt. Damit einher geht ein zu großer Zeitverlust.	1

Bewertung und Begründung	Zahl der Nennungen
Sehr Schlecht	*1*
Die Aufteilung in – sofort sichtbare – Grunddaten und – per Ersuchen oder Eilantrag freischaltbare – erweiterte Grunddaten erschwert den Umgang mit der RED. Zumal wegen des Dublettenprinzips ggf. Freischaltungen für mehrere Datensätze zu identischen Personen erfolgen müssen.	1
Keine Angabe	*16*
Aufgrund mangelnder praktischer Erfahrung im Umgang mit der RED keine Angabe.	1
Eine Bewertung ist für den Bereich der Bundespolizei nicht abschließend möglich, weil auf Grund der fehlenden Verfolgungszuständigkeit keine abschließende praktische Nutzung erfolgt.	1
Eine Bewertung von erweiterten Grunddaten hat bisher nicht stattgefunden.	1
In der hiesigen Behörde fehlen zur Bewertung langfristige Erfahrungswerte.	1
Keine Nutzung bereits bestehender Grunddaten/erweiterter Grunddaten der RED im bundespolizeilichen Aufgabenbereich.	1
Ohne weitere Begründung	11

Vorgaben zur Nutzung der RED

Die Behörden wurden zudem danach gefragt, ob es bei ihnen eindeutige Vorgaben zur Nutzung der RED gibt (z. B. zur Befüllung von Freitextfeldern). Mehr als 70 Prozent gaben an, dass solche, über den Gesetzestext selbst hinausgehenden, behördeninternen Vorgaben nicht vorhanden seien. Lediglich knapp 30 Prozent der Sicherheitsbehörden wiesen darauf hin, dass sie über solche Vorgaben verfügten. Genannt wurden in diesem Zusammenhang:

- Vorgaben analog zu den Verarbeitungsregeln INPOL-Fall Innere Sicherheit
- Arbeitsanweisung
- Dienstanweisung, Handlungsanleitung
- Errichtungs- und Nutzungskonzeption RED des BPOLP (3x)
- Es existiert eine besondere Dienstanweisung zum Umgang mit der RED außerhalb der regulären Dienstzeiten, um die Erreichbarkeit des LKA über die RED auch in Abwesenheit der Fachdienststelle zu gewährleisten. Des Weiteren bestehen unter den MitarbeiterInnen der Sachrate „RED“ interne Absprachen, um eine einheitliche Vorgehensweise bei der Befüllung und der Abfrage der RED sicherzustellen. Diese orientieren sich wiederum an der Bundes- und Landesgesetzgebung sowie an innerdienstlichen Vorgaben.
- Handreichung zur Speicherung in der RED (Autor: Rechts- und Grundsatzreferat eines Nachrichtendienstes des Bundes)
- Nutzung des „Kriminalpolitischer Meldedienst in Fällen Politisch Motivierter Kriminalität“ für die fortlaufende Erfassung. Nutzung der RED für die Erkenntnisgewinnung bei rechten Gewaltstraftaten
- Verarbeitungsregeln zur RED-Markierung in Quelldateien der RED, Handlungsanweisung zur Nutzung der RED
- Verfügung zur Nutzung der RED

Beschränkte Speicherung

Die Behörden wurden im Rahmen der Nutzerbefragung darüber hinaus gefragt, wie häufig sie von der Möglichkeit Gebrauch gemacht haben, Daten gemäß § 4 RED-G beschränkt zu speichern. Diese Information ist aus den

Protokolldaten nicht ersichtlich. Mehr als drei Viertel der Sicherheitsbehörden gaben an, diese Möglichkeit bislang nicht genutzt zu haben. Lediglich bei einer Landesverfassungsschutzbehörde und drei Landespolizeibehörden kam es gelegentlich bzw. selten zu einer beschränkten Speicherung von Daten. Fünf Behörden konnten hierzu keine Angaben machen.

Tab. 13: Beschränkte Speicherung von Daten in der RED gemäß § 4 RED-G

	Dienste Land	Polizei Land	Dienste Bund	Polizei Bund	Gesamt Häufigkeit
Gelegentlich	1	2	-	-	3
Selten	-	1	-	-	1
Nie	7	13	1	10	31
Keine Angabe	-	4	1	-	5
Gesamt Behörde	8	20	2	10	40

Suche im verdeckten Bestand

Da die Kontaktaufnahme zum Folgeschriftverkehr nach Treffern im verdeckten Bestand der RED nicht innerhalb der RED erfolgt, wurden die Sicherheitsbehörden gefragt, wie oft sie nach einer Suche im verdeckten Datenbestand eine Rückmeldung von der datenbesitzenden Behörde erhalten haben. Angesichts des geringen Bestands an verdeckten Daten und der geringen Trefferanzahl im Untersuchungszeitraum (siehe Kapitel 5.1.2) ist es nicht verwunderlich, dass nur vier Sicherheitsbehörden gelegentlich bzw. selten und mehr als zwei Drittel nie eine Rückmeldung erhalten haben. Acht Behörden konnten hierzu keine Angaben machen.

Tab. 14: Suche im verdeckten Bestand

	Dienste Land	Polizei Land	Dienste Bund	Polizei Bund	Gesamt Häufigkeit
Gelegentlich	-	-	1	1	2
Selten	-	1	-	1	2
Nie	7[55]	13	0	8	28
Keine Angabe	1	6	1	-	8
Gesamt Behörde	8	20	2	10	40

Folglich sah sich der Großteil der Behörden (27) nicht in der Lage, die Möglichkeit der verdeckten Speicherung von Daten in der RED zu bewerten. Dies taten lediglich 13 Behörden, von denen sechs Behörden die verdeckte Speicherung schlecht beurteilten, während drei Behörden die Möglichkeit als sehr gut bzw. gut einstuften. Vier Behörden waren insgesamt zufrieden mit der Möglichkeit, Daten verdeckt in der RED zu speichern.

Tab. 15: Bewertung der Möglichkeit zur verdeckten Datenspeicherung

	Dienste Land	Polizei Land	Dienste Bund	Polizei Bund	Gesamt Häufigkeit
Sehr gut	-	1	-	-	1
Gut	-	1	1		2
Teils/teils	-	3	-	1	4
Schlecht	1	5	-	-	6
Sehr schlecht	-	-	-	-	-
Keine Angabe	7	10	1	9	27
Gesamt Behörde	8	20	2	10	40

55 Eine der sieben Behörden gab an, dass bislang auch keine Suche im verdeckten Datenbestand erfolgte.

§ 7 RED-G

Die Behörden wurden zudem gebeten, anzugeben, wie wichtig aus ihrer Sicht die mit § 7 RED-G a. F. geschaffene – aber technisch noch nicht umgesetzte – Möglichkeit der erweiterten Datennutzung ist. Fast die Hälfte der Behörden konnte hierzu keine Angaben machen. Lediglich vier Landespolizeibehörden hielten die Möglichkeit zu einer erweiterten Datennutzung für sehr wichtig bzw. eher wichtig, während zwölf Behörden die Auffassung vertraten, dass eine erweiterte Datennutzung unwichtig bzw. eher unwichtig sei. Die 14 Sicherheitsbehörden, die eine Bewertung des § 7 RED-G a. F. vornahmen, begründeten diese wie folgt:

Tab. 16: Begründung für die Bewertung des § 7 RED-G a. F.

Bewertung und Begründung	Anzahl Nennungen
Sehr gut	*2*
Hierdurch wäre eine zusätzliche Erkenntnisgewinnung bzw. Aufklärung von Tatzusammenhängen möglich.	1
Mit der Möglichkeit zur erweiterten Datennutzung können sich neue Ansätze für die Auswertung ergeben.	1
Gut	*2*
Es ergibt sich die Möglichkeit einer spezifischen Auswertung vorhandener Daten und deren Verknüpfung.	1
Im Sinne einer Erkenntnisgewinnmaximierung anlassbezogen von hoher Bedeutung.	1
Teils/teils	*2*
Keine weitere Begründung.	2
Schlecht	*4*
Die gesetzlichen Anforderungen an die erweiterte Datennutzung (Antrag, Anordnung, Genehmigung durch G 10 Kommission, Befristung) und die noch nicht erfolgte Implementierung in die veraltete Softwareumgebung lassen einen ressourcenschonenden Projektverlauf unwahrscheinlich erscheinen. Da derzeit bereits Ressourcenmangel herrscht, ist fraglich, ob das jeweilige Projektziel erreicht werden kann.	1

Bewertung und Begründung	Anzahl Nennungen
Es existieren aus hiesiger Sicht kaum relevante oder praxisnahe Anwendungsszenarien.	1
Für eine effektive und lückenlose Nutzung dieser Möglichkeit zur erweiterten Datennutzung erscheinen die Vorgaben in § 7 RED-G zu restriktiv, da keine verdeckten Daten mit einbezogen werden und generell hohe Schranken zur Durchführung eines derartigen Projektes bestehen.	1
Nach den neuen Vorgaben des RED-G[56] dürfen verdeckt gespeicherte Daten nicht für eine Analyse und Auswertung herangezogen werden. Hier stellt sich die Frage nach der Sinnhaftigkeit, wenn nur ein Teil der Daten analysiert und ausgewertet werden darf.	1
Sehr schlecht	*8*
Datenschutz. Besser wäre eine zentrale Auswertung in einer Institution.	1
Derzeit ist noch keine Analysekomponente vorhanden. Eine Lösung auf Basis von Excel dürfte dafür kaum geeignet sein. Grundsätzlich wäre es wegen der Beschränkungen der Datei und des Arbeitsplatzes (VS-Umgebung, Zugangsmöglichkeiten) eher schwierig, dort umfangreiche Auswerteprojekte zu betreiben, zumal die Möglichkeiten der Datenausgabe derzeit noch sehr beschränkt sind.	1
Die Nutzungsmöglichkeiten des § 7 RED-G sind zu sehr eingeschränkt. Die Bedeutung und der Mehrwert für die Praxis ist daher zu bezweifeln.	1
Eine hierdurch in Aussicht gestellte Möglichkeit der Sammlung, Auswertung u. Zusammenhangaufklärung (=Analyse) wäre nur effizient, wenn neben der RED auch andere Datensysteme abgefragt und deren Ergebnisse zusammengeführt werden würden. Dieses Procedere dürfte aber aufgrund der Vorgaben der VSA i. d. R. in der Praxis nicht umsetzbar sein.	1
Gesetzliche Vorgaben/Hürden.	1

[56] Vgl. hierzu Kapitel 6.2.7.1.

Bewertung und Begründung	Anzahl Nennungen
Im Rahmen der Erfüllung der gesetzlichen Aufgaben der Bundespolizei ist eine projektbezogene Datennutzung wahrscheinlich auszuschließen.	1
Insbesondere da nur über den offenen Datenbestand gesucht wird.	1
Bedeutung von NADIS -> die RED ist eine weitgehend ungenutzte Paralleldatei.	1

Dubletten [57]

Um Informationen zur Dublettenproblematik in der RED zu gewinnen, wurden die Behörden danach gefragt, wie oft sie bei der Suche auf Dubletten stoßen. Bei lediglich drei Behörden trat dieses Problem sehr oft bzw. oft auf, während knapp die Hälfte angab, dass sie bei ihrer Suche in der RED selten bzw. nie auf Dubletten gestoßen sei. Jeweils rund ein Viertel der Behörden hatte nur gelegentlich mit diesem Problem zu kämpfen bzw. konnte hierzu keine Angabe machen.

57 Bei Dubletten handelt es sich um unterschiedliche RED-Einträge, die sich auf ein und dieselbe Person beziehen, aber aufgrund der jeweiligen Erkenntnisse in einzelnen Behörden mehrfach angelegt wurden.

Abb. 25: Teilnahme an Schulungen im Zusammenhang mit der RED

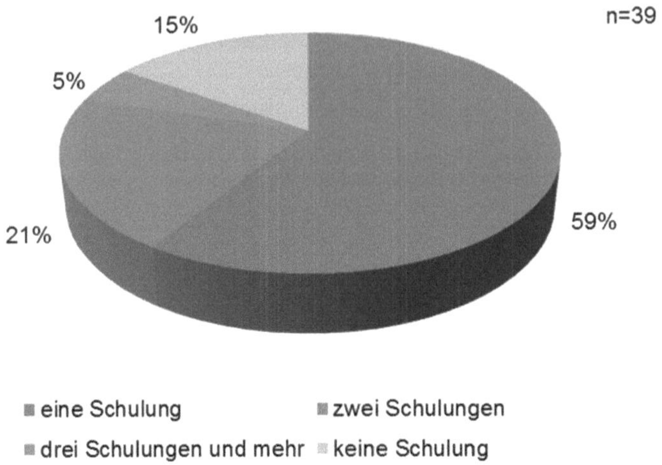

RED-Schulungen

Beim überwiegenden Teil der Sicherheitsbehörden haben die mit der Datei befassten MitarbeiterInnen an RED-Schulungen teilgenommen. Mehr als drei Viertel der Behörden gaben an, dass MitarbeiterInnen ein bis zwei Mal entsprechende Veranstaltungen besuchten. In zwei Fällen waren es sogar drei und mehr Schulungen. Eine Behörde nannte keine genaue Zahl, sondern verwies darauf, dass mindestens ein bis zwei SachbearbeiterInnen regelmäßig an Schulungen des BKA teilnehmen und die hierbei gewonnenen Kenntnisse dann im Rahmen von behördeninternen Schulungen weitergegeben würden. Sechs Behörden gaben an, dass ihre MitarbeiterInnen seit Einrichtung der RED noch an keiner Schulung teilgenommen hätten.

Die Behörden, deren MitarbeiterInnen an einer Schulung teilgenommen hatten, wurden darüber hinaus befragt, wie sie deren Nutzen für ihre Arbeit mit der Datei bewerteten. Mehr als 70 Prozent beurteilten den Nutzen als sehr gut bzw. gut. Lediglich zwei Behörden bewerteten die Schulungen als schlecht. Jede fünfte Behörde beurteilte den Nutzen der Schulungen für die Arbeit mit der RED mit „teils/teils“. Eine Behörde konnte hierzu keine Angaben machen.

Abb. 26: Bewertung des Nutzens der Schulungen für die tägliche Arbeit

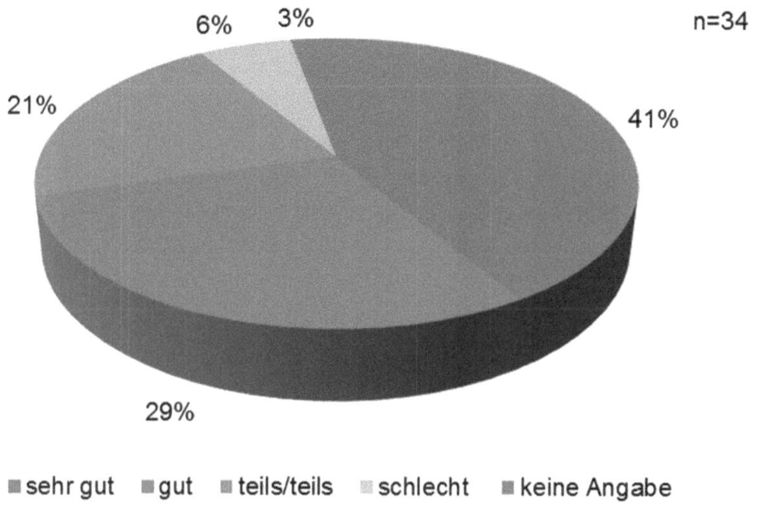

45 Prozent der Sicherheitsbehörden gaben an, dass nicht ausreichend viele Schulungen durchgeführt wurden, während etwas mehr als die Hälfte der Meinung war, dass der Umfang an Schulungen ausreichend gewesen sei.

5.3.3 Technische Bedienbarkeit der RED

Um einen Eindruck zu gewinnen, wie sich die technische Bedienbarkeit der RED in der Praxis darstellte, wurden die Behörden gebeten, eine Einschätzung abzugeben, wie oft es in der Vergangenheit bei der Benutzung der RED zu technischen Problemen kam. Mehr als die Hälfte der Sicherheitsbehörden gaben an, dass selten oder nie technische Probleme auftraten. Bei fünf Behörden kam dies sehr oft bzw. oft und bei elf Behörden gelegentlich vor. Sechs Behörden konnten hierzu keine Angaben machen.

Tab. 17: Benennung der technischen Probleme unter Angabe der Häufigkeit

Häufigkeit des Auftretens und Benennung der technischen Probleme	Anzahl
Sehr oft	*2*
Sehr oft ist eine mehrmalige Anmeldung am SinaClient erforderlich; Bildschirm/Performance „friert“ ein, aufgrund der Timeout-Funktion ist daher wieder eine Neuanmeldung erforderlich, bestenfalls muss man die Anfragefelder mehrmals neu befüllen und die Abfragen neu starten; Drucker wird nicht erkannt, System muss mehrmals neu gestartet werden, bis Drucker erkannt wird; Meldung: Speicher v. Drucker ist voll, Ausdruck ist nicht möglich. Auch hier ist oft eine mehrmalige Neuanmeldung des Systems erforderlich; Störungen ebenso bei der Anwendung ATD.	1
Zertifikat nicht vertrauenswürdig; häufige Anmeldeprobleme mit ORA-Fehlern; ORA-200xx Fehler nach Passwortwechsel; Formular für Auskunftsersuchen nimmt nur wenige Zeichen auf; Mailbenachrichtigungen lassen nicht erkennen, ob sie aus der Produktion, dem Schulungs- oder dem Testsystem stammen; Benutzerführung/-oberfläche ist nicht akzeptabel.	1
Oft	*3*
Anmeldung an das System.	1
Totalausfall; Anmeldeprobleme.	1
Zugang oft nicht möglich.	1

Häufigkeit des Auftretens und Benennung der technischen Probleme	Anzahl
Gelegentlich	*6*
Austausch von Kabeln und des Medienwandlers.	1
Keine Erreichbarkeit der RED; Probleme mit Sicherheitsstandards der Browser aufgrund alter Datenstandards der RED.	1
Leitungs-/Serverprobleme.	1
Ließ sich oftmals erst beim zweiten Versuch starten; gelegentliche „Systemaufhängung“; z. T. anwenderunfreundliches Bedienmenü; Vernetzung mit Drucker problematisch.	1
Probleme beim Verbindungsaufbau/der Verbindungswiederherstellung; nach dem Sperren der Anwendung war ein erneutes Einloggen nicht mehr möglich; nach einem aktuellen Austausch der SINA-Clients im LKA besteht eine verzögerte Reaktion des Mauszeigers innerhalb der RED-Anwendung, so dass die Bedienung erschwert wird (ggf. Software-/Treiberproblem).	1
Verbindungsprobleme.	1
Selten	*11*
Anmeldungsprozedere; Serververfügbarkeit.	1
Der Verbindungsaufbau, um die RED zu starten, war nicht oder sehr schleppend möglich.	1
Die aufgetretenen Probleme hatten ihre Ursache zumeist nicht in der RED selbst, sondern in der genutzten Infrastruktur (SINA Sin Client).	1
Hardwarebasierte Probleme.	1
Performanceprobleme.	1
Schwierigkeiten beim Verbindungsaufbau.	1
Server-Probleme beim BKA	1
Sperrung des Zugangs aufgrund mehrwöchiger Nichtnutzung; Token defekt	1
Störungen bzw. kurzfristige Beeinträchtigungen der RED-Anwendung	1
Zeitweise war eine Anmeldung nicht möglich.	1
Zu lange Zeitschiene zwischen Eingabe und Umsetzung bei Aktualisierungen	1

Darüber hinaus wurden die Behörden gebeten, sonstige Probleme im Zusammenhang mit der RED zu benennen. Mehr als zwei Drittel verwiesen darauf, dass sie selten bzw. nie sonstige Probleme bei der Nutzung der RED hatten. Lediglich drei Sicherheitsbehörden gaben an, dass dies sehr oft der Fall war. Bei weiteren drei Behörden traten gelegentlich sonstige Probleme auf. Sieben Behörden machten hierzu keine Angaben. Beim Großteil der sonstigen Probleme handelte es sich um Probleme, die sich eigentlich auf technische Aspekte bezogen. Folgende sonstige Probleme wurden von den Sicherheitsbehörden angeführt:

Tab. 18: Benennung der sonstigen Probleme

Häufigkeit des Auftretens und Benennung der sonstigen Probleme	Anzahl
Sehr oft	*3*
Die erste Anmeldung über den Arbeitsplatz ist grundsätzlich erfolglos. Erfolgt danach die Anmeldung über einen anderen Arbeitsplatz, kann anschließend durch die erneute Anmeldung über den ersten Arbeitsplatz der Zugang zur RED hergestellt werden.	1
Hardwareprobleme; organisatorische Probleme; Defekt RED-Rechner; Fehlende Aktivierung Nutzeraccount; Zeitablauf der Accounts vor Aushändigung/Aktivierung/Nutzung	1
Mehrfenstertechnik, wobei Fenster auch geöffnet bleiben, wenn im Hauptfenster im Hintergrund eine Zwangstrennung nach 10 Min. durchgeführt worden ist. Freitags gegen 16.30 Uhr gingen mehr als 20 Eingänge, teilweise Eilanfragen, im Fachbereich ein. Nachdem verschiedene MitarbeiterInnen wieder in den Dienst geholt wurden, stellte sich gegen 18.00 Uhr heraus, dass eine Warteschlange mit Mailbenachrichtigungen aus einer vorangegangenen Schulung geleert wurde, als ein Administrator die Schulungsumgebung zurücksetzte. Die Mailbenachrichtigungen wurden dann zugestellt, sodass der Fachbereich annehmen musste, dass es sich um reale Meldungen handelte.	1

Häufigkeit des Auftretens und Benennung der sonstigen Probleme	Anzahl
Gelegentlich	*3*
Die Polizei des Landes hat bisher die Daten für die RED aus dem Fallbearbeitungssystem Polygon angeliefert. Das Quittungshandling gestaltete sich jedoch problematisch, weil Negativquittungen nicht oder mit mehreren Tagen Verzögerung übermittelt worden sind. Dieses Problem hat sich jedoch von selbst gelöst, da das Land seine Daten künftig durch Markierung in INPOL-Fall Innere Sicherheit an die RED anliefert, weil das bisher genutzte Fallbearbeitungssystem durch ein anderes Fallbearbeitungssystem ohne Schnittstellen (CRIME) ersetzt wird.	1
Passwortvergabe/-aktualisierung, generell Benutzerverwaltung	1
Serverprobleme beim BKA	1
Selten	*6*
Code-Karte musste neu freigeschaltet werden	1
Keine Angabe	1
Personensuche bei Doppelnamen/zwei Namen	1
System ließ sich in zwei Fällen nicht aktivieren.	1
Übertragungs- und Synchronisationsprobleme zwischen RED und Quellsystem	1
Zeitrahmen zur Passworterneuerung ist zu kurz. Anwender sperren sich dadurch oft.	1

Bei den Sicherheitsbehörden wurde auch erhoben, ob sie bestimmte Funktionen in der RED vermissten. Grundsätzlich schienen die Behörden jedoch mit den Funktionsmöglichkeiten der Datei weitgehend zufrieden zu sein. Lediglich sechs Sicherheitsbehörden gaben an, dass sie Funktionen in der Datei vermissen würden, während die übrigen dies verneinten. Dabei wurden überwiegend die noch fehlenden, nach § 7 RED-G jedoch vorgesehenen Funktionen in der RED vermisst:

- das ursprünglich vorgesehene Recherche- und Analysetool,
- die Möglichkeit einer sogenannten „Komplexrecherche“ wie in CASE oder INPOL-Fall,

- händische Einstellung von Lichtbildern, Ausdruck der eingestellten Personen als Überblick,
- intuitive Benutzerführung,
- phonetische Suchabfrage sowie
- Visualisierungsfunktion.

Darüber hinaus wurden die Sicherheitsbehörden gebeten, eine Bewertung der Nutzerfreundlichkeit der RED vorzunehmen. Ein Fünftel der Behörden stufte diese als sehr gut bzw. gut ein, während 40 Prozent die Nutzerfreundlichkeit als sehr schlecht bzw. schlecht beurteilten. 35 Prozent waren insgesamt zufrieden. Zwei Sicherheitsbehörden konnten hierzu keine Angaben machen.

Abb. 27: Bewertung der Nutzerfreundlichkeit der RED

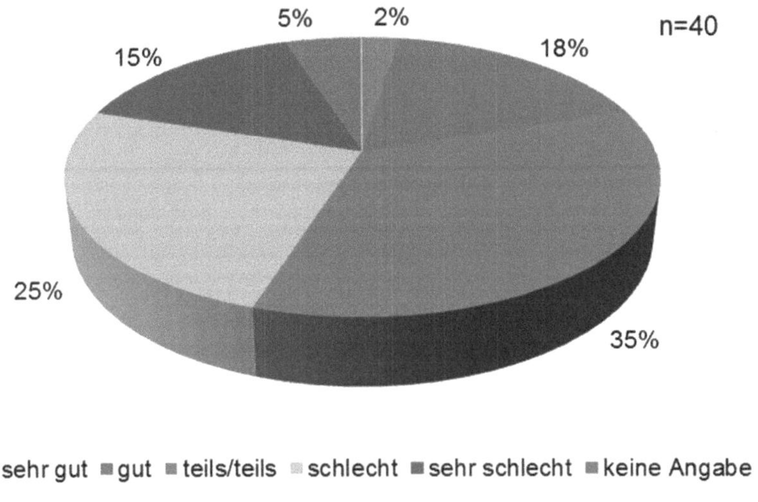

5.3.4 Wirksamkeit der RED

Mit Hilfe der Nutzerbefragung sollte auch ein Überblick darüber gewonnen werden, ob die RED zu einer Verbesserung des Informationsaustausches zwischen den Sicherheitsbehörden im Bereich der Bekämpfung des gewaltbezogenen Rechtsextremismus geführt hat. Ein Viertel der Behörden war der Meinung, dass die RED zu einem verbesserten Informationsaustausch beigetragen hat. Knapp die Hälfte der Behörden vertrat dagegen die Meinung, dass dies nicht der Fall gewesen sei. Ein Viertel der befragten Behörden machte hierzu keine Angaben.

Abb. 28: Verbesserung des Informationsaustausches zwischen den Sicherheitsbehörden durch die RED

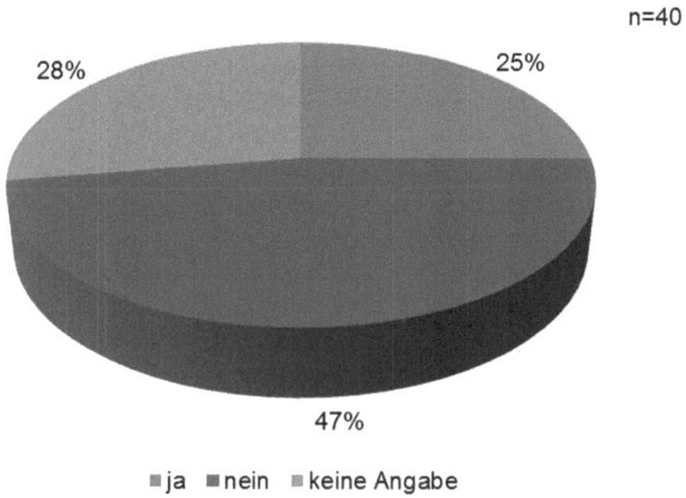

Die Sicherheitsbehörden, die der Meinung waren, dass die RED nicht zu einer Verbesserung des Informationsaustausches zwischen den Behörden geführt hat, nannten hierfür folgende Gründe:

Tab. 19: Begründung im Fall der Einschätzung, dass die RED nicht zu einer Verbesserung des Informationsaustausches geführt hat

Begründung	Anzahl Nennungen
1. Geringer Datenbestand, 2. Aufgrund der Vorgaben des § 2 RED-G müssen die zu speichernden Personen immer mit einer Gewalttat in Verbindung stehen. Dies hat zur Folge, dass mögliche Rädelsführer, die sich bislang strafrechtlich zurückgehalten haben, nicht in die RED aufgenommen werden können.	1
Alle bisher in der RED von uns gefundenen Daten über Personen waren in NADIS detaillierter zu finden. In der RED kam es bislang zu keinem Treffer von uns, der nicht auch in NADIS zu finden war.	1
Der Informationsaustausch zwischen den Sicherheitsbehörden – außerhalb der RED – gestaltet sich offen und vertrauensvoll.	1
Die in der RED enthaltenen Informationen können auch auf anderen Wegen erlangt werden. Zudem ist sie im Vergleich, z. B. mit NADIS WN, technisch und optisch veraltet und bietet kaum Auswertungsmöglichkeiten. Hinderlich sind auch das zugrunde liegende Dublettenprinzip und mangelnde Verknüpfungsmöglichkeiten.	1
Die in der RED gespeicherten Daten sind den Verfassungsschutzbehörden in aller Regel bereits bekannt. Insofern bietet die RED den VS-Behörden keinen praktischen und fachlichen Mehrwert. Eine Verbesserung des Informationsaustausches zwischen den Sicherheitsbehörden geht mit der RED aus hiesiger Sicht nicht einher.	1
Die in der RED gespeicherten Infos sind auch in der Vergangenheit im hiesigen Bereich auch anderweitig und vertrauensvoll kommuniziert worden.	1

Begründung	Anzahl Nennungen
Die Kommunikation bzw. der Informationsaustausch mit dem Geheimdienst findet regelmäßig im Land statt, sowie wird INPOL FALL/Innere Sicherheit (IFIS) genutzt. Die RED ist ein Kommunikationsanbahnungsinstrument, Erkenntnisanfragen werden in anderer Form an die Behörden gestellt (E-Post).	1
Die mangelhafte Benutzeroberfläche schränkt die Gebrauchstauglichkeit stark ein und schmälert Effektivität, Effizienz und Zufriedenheit. Der Nutzwert wird von den Polizeibehörden als höher bewertet als vom Verfassungsschutzverbund, da relevante Polizeimeldungen in aller Regel an die Verfassungsschutzbehörden weitergeleitet werden, der umgekehrte Informationsfluss allerdings deutlich geringer ist.	1
Die polizeilich vorliegenden Datenbestände werden aus I-FIS in die RED überführt, sind somit auch ohne RED verfügbar. Eine Rückmeldung anderer Sicherheitsbehörden hat aus hies. Wahrnehmung bislang nicht stattgefunden. Das Trennungsgebot führt aus polizeilicher Sicht zur informatorischen Einbahnstraße.	1
Durch den direkten Kontakt zu Polizeidienststellen läuft der Informationsaustausch seit jeher gut. Mit Ausnahme von zwei Anfragen seitens der Bundespolizei kam es zu keiner weiteren Anfrage zu Personen, die vom LfV in der RED gespeichert sind.	1
Es erfolgte bislang keine Rückmeldung aus dem Bereich des verdeckten Datenbestandes – die derzeitigen technischen Möglichkeiten beschränken die volle Nutzbarkeit der Datei.	1
Geringer Nutzen aufgrund moderatem Datenbestand; Anfrageverhalten im Verbund gleich Null; nur äußerst wenige Einzelanfragen polizeilicher Dienststellen (ohne konkrete Nachfrage)	1
Keine Angabe	2

Begründung	Anzahl Nennungen
Kein Mehrwert in der Praxis erkennbar; Erkenntnisse sind nicht in Gänze einsehbar; Freigabe von erweiterten Grunddaten obliegt der einstellenden Behörde und führt oftmals nicht zu einer erweiterten Informationsgewinnung; „Treffer“ im verdeckten Datenbestand sind für die anfragende Stelle nicht ersichtlich.	1
Mangelnde Nutzerfreundlichkeit; Informationen können durch andere Computersysteme (polizeilich) oder durch direkten Kontakt (polizeilich/nachrichtendienstlich) schneller und umfassender erhoben werden. Bei bisherigen Abfragen konnten bisher keine Erkenntnisse erlangt werden, die über die bereits vorliegenden Informationen hinausgingen. Eine Kontaktanbahnung durch möglicherweise verdeckt speichernde Dienststellen fand nicht statt.	1
Rechtsextremistische Bestrebungen sind – im Gegensatz zum islamistischen Terrorismus – überwiegend lokal oder regional organisiert; überregionale Bezüge sind eher selten. Landesintern existiert bereits seit Jahren ein regelmäßiger und intensiver Informationsaustausch zwischen LfV und Landespolizeipräsidium. Insoweit erbrachte die RED keinen zusätzlichen Erkenntnisgewinn. Überregionale Verbindungen wurden bislang durch die RED nicht aufgedeckt.	1
Weil keine Behörde aktiv mit diesem System arbeitet!	1
Wird in der Fläche nicht in Anspruch genommen.	1

In diesem Zusammenhang wurden die Sicherheitsbehörden auch danach gefragt, ob sie andere Formen des Informationsaustausches (abgesehen von Verbundsystemen wie NADIS WN oder INPOL-Fall) zwischen den Sicherheitsbehörden zur Bekämpfung des gewaltbezogenen Rechtsextremismus als die RED nutzten. Sieben Behörden gaben an, dass sie keine weiteren Formen des Informationstausches nutzen würden, während mehr als 80 Prozent auf weitere Formen zurückgriffen. In diesem Zusammenhang wurden vor allem persönliche Kontakte bzw. regelmäßige Besprechungen, der Austausch in den Gemeinsamen Zentren (GAR/GETZ) sowie sonstige Formen des Informationsaustausches (z. B. „Kriminaltaktische Anfrage in Fällen Politisch motivierter Kriminalität (KTA-PMK)“, FN) genannt.

(1) Persönliche Kontakte/regelmäßige Besprechungen

- Persönliche intensive Kontakte zu anderen Behörden,
- Persönliche Kontaktaufnahme mit den Sicherheitsbehörden,
- Persönliche Kontakte (3x),
- VS-Mail,
- Persönlicher Austausch zwischen LfV und Landespolizeipräsidium; regelmäßiger und lageangepasster Informationsaustausch zwischen LfV und LPP ist bereits langjährige Praxis,
- Persönlicher Informationsaustausch sowie Besprechungen auf Sachbearbeiterebene,
- Persönlicher Informationsaustausch in Form von periodischen Besprechungen wie auch aufgrund anlassbezogener Ereignisse/Sachverhalte,
- Regelmäßige Besprechungen im Land,
- Telefon, E-Mail/E-Post (2x),
- Unmittelbare Kommunikation mit betroffenen Staatsschutzdienststellen des Bundes und der Länder,
- Monatlich mindestens ein persönlicher Informationsaustausch auf Leitungsebene sowie zwischendurch regelmäßige Telefonkonferenzen,
- Wöchentlicher Informationsaustausch mit LKA,
- Erkenntnisanfragen per E-Mail,
- Besprechungen,
- Jegliche Form der Kommunikation sowie
- Erfahrungsaustausch mit anderen Behörden.

(2) Gemeinsame Zentren (regional/bundesweit)

- GAR,
- GAR, GETZ, NIAS, KIA,

- GAR/GETZ/NIAS-Sitzungen in Köln im BfV,
- Verbindungsbeamter zum Thüringer LKA, Thüringer Informations- und Auswertungszentrale (TIAZ), GETZ sowie
- Gemeinsame Zentren GETZ/GAR.

(3) Andere (EDV-)Informationssysteme

- KRISTAL (3x),
- IFIS sowie
- Vorgangssachbearbeitungssystem POLADIS.

(4) Standardisierte Berichtsformate

- Standardisierte Berichtsformate, wie z. B. KTA,
- Meldedienst [sic] – KTA-PMK und Info-Austausch ST,
- FN-Verkehr sowie
- Meldewege per FN.

(5) Sonstige Formen des Informationsaustausches

- Fachtagungen,
- Lokale Veranstaltung zum Thema sowie
- Durchführung von Ermittlungen vor Ort in jedem Verdachtsfall (örtl. Polizei, ggf. Staatsanwaltschaft, LfV, LKA, Dienststelle) durchgeführt.

Im Rahmen der Evaluation sollte auch untersucht werden, wie oft durch den Informationsaustausch über die RED andere Datenerhebungsmaßnahmen obsolet wurden. Drei Viertel der Sicherheitsbehörden gaben hierzu an, dass dies nie bzw. selten der Fall gewesen sei. Zwei Behörden gaben an, dass gelegentlich eigene Datenerhebungsmaßnahmen durch den Informationsaustausch über die RED obsolet geworden seien. Ein Fünftel der Behörden konnte hierzu keine Angaben machen.

Abb. 29: Verzicht auf eigene Datenerhebungsmaßnahmen durch den Informationsaustausch über die RED

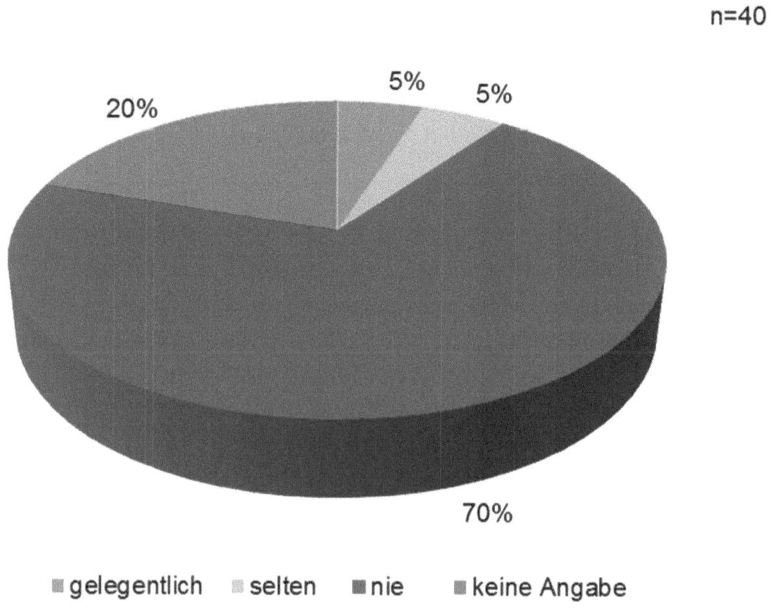

In diesem Zusammenhang wurden die Sicherheitsbehörden danach gefragt, welche Instrumente sie nutzen würden, wenn die RED nicht zur Verfügung stehen würde. Am häufigsten wurden hier NADIS WN und INPOL-Fall, aber auch persönliche Kontakte oder KRISTAL genannt. Eine Behörde konnte hierzu keine Angaben machen.

Tab. 20: Andere Instrumente der Informationsbeschaffung

Alternative Informationssysteme/-quellen	Anzahl Nennungen
Alle anderen Mittel und Methoden gemäß dem aktuellen Dokument „Standort und Perspektiven des polizeilichen Staatsschutz“.	1
Andere Verbunddateien wie INPOL-Fall „Innere Sicherheit“; das GAR, regelmäßige überbehördliche Treffen; Anfragen auf konventionellem Wege in Landes- und Bundesbehörden sowie innerhalb der Staatsschutzdienststellen des Landes.	1
Aufgrund der fehlenden repressiven Zuständigkeit der BPOL bei Staatsschutzdelikten werden bei der BPOL überwiegend strategische Informationen benötigt.	1
Die Polizeien der Länder markieren ihre Personen für die RED fast ausschließlich über INPOL-Fall Innere Sicherheit (IFIS). Das heißt, polizeilich stehen mit Ausnahme der verdeckt gespeicherten Informationen bereits alle Erkenntnisse zur Verfügung, bzw. ist bekannt, bei welcher Dienststelle weitere Informationen vorliegen könnten. In Brandenburg findet seit der Aufdeckung der Straftaten des NSU wie schon zuvor beschrieben ein regelmäßiger Informationsaustausch statt. Darüber hinaus gibt es auch weiterhin den Informationsaustausch in Staatsschutzsachen, von dem zumindest die Polizei regelmäßig Gebrauch macht und bei Bedarf auch die Nachrichtendienste daran beteiligt.	1
Die üblichen Meldedienste sowie die Nutzung der bis dato bestehenden Dateien.	1
E-Post, GED, Direktkontakte, INPOL, INPOL-FALL, b-case, VBS, Kriminalakten, Gemeinsame Ermittlungsdateien, schriftliche Erkenntnisanfragen bzw. Informationsaustausch auf dem schriftlichen Weg.	1
IBA, NADIS, Telefon.	1
IFIS, direkte persönliche Kontakte, E-Post.	1
IFIS, FN, Email, GAR.	1
IFIS, INPOL, Erkenntnisanfragen per E-Post, persönliche Kontakte, NADIS über AfV/LfV.	1

Alternative Informationssysteme/-quellen	Anzahl Nennungen
IFIS, KRISTAL, POLIS, POLADIS	1
IGWeb, INPOL-Fall, EASY	1
INPOL	1
INPOL-Fall „Innere Sicherheit"	1
INPOL, @rtus Bund	1
INPOL, b-case, VBS @rtus-Bund, Erkenntnisanfragen per E-Mail	1
INPOL, POLIS, KRISTAL	1
INPOL; Kontaktaufnahme mit der örtlich zuständigen Staatsschutzdienststelle	1
INPOL-Fall	1
Keine Angabe	1
KRISTAL, IFIS, POLADIS und persönliche Kommunikation mit den relevanten Sicherheitsbehörden	1
Länderdateien	1
Langjährig geleistete und bewährte Linienarbeit.	1
lediglich bedingte sachliche Zuständigkeit – soweit erforderlich Erkenntnisanfragen an zuständige Behörden	1
NADIS, BZR, ZSTV, Waffenregister, KBA, KTA-Meldungen	1
NADIS, WIV	1
NADIS, ZStV	1
NADIS-WN	3
Ohne RED würden sich die Instrumente für die Informationsgewinnung nicht ändern, da die Datei aktuell dafür kaum eine Rolle spielt.	1
Persönliche Kontaktaufnahme mit der zuständigen Staatsschutzdienststelle	1
Persönliche Kontakte	1
Persönliche Kontakte auf Arbeitsebene	1
Persönliche Kontakte, VS-Mail	1
Polizeiliche Auskunftssysteme und Arbeitsdateien (Land und Bund) und der persönliche Austausch mit den Sicherheitsbehörden	1
Polizeiliche Informationssysteme sowie Gremien und Einrichtungen	1

Alternative Informationssysteme/-quellen	Anzahl Nennungen
Telefon, E-Post	1
Telefon, E-Mail	1
KRISTAL, FN-Verkehr, Gemeinsame Zentren GETZ/GAR, Besprechungen	1

Die Sicherheitsbehörden wurden auch danach gefragt, wie sie den Nutzen der mit Hilfe der RED gewonnenen Daten für ihre tägliche Arbeit bewerten. Eine Behörde gab an, dass der Nutzen als sehr hoch bewertet wird, während mehr als zwei Drittel den Nutzen als sehr gering bzw. gering einstuften. Zehn Prozent beurteilten den Nutzen der mit Hilfe der RED gewonnenen Daten als teils/teils. Jede fünfte Behörde konnte hierzu keine Angaben machen.

Abb. 30: Bewertung der mit Hilfe der RED gewonnenen Daten für die tägliche Arbeit

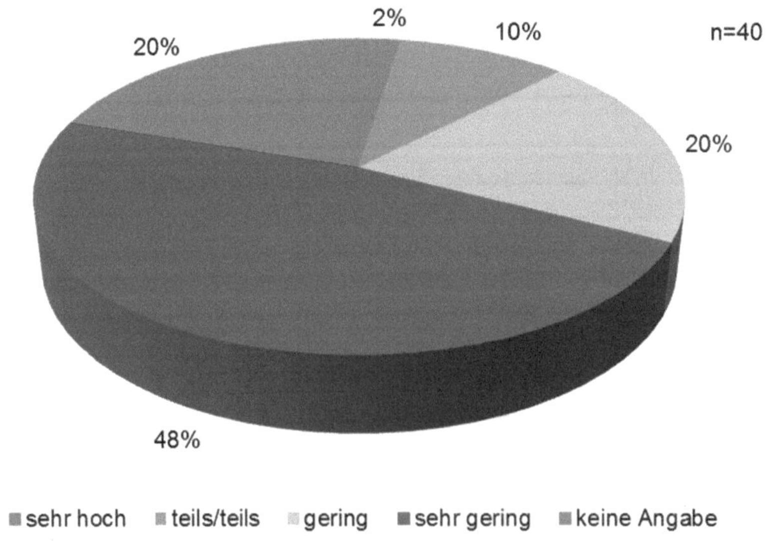

Die Bewertung des Nutzens wurde von den Sicherheitsbehörden wie folgt begründet:

Tab. 21: Begründung für die Bewertung des Nutzens der mit Hilfe der RED gewonnenen Daten für die tägliche Arbeit

Bewertung und Begründung	Anzahl
Sehr hoch	*1*
Schneller Informationsaustausch insbesondere sensibler Daten; zeitnahe Kontaktherstellung und ggf. Abstimmung weiterer Vorgehensweise; Zurverfügungstellung sonst ungenutzter Erkenntnisse aus Fahndungsmaßnahmen; seit Inbetriebnahme der RED durch Informationen, Schulungen u. a. verstärkte und nachhaltige Sensibilisierung im nachgeordneten Bereich.	1
Teils/teils	*4*
Beitrag zur inneren Sicherheit der Bundesrepublik Deutschland.	1
Bislang hatte die RED bei der täglichen Praxis eine eher geringe Bedeutung; persönliche Kontakte ersetzen nicht die RED, sie können jedoch schnell ein umfassenderes Ergebnis erzielen.	1
Nutzung durch Polizeidirektionen, jedoch keine Ermittlungszuständigkeit im LKA.	1
schneller Informationsaustausch besonders sensibler Daten; zeitnaher Kontakt unter den RED beteiligten Behörden im Bundesgebiet.	1
Gering	*8*
Bis dato keine Erkenntnisgewinnung.	1
Die Anwendung der RED erfolgt durch die Bundespolizei durch Abfragen und die gesetzliche Speicherpflicht.	1
dient als Fahndungshilfsmittel bei der Fallbearbeitung/ Lageeinschätzung; BPOL gewinnt Informationen und leitet diese auch über die RED weiter; unter Beachtung der Rolle der BPOL im Bereich Staatsschutz.	1

Bewertung und Begründung	Anzahl
Durch den bundesweiten Austausch der Ländervertreter im GAR und den Kontakt des zuständigen Rechtsextremismusdezernates im LKA zu den Vertretern aller an der Bekämpfung des Rechtsextremismus beteiligten Behörden, ist die RED eine Zusatzoption zum Informationsaustausch. Im Speziellen können routinemäßige Abfragen zu Personen und anderen Entitäten aus Staatsschutzdelikten getätigt werden, welche weitere Erkenntnisse nach sich ziehen. Diese würden ggf. im bundesweiten Austausch (wie beispielsweise im GAR) in der Regel nicht thematisiert bzw. angefragt werden. Somit bietet die RED eine zusätzliche Option zur Erkenntnisgewinnung.	1
Eine Abfrage in IFIS ist zielführender und hat einen höheren Erkenntnisgehalt. Eine RED-Abfrage ergibt oft eine Negativmeldung. Weiterhin sind die RED-Informationen unsicher, da die Daten aus dem verdeckten Bestand nicht ersichtlich sind und hierzu in der Praxis keine Rückmeldung erfolgt. Weiterhin sind die Bedingungen zur Einstellung von Personen für die Sicherheitsbehörden nicht klar formuliert, sodass RED Daten vorrangig auf polizeilichen Erkenntnissen basieren, welche bereits in IFIS besser bzw. gleichwertig abgebildet werden. Daher stellt die RED derzeit, unter den gegebenen Voraussetzungen, keinen Mehrwert dar.	1
Eingeschränkte sachliche Zuständigkeit – primär Eingabe von Daten.	1
Mit Ausnahme der Informationen durch die Bundespolizei wurden keine wesentlichen weiteren Informationen gewonnen, daher ist der Nutzen für die tägliche Arbeit als gering zu bewerten.	1
Aufgrund der fehlenden repressiven Zuständigkeit der BPOL bei Staatsschutzdelikten werden bei der BPOL überwiegend strategische Informationen benötigt.	1
Sehr gering	*19*
1. Geringer Datenbestand, 2. Wenig Erkenntnisse, 3. Resümee: mangelnder Mehrwert.	1

Bewertung und Begründung	Anzahl
Bislang wurden keine Informationen zu Personen erlangt, die nicht schon bekannt waren.	1
Die durch die RED zusätzlich gewonnenen Informationen sind minimal bzw. über andere Informationskanäle bereits bekannt. Aufwand und Ertrag sind derzeit nicht in einem vertretbaren Verhältnis.	1
Die Nutzung der RED durch den Fachbereich ist aus verschiedenen Gründen nicht möglich. Es werden andere Instrumente der Informationsgewinnung genutzt.	1
Die RED wird wegen ihres Aufbaus, ihrer Struktur und der in ihr enthaltenen Daten kaum genutzt.	1
Dies ergibt sich aus den Antworten zum vorgenannten Fragenkatalog.	1
Es erfolgt lediglich eine sporadische Benutzung des Systems (Sichtung des Posteingangs, Passwortänderung)!	1
Es wurden bisher keine Informationen mit Hilfe der RED gewonnen.	1
Geringer Datenbestand; Kontakte zu anderen Sicherheitsbehörden bekannt.	1
Grundsätzlich werden nur Daten zugeliefert. Rückläufer anderer Behörden hat es bisher nicht gegeben.	1
I. d. R. ergeben sich durch die RED keine neuen Erkenntnisse, insbesondere auch aufgrund der hohen Einstellvoraussetzungen.	1
Kein wirklicher Mehrwert erkennbar; die Abfragen führten in keinem Fall zu einer deutlich erweiterten Erkenntnisgewinnung und Neubewertung.	1
Mangelnde Nutzerfreundlichkeit, Informationen können durch andere Computersysteme (polizeilich) oder durch direkten Kontakt (polizeilich/nachrichtendienstlich) schneller und umfassender erhoben werden. Bei bisherigen Abfragen konnten bisher keine Erkenntnisse erlangt werden, die über die bereits vorliegenden Informationen hinausgingen. Eine Kontaktanbahnung durch möglicherweise verdeckt speichernde Dienststellen fand nicht statt.	1
Die in der RED gespeicherten Daten sind den Verfassungsschutzbehörden in aller Regel bereits bekannt. Insofern bietet die RED den VS-Behörden keinen praktischen und	1

Bewertung und Begründung	Anzahl
fachlichen Mehrwert. Eine Verbesserung des Informationsaustausches zwischen den Sicherheitsbehörden geht mit der RED aus hiesiger Sicht nicht einher.	
Die polizeilich vorliegenden Datenbestände werden aus IFIS in die RED überführt, sind somit auch ohne RED verfügbar. Eine Rückmeldung anderer Sicherheitsbehörden hat aus hies. Wahrnehmung bislang nicht stattgefunden. Das Trennungsgebot führt aus polizeilicher Sicht zur informatorischen Einbahnstraße.	1
Die vom LfV in der RED gespeicherten Personen werden bekanntermaßen durch die RTD (Rechtsextremismus-Transfer-Datei) aus NADIS heraus überführt. Das bedeutet, dass relevante Personen bereits bekannt sind und vom LfV generell im Fokus der Beobachtung stehen. Der nachrangige Nutzen der RED spiegelt sich auch in der sehr geringen Anzahl der eigenen Abfragen bzw. der Abfragen anderer Dienststellen wider (lediglich zwei Anfragen durch die Bundespolizei im bisherigen Zeitraum).	1
Wird in der Fläche nicht in Anspruch genommen.	1
Wie bereits dargestellt verfügt die Bundespolizei über keine Verfolgungszuständigkeit im Bereich Staatsschutz. Durch die Bundespolizeidirektion erhobene und in der RED gespeicherte Daten werden durch die sachlich zuständigen Staatsschutzdienststellen genutzt.	1
Wir konnten bisher über die RED keine für uns sinnvollen Erkenntnisse erlangen.	1
Keine Angabe	*8*
Bisher keine Anwendung.	1
In der hiesigen Behörde fehlen für eine solche Bewertung ausreichende Erfahrungswerte.	1
Keine weitere Begründung.	6

Zum Schluss wurden die an der RED beteiligten Sicherheitsbehörden noch dazu befragt, wie wichtig aus ihrer Sicht die Datei zur Bekämpfung des gewaltbezogenen Rechtsextremismus ist. Fast jede zweite Behörde beurteilte die RED als unwichtig bzw. eher unwichtig. 30 Prozent der Sicherheitsbehörden waren der Meinung, dass die Datei ein sehr wichtiges bzw. eher wichtiges Instrument sei. Drei Behörden hielten die Datei teilweise für wichtig. Knapp ein Fünftel konnte hierzu keine Angaben machen.

Abb. 31: Wichtigkeit der RED zur Bekämpfung des gewaltbezogenen Rechtsextremismus

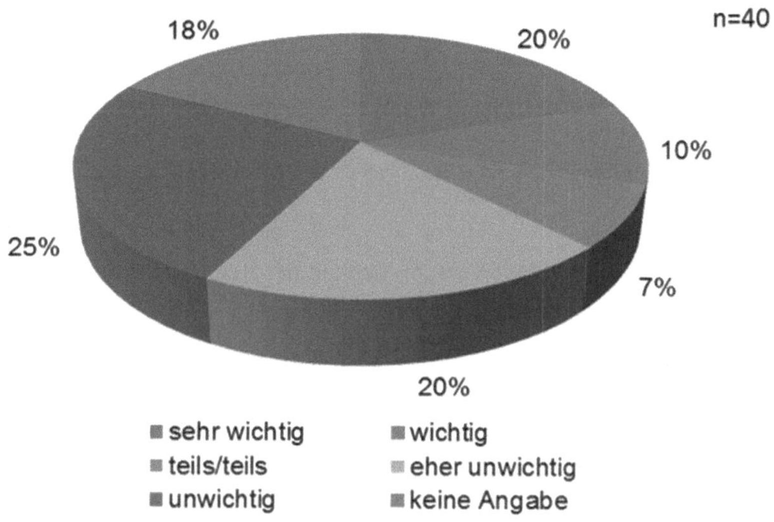

5.4 Zentrale Ergebnisse der leitfadengestützten Interviews

Zum Abschluss der empirischen Erhebungen wurden mit insgesamt elf Behörden leitfadengestützte Interviews durchgeführt. Die Behörden wurden nach Intensität der Nutzung der RED, dem Behördentyp und regionalen Aspekten ausgewählt.

Die Interviews dienten dazu, die bisherigen Erfahrungen mit der Anwendung der RED und des RED-G in ausgewählten Behörden im Detail zu erfassen, zusätzliche Informationen über die Wirksamkeit des Instruments zu gewinnen und Hinweise auf weitere im Rahmen der Evaluation zu berücksichtigende Aspekte zu erhalten. Zur groben Strukturierung der Gespräche wurde in Anlehnung an die in der Konzeptionsphase (siehe Kapitel 4.1.1.3) festgelegten Prüfkriterien ein Leitfaden entwickelt, der darüber hinaus Fragen enthielt, die sich aus den Ergebnissen der vorangegangenen Erhebungen ergeben hatten (s. Anhang).

Der Leitfaden gliederte sich damit in folgende Abschnitte:

- Allgemeines,
- Praktikabilität der Regelungen des RED-G und mögliche Anwendungsprobleme,
- Eingriffsintensität,
- Wirksamkeit der RED sowie
- Nicht-intendierte Nebenwirkungen und Optimierungsmöglichkeiten.

Die zentralen Ergebnisse der Interviews werden im Folgenden dargestellt.

5.4.1 Praktikabilität und Verständlichkeit der Regelungen des RED-G und mögliche Anwendungsprobleme

Die Verständlichkeit des RED-G a. F. wurde in den Interviews von verschiedenen Behörden unter unterschiedlichen Gesichtspunkten bemängelt. Zudem sind Probleme dadurch entstanden, dass die Polizeibehörden mit anderen Definitionen arbeiten als die Nachrichtendienste. In einigen Interviews wurden die Regelungen RED-G a. F. jedoch auch als insgesamt gut verständlich bezeichnet. Diejenigen Behörden, die auf Verständnisprobleme hinwiesen, versuchen diese über Lehrgänge, Schulungen und Hinzuziehung von Handreichungen zu lösen. Eine Polizeibehörde des Bundes gab an, diverse Auslegungsschwierigkeiten des RED-G a. F. zunächst mit der hausinternen Datenschutzstelle geklärt zu haben.

Im Folgenden werden die Einschätzungen hinsichtlich einzelner Themenbereiche dargestellt:

Relevanter Personenkreis

In Bezug auf die alte Version des RED-G bewertete ein Nachrichtendienst des Bundes § 2 Nr. 1 a) RED-G mit der Anknüpfung an § 129a StGB als gut handhabbar. Auch sei der Begriff „rechtsextremistische Gewalttat" in § 2 Nr. 1 b) RED-G a. F. nach Ansicht derselben Behörde gut zu handhaben, weil er mit einem konkreten Tatbestand verknüpfbar sei. Hingegen habe zu § 2 Nr. 2 RED-G a. F. viel Klarstellungsbedarf bestanden, da das RED-G an dieser Stelle sehr unklar sei. Eine Landesverfassungsschutzbehörde wies darauf hin, dass hinsichtlich der Bestimmung des relevanten Personenkreises ein Problem darin bestand, dass beim Verfassungsschutzverbund ein deutlich weiter gefasster Gewaltbegriff verwendet werde als bei der RED. Im Verfassungsschutzverbund sei der Begriff der Gewalt „weicher" gefasst (Habitus etc.), weil die rechte Szene sehr konspirativ sei. Nur bei Gewaltstraftätern sei die Rechtslage für eine Speicherung eindeutig gewesen, darüber hinaus habe es Unsicherheit hinsichtlich des Ermessensspielraums gegeben. Nach Ansicht der entsprechenden Landesverfassungsschutzbehörde sei die Schwelle für eine Speicherung in der RED damit wesentlich höher als für eine Speicherung in NADIS, was auch darin begründet gesehen wurde, dass auf die RED wesentlich mehr Personen Zugriff haben. Auch die Vorgabe, dass Personen nur aufgrund rechtsextremistischer Gewalt gespeichert werden dürften, wurde von einem LfV als eng bewertet, da viele Rechtsextreme z. B. in der Familie äußerst gewaltbereit sein könnten, aber nicht im entsprechenden Phänomenbereich. Diese Personen könnten nach dem RED-G nicht gespeichert werden, weil die rechtsextremistische Gewaltbereitschaft, die die Voraussetzung für eine Speicherung sei, nicht nachgewiesen werden könne. Ein LKA merkte an, dass es oft fraglich sei, ob eine Gewalttat einen rechtsextremistischen Bezug habe. In dieser Abgrenzung gebe es Unterschiede zwischen den Bundesländern. Aufgrund dieser Unsicherheiten gab dasselbe LKA an, nur *Verurteilte* in der Datei zu speichern, bei denen klar sei, dass ein rechtsextremistischer Gewaltbezug bestehe.

Auch nach Ansicht einer Polizeibehörde des Bundes könne mit dem derzeit im RED-G verwendeten Gewaltbegriff nicht das gesamte relevante Personenpotential erfasst werden. Nur bei einem Viertel der gefährderrelevanten Personen werde die Schwelle zur Speicherung erreicht, bei Dreiviertel hingegen nicht. Die entsprechenden Personen seien damit in INPOL-Fall gespeichert, aber nicht in der RED. Dabei handele es sich um Personen, die bei dieser Behörde im Fokus ständen, nämlich Gefährder, die Gewalttaten begehen wollten, sowie deren Kontaktpersonen. Diese Einschränkungen würden zu einer geringeren Akzeptanz der RED führen.

Sowohl von polizeilicher als auch nachrichtendienstlicher Seite wurde also beklagt, dass der relevante Personenkreis mit der derzeitigen Ausgestaltung der RED nicht vollständig abgebildet werden kann bzw. nicht die Personen erfasst werden können, die für den jeweils anderen Behördentyp u. U. gerade interessant wären (weil in dessen Amtsdatei u. U. keine Angaben zu den entsprechenden Personen vorliegen).

Auch hinsichtlich weiterer Begrifflichkeiten wurde von einigen Behörden auf Unklarheiten hingewiesen, die zu einer Verunsicherung bezüglich des zu speichernden Personenspektrums führten: Von einem LKA wurde angemerkt, dass es schwierig zu differenzieren sei, wer Teilnehmer einer Straftat sei. Auch wenn dies im StGB geregelt sei, wurde es im Kontext des RED-G als schwierig bewertet und das Fehlen einer Erklärung zum Gesetz moniert. Auch hätte der Begriff der „Gefährlichkeit“ nach Aussage eines LKA zunächst mit der polizeilichen Definition in Einklang gebracht werden müssen.

Zudem führe der Beschuldigtenstatus nach Ansicht eines Nachrichtendienstes des Bundes zu einer gewissen Unsicherheit, da er sehr unbeständig sei und dementsprechend eigentlich alle zwei bis drei Monate kontrolliert werden müsste. Eine Polizeibehörde des Bundes merkte an, dass es gerade anfänglich Auslegungsschwierigkeiten gab und in Bezug auf den Kreis der Beschuldigten nicht klar war, ob es sich um aktuell Beschuldigte oder um überhaupt Beschuldigte handeln sollte.

Als schwierig wurde von einem Nachrichtendienst des Bundes darüber hinaus § 2 Nr. 2 RED-G erachtet, da es sich um sehr „ausfüllungsbedürftige“ Begriffe handele. In einem konkreten Fall hätten Hinweise auf Waffen vorgelegen, die aber nicht aufgefunden worden seien. Folglich sei es nicht möglich gewesen, die Person im Gefährdungssachverhalt in der RED zu speichern. Hier solle das Gesetz so umformuliert werden, dass bereits Hinweise auf Waffen für eine Erfassung in der RED ausreichten.

Die Unsicherheit über den zu speichernden Personenkreis habe nach Aussagen einiger Behörden dazu geführt, dass zunächst sehr großzügig Personen in der RED gespeichert worden seien, ohne die Gewissheit, dass die Rechtsgrundlage für eine Speicherung tatsächlich gegeben war. Von einem LfV wurde angemerkt, dass der Aufwand, aus dem Personenkreis der Amtsdatei diejenigen herauszufiltern, die für die RED relevant seien, immens sei. Von Seiten einer Polizeibehörde des Bundes wurde angemerkt, dass das RED-G sich in seiner Ausgestaltung stark von den Gesetzen unterscheide, mit denen Polizeibehörden auf Bundes- und Landesebene normalerweise arbeiten würden (z. B. StPO) und dadurch die Arbeit erschwert und die Akzeptanz verringert würde.

Dolose vs. undolose Kontaktpersonen

Unter der alten Version des RED-G sei nach Behördenangaben auch die Unterscheidung zwischen dolosen und undolosen Kontaktpersonen schwierig gewesen, da man sich die Definition aus mehreren Paragrafen hätte zusammenstellen müssen. Auch hätte eine Verfassungsschutzbehörde auf

Bundesebene eine andere Auslegung vorgenommen als die Polizeibehörden. Nach der Novellierung sei dieses Problem allerdings hinfällig geworden.

Objekte

Nach Aussagen einer Bundesbehörde habe es auch Schwierigkeiten bei der Abgrenzung des Begriffs „besuchte Orte“ von der „Adresse“ gegeben, da dadurch der Eindruck entstanden sei, dass es sich bei einer Wohnanschrift auch um einen „besuchten Ort“ handele.

Darüber hinaus sei § 3 Abs. 1 Nr. 2 RED-G a. F. so formuliert, als ob die dort genannten Objekte auch isoliert vorkämen. Dadurch ergab sich bei einem Nachrichtendienst des Bundes hinsichtlich der Datenhaltung ein Problem, weil diese Informationen dort immer nur in Beziehung zu einer Person auftraten. Technisch war dadurch nicht einfach eine Übernahme möglich.

Fehlender Referenzzeitpunkt

Nach Aussage eines Nachrichtendienstes des Bundes bestehe bei der Einstellung von Daten bereits das Problem, dass der Referenzzeitpunkt nicht eindeutig geregelt sei. Es gebe keine Regelung dazu, wie alt die Erkenntnisse sein dürften, die in die RED gespeichert werden. Nach Ansicht des Nachrichtendienstes des Bundes müssten diese entscheidenden datenschutzrechtlichen Fragen im RED-G explizit geregelt werden (siehe Kapitel 5.4.3).

Löschfristen

Neben dem fehlenden Referenzzeitpunkt wurde darauf hingewiesen, dass im RED-G a. F. keine eigenen Löschfristen zu finden seien (siehe Kapitel 5.4.3). Darüber hinaus erfolge in der RED technisch keine automatisierte Überprüfung der Löschfristen. Es könne damit sein, dass eine Person noch in der Quelldatei gespeichert sei, die Grundlagen für eine Speicherung in der RED aber nicht mehr vorlägen. Es wurde deswegen der Wunsch geäußert, die Löschfristen direkt in das RED-G aufzunehmen, um eine bessere gesetzliche Wirkung zu erzielen. Außerdem wurde auch eine technische Sicherstellung der Überprüfung der Löschfristen als existentiell erachtet, die in der Datei selbst installiert werden sollte, da sich die Quellsysteme ändern könnten und die Fristen für die RED in der Regeln kürzer seien als z. B. für NADIS.

Redundante Speicherungen

Darüber hinaus gaben einige Behörden an, dass sie zunächst häufig Informationen gespeichert hätten, die ursprünglich von anderen Behörden stammten und nicht auf eigenen Erkenntnissen beruhten, da es hierzu keine klaren Vorgaben gegeben hätte. Dies habe zu vielen Redundanzen in der RED geführt, die das Arbeiten mit der Datei unübersichtlicher gemachten hätten. Nach Angaben eines Nachrichtendienstes des Bundes wurde dieses Problem jedoch auf einer Tagung der an der RED beteiligten Behörden im Mai 2014 thematisiert und vereinbart, dass eine Reduktion des Datenbestandes auf Personen erfolgen sollte, die aufgrund originärer Erkenntnisse der jeweiligen Behörden in der Datei gespeichert seien. Ein Spezialfall liege vor, wenn die erste Erkenntnis zu einer Person von einer Behörde gewonnen worden sei und eine andere Behörde darüber hinaus über ergänzende Informationen verfüge; diese würden dann weiterhin gespeichert. Bei der ATD werde es genauso gehandhabt, dass jede Behörde nur ihre eigenen Erkenntnisse speichere. In den Interviews gab jedoch ein LfV an, weiterhin Daten anderer Behörden zu speichern. Ein weiteres LfV kritisierte den Umstand, dass immer noch viele Behörden Informationen speichern würden, die sie zuvor von einer anderen Behörde erhalten hätten. Von zwei Verfassungsschutzbehörden wurde in dieser Hinsicht angemerkt, dass hierfür eine klare gesetzliche Regelung fehle.

Speicherung von G 10-Daten

Bei einigen Behörden bestanden ebenfalls Unsicherheiten im Umgang mit der Speicherung von G 10-Daten. Ein LfV gab an, dass anfänglich das Bestreben bestanden hätte, sehr umfangreich zu speichern, schließlich jedoch G 10-Daten herausgelassen worden seien, wenn noch keine Mitteilung erfolgt war, damit die betroffene Person nicht womöglich über ein Auskunftsersuchen zur Speicherung in der RED vorfristig von einer G 10-Maßnahme erfahre. G 10-Daten wurden bei dem entsprechenden LfV auch nicht verdeckt gespeichert, da Unsicherheiten mit Blick auf das korrekte Vorgehen bestanden. Ein LKA gab an, Daten aus G 10-Maßnahmen nur im Freitextfeld der RED kennzeichnen zu können, da das System des LKA veraltet sei. Dies habe bei einem großen Vorfall, infolgedessen G 10-Maßnahmen durchgeführt wurden, zu Problemen geführt.

Bewertung der mit § 7 RED-G geschaffenen Möglichkeiten

Neben einer allgemeinen Bewertung der Praktikabilität und Verständlichkeit des RED-G wurden die InterviewpartnerInnen nach einer detaillierten

Bewertung der mit § 7 RED-G a. F. geschaffenen Möglichkeit zur erweiterten Datennutzung befragt. Im Gegensatz zur entsprechenden Abfrage in der teilstandardisierten Erhebung, die ein breites Bild der Einschätzung einer größeren Stichprobe liefern sollte, konnten mögliche Vor- und Nachteile der Regelung sowie Optimierungsmöglichkeiten zu § 7 RED-G a. F. in den Interviews vertieft diskutiert werden.

Bis auf eine Landespolizeibehörde bewerteten alle interviewten Behörden den Nutzen der mit § 7 RED-G a. F. geschaffenen Möglichkeiten in den Interviews als gering bis nicht vorhanden, auch wenn die Idee dahinter als prinzipiell sinnvoll bewertet wurde. Der geringe praktische Nutzen des § 7 RED-G a. F. wurde v. a. mit der unzureichenden Datenbasis der Datei begründet. Die Datei werde derzeit primär als „Indexdatei" genutzt, über die geprüft werde, ob Informationen bei einer anderen Behörde vorlägen und dann ggf. über andere Kommunikationsmittel Kontakt aufgenommen werde.

Nach Aussagen mehrerer Verfassungsschutzbehörden liege in der RED nur ein Ausschnitt der Personen vor, die in NADIS gespeichert seien. Mögliche Auswertungen in der RED würden damit als nicht profund betrachtet. Über NADIS hätten die Behörden des Verfassungsschutzverbundes Zugriff auf alle mit Bezug zu Rechtsextremismus gespeicherten Personen für alle Bundesländer. Da die RED nur einen Extrakt aus NADIS darstelle, die Hürden für eine Nutzung des § 7 RED-G aber sehr hoch lägen, werde die erweiterte Datennutzung von Seiten der Verfassungsschutzbehörden als problematisch gesehen.

Auch von Seiten der Polizeibehörden wurde auf den Charakter der RED als Indexdatei verwiesen. Die mit § 7 RED-G geschaffene Möglichkeit zur erweiterten Datennutzung wurde von den Polizeibehörden ebenfalls aus dem Grund kritisch bewertet, dass die Datei nicht das vollständige Personenspektrum enthalte. Nach Ansicht einer Polizeibehörde des Bundes sei kein Projekt für eine Nutzung des § 7 RED-G vorstellbar, das von bundesweiter Bedeutung und mit diesem Datensatz zu beantworten wäre. Vermutlich habe man die inhaltlichen Anforderungen des § 7 RED-G nicht richtig eingeschätzt (Falldatei vs. Indexdatei).

Von einem LKA und einer Polizeibehörde des Bundes wurde insbesondere betont, dass eine Nutzung des § 7 RED-G mit dem Datenkranz nach der Novellierung des RED-G erst Recht nicht mehr in Frage komme. Mit der Novellierung sei § 7 RED-G wirkungslos geworden, da verdeckte Daten nicht mehr verwendet werden dürften – mit der gleichzeitig eingeführten Verpflichtung, weitere Daten verdeckt einzustellen. So seien gemäß § 4

Abs. 3 RED-G n. F. Daten, die aus einem bestimmten Katalog von Eingriffen in Art. 10 Abs. 1 oder Art. 13 Abs. 1 GG herrühren, nun ausschließlich verdeckt oder beschränkt zu speichern. Die Entscheidung über eine verdeckte Einstellung von Daten erfolge individuell, z. B. aus ermittlungstaktischen Gründen. Damit bestehe keine Möglichkeit mehr, die Datenbasis sicher zu bestimmen, auf der die jeweiligen Auswertungen durchgeführt würden. Laut einer Polizeibehörde des Bundes sollten dementsprechend auch keine weiteren Ressourcen in die technische Umsetzung investiert werden, da sich § 7 RED-G und § 4 Abs. 3 RED-G nach der Novellierung ausschließen würden. Gemeinsame Projekte würden eher über andere Wege realisiert (z. B. über das GETZ).

Die meisten Behörden unterstützten aber die *Zielsetzung* des § 7 RED-G. Von einem LKA wurde darauf hingewiesen, dass eine weitergehende Zusammenführung der Daten von Polizei und Nachrichtendiensten wünschenswert wäre, damit entsprechende Projekte vorstellbar würden. Zudem machte dieselbe Behörde den Vorschlag, die Dateien zentral an die Gemeinsamen Zentren anzubinden, um z. B. dort das aufzufangen, was § 7 RED-G nicht leisten könne.

Unterschiedliche zusätzliche Handreichungen in einzelnen Behörden

Aufgrund der mit dem RED-G verbundenen Unklarheiten wurden in einigen Behörden eigene Vorgaben zur Arbeit mit der RED entwickelt.

Von einem Nachrichtendienst des Bundes wurde eine Handreichung erarbeitet, die zum Teil auch von den Landesverfassungsschutzbehörden für deren tägliche Arbeit mit der RED genutzt werde. Die Behörde entwickele die Handreichung kontinuierlich weiter, so dass bei Gesetzesänderungen Ergänzungsblätter erstellt würden, die über das Intranet abgerufen werden könnten. Hinsichtlich der in Bezug auf das RED-G bestehenden Auslegungsunsicherheiten wurde aber auch diese Handreichung in einem Interview als noch nicht ausreichend bezeichnet. Von einem LfV wurde darüber hinaus darauf hingewiesen, dass die Handreichung sehr lang und dadurch nicht leicht zu erschließen sei. Darüber hinaus würden in einigen der befragten LfV hausinterne Vorgaben zur Nutzung der RED (z. B. zur verdeckten Speicherung von G 10-Daten) existieren.

Nach Ansicht eines Nachrichtendienstes des Bundes sei das RED-G auch nach der Novellierung hochkomplex und für MitarbeiterInnen schwer verständlich bzw. vermittelbar, wodurch die Akzeptanz verringert werde.

Für eine Polizeibehörde des Bundes existierte eine weitere RED-Nutzungskonzeption, die in der Vorbereitungsphase der RED zwischen April und September 2012 entwickelt wurde. Diese Handreichung solle eine einheitliche Nutzung der Datei gewährleisten. Darin wurde u. a. festgelegt, dass alle Daten offen gespeichert werden sollen.

Des Weiteren existierte eine Handlungsanweisung einer weiteren Polizeibehörde des Bundes zur RED, die auch anderen Behörden im Rahmen der ATD-/RED-BLAG zur Verfügung gestellt und im Wesentlichen von der ATD übernommen wurde. Darüber hinaus gab es von dieser Behörde eigens konzipierte Formulare für verschiedene Arten von Abfragen (Eilfallfreischaltung, verdeckter Treffer etc.), die auch anderen Behörden zur Verfügung gestellt wurden. Von den LKÄ wurden als weitere Richtlinien für die Arbeit mit der RED die Errichtungsanordnung, die Protokolle der ATD-/RED-BLAG, selbst erstellte Handreichungen bzw. Fachkonzepte und spezifische hauseigene Dienstanweisungen (z. B. für Anfragen in der RED außerhalb der Regeldienstzeit) genannt. Ein LKA gab darüber hinaus an, das von allen Behörden gemeinsam erarbeitete Lastenheft zu § 7 RED-G zu verwenden.

In den Interviews wurde wiederholt darauf hingewiesen, dass vor allem zum Start der RED zahlreiche Unsicherheiten hinsichtlich der Auslegung des RED-G und des korrekten Umgangs mit der Datei bestanden hätten. Darauf deuteten auch die diversen Handreichungen hin, die z. T. parallel vor Inbetriebnahme der Datei erstellt wurden. In den Interviews wurde allerdings angemerkt, dass trotz ergänzender Handreichungen immer noch Unsicherheiten und Klarstellungsbedarf bestünden. Es wurde u. a. angeregt, eine eigene AG zur Entwicklung eines Lastenhefts zum Betrieb der RED zu gründen. Zudem wurde eine detailliertere Interpretationshilfe zum RED-G gefordert, die bei der Anwendung der gesetzlichen Regelungen unterstützend herangezogen werden könnte.

5.4.2 Technische Bewertung/Praktikabilität

Die technische Ausgestaltung der RED wurde von den interviewten Behörden sehr unterschiedlich bewertet. Während mehrere Behörden mit der technischen Ausgestaltung grundsätzlich zufrieden waren und die RED als anwenderfreundlich einstuften, wurden von anderen Behörden zahlreiche Aspekte kritisiert.

Allgemeines

Die technische Ausgestaltung der RED wurde von einem Nachrichtendienst des Bundes sehr kritisch bewertet. Moniert wurden vor allem die fehlende

Benutzerführung sowie die stark veraltete Online-Hilfe zur Datei. Von einem LfV wurde die grundsätzliche Oberfläche, die Struktur und der Aufbau der RED kritisiert. In Bezug auf den Aufbau gehöre das Arbeiten mit Dubletten zu einem Grundprinzip der Datei, welches grundsätzlich geändert werden sollte. Die grafische Oberfläche entspreche nicht dem Stand der Technik von 2015 (z. B. gebe es zu viele Felder, die sich bei Suchanfragen öffnen würden). In einigen Interviews mit Verfassungsschutzbehörden wurde die RED mit NADIS verglichen, das als wesentlich ergonomischer bewertet wurde.

Auf Seiten der Polizeibehörden wurden von einer Polizeibehörde des Bundes Bedenken hinsichtlich der technischen Ausgestaltung der RED geäußert, da es sich um ein VS-System handele, das nicht mit anderen Systemen gekoppelt werden könne. Dies habe man gelöst, indem die entsprechenden Rechner im Büro der Datenkräfte aufgestellt worden seien. Ein LKA gab an, dass der Austausch zwischen Polizei und Nachrichtendiensten in der RED durch eine Kommunikationsmöglichkeit im System verbessert werden könnte, die über die Generierung von Anfrageemails hinausgehe. Des Weiteren wurde es als wünschenswert angesehen, dass auch Daten und Informationen übermittelt werden könnten, die über die erweiterten Grunddaten hinausgehen. Ein weiteres LKA gab an, dass man mit der technischen Ausgestaltung der RED zufrieden sei, da die Bedienung ähnlich wie bei INPOL-Fall sei.

Speicher-/Abfrageverhalten in der RED

Die ausgewählten Behörden wurden in den Interviews auch zu ihrem Speicher- bzw. Abfrageverhalten in der RED befragt. Insgesamt wiesen die Aussagen in den Interviews darauf hin, dass viele Behörden die RED in erster Linie zur Speicherung und seltener zur Abfrage von Daten nutzten.

Da das Speicher- und Abfrageverhalten über die Protokolldaten bereits umfassender dargestellt wurde, soll hier nur kurz auf Besonderheiten eingegangen werden.

a) Speicherverhalten

Ein LKA gab an, dass bei ihm keine kontinuierliche Speicherung erfolge, da die einzelnen Staatsschutzstellen ihrer Verpflichtung zur kontinuierlichen Übermittlung von Informationen nicht in ausreichendem Maße nachkämen. Ein LfV wies darauf hin, dass die letzte Befüllungsstufe noch nicht komplett abgeschlossen sei, da noch Klärungsbedarf mit dem BKA bestehe.

Als Problem bei der RED wurde von einem LfV außerdem benannt, dass man nachhalten müsse, warum eine Person in der RED gespeichert sei. Bei NADIS sei dies leichter nachvollziehbar, da die Ursprungsakte immer angehängt werde.

Eine Polizeibehörde des Bundes gab außerdem an, dass es ihr bisher nicht möglich gewesen sei, Bilder, Haftbefehle etc. als Anhänge in der RED einzugeben.

Von einer Polizeibehörde des Bundes wurde das Datenmapping in der RED, d. h. welches Datenfeld aus der Quelldatei welchem Datenfeld in der Zieldatei zuzuordnen ist, als z. T. anspruchsvoll beschrieben. Falls die Datei als reines Kontaktanbahnungsinstrument fungieren sollte, könnte man nach Ansicht der Behörde auf einige Felder verzichten. Ein LKA gab an, dass nach der Übermittlung der Daten aus der Quelldatei immer eine Kontrolle notwendig sei, um zu prüfen, ob der Datensatz in der RED auch so angekommen sei, wie er markiert wurde.

Nach Ansicht einer Polizeibehörde des Bundes sei die händische Eingabe in die Datei unproblematischer als über die Schnittstelle, da Fehler eher als bei der automatisierten Übertragung festgestellt werden könnten. Z. B. werde bei der automatischen Übertragung, wenn zu einer Person mehrere Vorgänge anhängig seien, oftmals ein falsches Speicher-/Ablaufdatum angegeben. D. h. es werde das Datum vom erstmöglichen Vorgang genommen, aber nicht mehr verändert. Es handele sich dabei um ein technisches Problem, wodurch z. T. noch Vorgänge mit einem Ablaufdatum aus dem Jahr 2012 in der Datei enthalten seien.

b) Suchanfragen

Zurzeit müsse man bei Recherchen häufig Mehrfachsuchen durchführen, um eine gesuchte Information zu finden, da die einzelnen Informationen in der RED zu wenig miteinander verknüpft seien. So gebe es z. B. sieben verschiedene Felder, wo Adressen abgelegt sein könnten und keine Möglichkeit, diese mit einem Mal abzufragen. Auch gebe es drei verschiedene Felder für Namen. Bei einer Person sei die Abfrage mit einem Mal möglich, beim Alias hingegen nicht. Dadurch seien Probleme bei der Auswertung entstanden.

Darüber hinaus wurde es als problematisch erachtet, dass man nach der Novellierung die Kontaktperson zu einer Person nicht mehr direkt erhalte, da die Kontaktpersonen oft interessanter als die Hauptpersonen seien.

Von einem Nachrichtendienst des Bundes wurde kritisiert, dass bei der Abfrage von Daten nicht genug Zeichen in das Feld für die Abfrage eingegeben werden könnten.

c) Anmeldung im System

Wiederholt moniert wurde der automatische Log-out nach zehn- bis fünfzehnminütiger Inaktivität. Mit dem automatischen Log-out werde darüber hinaus nur das Hauptfenster geschlossen, die Sekundärfenster blieben weiter geöffnet.

Auch die Notwendigkeit, das Passwort in relativ kurzen Abständen zu ändern, wurde kritisiert, da es häufig vorkomme, dass Personal eine Zeit lang abwesend sei. Die Anforderungen seien nach Aussagen einer Verfassungsschutzbehörde in dieser Hinsicht höher als bei NADIS.

d) Zusätzliche Funktionen

Auch bei dem *Feld „Dringlichkeit"* wurden Probleme gesehen, da bei einer Markierung des Feldes die Anfrage organisatorisch so festgelegt sei, dass eine Antwort auch am Wochenende erfolgen müsse. Nach den Erfahrungen eines LfV wäre es von Vorteil, wenn man eine zusätzliche Nachfrage schalten könnte, wenn eine hohe Dringlichkeit angegeben werde.

Darüber hinaus wurde es von einer Polizeibehörde des Bundes und einem LKA als wünschenswert angesehen, über die RED eine polizeiliche *Kurzvita* einer Person bzw. „Personen-Gesamtansicht" (eine Seite mit einem kompletten Überblick über eine Person) zu erhalten, was derzeit nicht möglich sei.

Im Zusammenhang mit der *Benachrichtigungsfunktion* wurde angemerkt, dass man nicht immer erkennen könne, aus welchem System die Benachrichtigungen stammten (Schulungssystem, Testsystem, normales System). Ein Nachrichtendienst des Bundes schilderte einen Fall, bei dem an einem Freitagnachmittag Eilanfragen eingegangen seien, so dass MitarbeiterInnen in den Dienst hätten zurückgerufen werden müssen. Später habe sich herausgestellt, dass die Meldungen aus der Warteschleife des Schulungssystems stammten.

Ein Nachrichtendienst des Bundes merkte darüber hinaus an, dass es in der RED keine Möglichkeit zu einer *statistischen Auswertung* gebe. Z. B. könne man in der RED nicht abfragen, welche und wie viele Personen in einem bestimmten Bundesland erfasst seien. Die Akzeptanz und Nutzungsfrequenz der RED wäre deutlich höher, wenn die RED in dieser Hinsicht über ähnliche Funktionen wie NADIS verfügen würde.

e) Dubletten

Als nachteilig wurden die in der RED vorhandenen Dubletten angesehen, wodurch die Datei künstlich an Umfang gewinne. Nach Angaben eines

LKA sei das Problem bei den Dubletten, dass die gleiche Person in verschiedenen Ländern unterschiedliche Taten begangen haben könne. Sie müsse dann von jedem Land eingestellt werden, da dies gesetzlich so vorgesehen sei. Es sei datenschutzrechtlich gewollt, dass jedes Land die Person in der Datei speichere. Eine andere Landesbehörde gab zu Bedenken, dass meist mehr als eine Person Speicherungen vornehme, so dass es bei der Speicherung der identischen Person zu Abweichungen z. B. in der Schreibweise kommen könne (z. B. bei der Speicherung von Umlauten, Doppelnamen mit oder ohne Bindestrich etc.). Vor allem bei Kontaktpersonen komme es häufig zu redundanten Speicherungen. Hier müsse ein nicht unerheblicher Aufwand betrieben werden, um in letzter Instanz sicher sein zu können, dass es sich um dieselbe Person handele. Wenn eine Person mehrfach bzw. identisch im System vorliege, könne ein Marker angebracht und die identischen Personen zusammengeführt werden. Nach Angaben eines LfV hätten die Dubletten seit Beginn der Datei bereits stark nachgelassen. Ein anderes LfV kritisierte, dass die Arbeit mit Dubletten zum Grundprinzip der Datei gehöre und die Arbeit mit der Datei dadurch sehr unübersichtlich werde. Es wurde entsprechend der Wunsch geäußert, die Datei so auszugestalten, dass es keine Dubletten, sondern nur Zuspeicherung gebe und die Objekte stärker miteinander verknüpft würden.

f) <u>Datenfelder</u>

Von einer interviewten Polizeibehörde wurde die Ansicht vertreten, dass es in der RED zu viele Felder gebe. Da die RED nur als Indexdatei fungiere und die Abfragen nur über Vor- und Nachnamen möglich seien, sollte der Felderbestand reduziert werden.

Ein weiteres Problem sei, dass in der RED keine Ereignisse (z. B. die Beteiligung an einer Demonstration) erfasst würden, da dies die Einschätzung einer Person wesentlich erleichtern würde. Auch gebe es Ereignisse nicht als einzelne Hauptobjekte, sodass man danach nicht gezielt suchen könne.

g) <u>Individuelle Kontaktaufnahmen/Zusammenarbeit mit anderen Behörden außerhalb der RED</u>

Eine Polizeibehörde des Bundes gab an, dass ein wöchentlicher Austausch mit einigen LKÄ erfolge. Außerdem gebe es einen Austausch mit den Dienststellen vor Ort („Sachbearbeitereinsatzauswertung“), wo geklärt werde, ob Vorgaben zu bestimmten Vorgängen zu erstellen seien bzw. entfallen könnten. Der Kontakt mit den LfV im eigenen Gebiet wurde hingegen als noch verbesserungsbedürftig gesehen: Bei dem Versuch, Vorgänge zu übersenden, habe es keine Rückmeldung gegeben. Der Kontakt mit den LfV könne jedoch über die Gemeinsamen Zentren hergestellt werden.

Zudem wies ein LfV darauf hin, dass es sehr häufig zu individuellen Kontaktaufnahmen komme. Darüber hinaus fänden wöchentliche Treffen statt, in deren Rahmen v. a. aufgrund einschlägiger Übermittlungsvorschriften ein Wissensaustausch zu Personen erfolge, die sehr konspirativ arbeiten würden und damit nach Schätzung des LfV zu max. fünf bis zehn Prozent in der RED gespeichert seien. Diese Zusammenarbeit habe schon vor der RED bestanden, sei allerdings durch die RED intensiviert worden, da man einen Austausch zwischen Nachrichtendiensten und Polizei (im Rahmen der Übermittlungsvorschriften) nun als legitim empfinde.

5.4.3 Eingriffsintensität/Datenschutz

In den Interviews wurden die Behörden nach ihren Erfahrungen mit der Übermittlung erweiterter Grunddaten gefragt. Darüber sollte u. a. geklärt werden, wer in der Behörde für die Entscheidung über die Freischaltung verantwortlich ist, ob erweiterte Grunddaten in der Regel freigeschaltet werden, welche Gründe für eine Verweigerung der Übermittlung bestehen könnten und warum innerhalb der Datei bisher insgesamt auffällig wenige Anfragen auf Übermittlung erweiterter Grunddaten gestellt wurden. Die Behörden wurden darüber hinaus gebeten zu erklären, wie sie die Zulässigkeit der Eingabe bzw. Abfrage von Daten in der RED sicherstellen. Zudem wurden sie nach ihrer subjektiven Einschätzung der datenschutzrechtlichen Vorgaben befragt.

Entscheidung über Freischaltung

Die Entscheidung über die Freischaltung der erweiterten Grunddaten erfolgte bei den interviewten Behörden auf unterschiedlichen Ebenen. Während einige Behörden (sowohl Landesbehörden als auch eine Bundesbehörde) angaben, dass die Entscheidung direkt auf Ebene der Sachbearbeiter getroffen werde, erklärte ein LKA, dass über die Übermittlung erweiterter Grunddaten die Leitungsebene (z. B. der Dezernatsleiter oder der Abteilungsleiter Staatsschutz) entscheide. Bei manchen Behörden konnte keine Aussage darüber getroffen werden, wer eine entsprechende Entscheidung treffen würde, da es bisher noch keinen Fall gegeben habe und noch keine hausinternen Vorgaben dazu vorlägen.

a) Häufigkeit der Anfrage/Freischaltung erweiterter Grunddaten und Gründe für die Verweigerung der Übermittlung

Ein LKA gab an, dass eine Anfrage auf Freischaltung erweiterter Grunddaten inzwischen nur erfolge, um Personen eindeutig zu identifizieren. Vor der Novellierung des RED-G sei es ca. einmal im Monat vorgekommen, dass Anfragen auf Freischaltung gestellt wurden, sowohl von der Polizei als auch von Nachrichtendiensten. Seit der Novellierung sei dies allerdings nicht mehr vorgekommen. Das LKA habe die angefragten erweiterten Grunddaten bisher immer freigeschaltet. Umgekehrt sei die Freischaltung von Daten dem LKA aber schon von einem Nachrichtendienst – vermutlich wegen Quellenschutz – verweigert worden. Ein weiteres LKA gab an, bisher zwei Ersuchen zur Übermittlung erweiterter Grunddaten erhalten zu haben. In einem Fall seien daraufhin die Daten übermittelt worden. In einem anderen Fall sei die Übermittlung verweigert worden, da die Anfrage nicht spezifisch genug gewesen sei. Das entsprechende LKA habe bisher auch selbst zwei Erkenntnisanfragen gestellt. Dabei schilderte es sein Vorgehen so, dass es erst dann nach erweiterten Grunddaten frage, wenn drei „harte" Treffer (Name, Vorname, Geburtsdatum oder Wohnort) vorlägen und damit die Wahrscheinlichkeit hoch sei, dass es sich tatsächlich um die von dem LKA gesuchte Person handele. Ein weiteres LKA gab an, 16 Anfragen zu erweiterten Grunddaten erhalten zu haben, wobei es meist um die Klärung von Identitäten gegangen sei. Die Anfragen seien dabei größtenteils telefonisch erfolgt. Laut einer Polizeibehörde des Bundes gebe es wenige Rückläufe, d. h. ca. einen Treffer pro Monat.

Ein Nachrichtendienst des Bundes habe bisher insgesamt drei Anfragen zur Übermittlung erweiterter Grunddaten erhalten. Fünfzehn Anfragen zur Freischaltung erweiterter Grunddaten seien selbst gestellt worden. Bisher sei keine Anfrage abgelehnt worden. Allerdings seien eigene Anfragen zur Übermittlung erweiterter Grunddaten von anderen Behörden abgelehnt worden. Eine Nachfrage nach dem Ablehnungsgrund sei über die RED nicht möglich, da das entsprechende Feld nicht über eine ausreichende Anzahl von Zeichen verfüge. Ein LfV gab an, bisher vier bis fünf Anfragen auf Freischaltung von erweiterten Grunddaten (meistens von Polizeibehörden) erhalten zu haben, denen jeweils stattgegeben worden sei. Ein LfV nannte als Grund für die Verweigerung der Übermittlung den Quellenschutz.

Die übrigen interviewten Behörden konnten keine genauen Aussagen treffen, bzw. haben noch keine Anfragen zur Freischaltung erhalten/gestellt.

b) Gründe für die geringe Anzahl von Anfragen zur Freischaltung erweiterter Grunddaten

Als Gründe für die geringe Anzahl von Anfragen zur Freischaltung erweiterter Grunddaten wurden von den interviewten Behörden das Vorhandensein anderer Instrumente, über die man die entsprechenden Informationen erhalten könne (z. B. INPOL-Fall, NADIS, GETZ, KTA-Meldungen, besondere Aufbauorganisation) eine direkte Kontaktaufnahme (z. B. per Telefon), Akzeptanzprobleme der RED und ein regelmäßiger direkter Austausch zwischen LKA und LfV auf Landesebene genannt. Die RED wurde entsprechend als „Doppelung" bzw. „Rückfallposition" bezeichnet. Darüber hinaus wies ein LfV darauf hin, dass die Freischaltung erweiterter Grunddaten meist mit einem Tag Verzögerung erfolge und das Ergebnis meist von geringem Nutzen sei, da es sich häufig auch um Dubletten handele. Es sei in diesem Fall mit besonderem Aufwand verbunden zu erkennen, ob die Dublette über die eigenen Informationen der Behörde hinaus Erkenntnisse enthalte. Die Anfrage von erweiterten Grunddaten durch ein LfV erfolge deswegen meist nur zu Testzwecken, nur ein- bis zweimal sei man tatsächlich an einer Information interessiert gewesen. Ein LKA erklärte, dass es überhaupt nicht mit der Datei arbeite, sondern „Kriminaltaktische Anfragen in Fällen Politisch motivierter Kriminalität" nutze oder Fragen über die Gemeinsamen Zentren kläre. Eine Polizeibehörde des Bundes verwies darauf, dass erweiterte Grunddaten für sie nicht von Belang seien, da zur Identifizierung die Grunddaten ausreichen würden.

Art der Recherche/Speicherung

Eine Polizeibehörde des Bundes erklärte, dass die Recherche der Sachverhalte nach einer bestimmten Vorgehensweise erfolge: Bei Gewaltdelikten ohne zunächst erkennbaren Rechtsextremismus-Bezug werde zunächst in den anderen Informationssystemen geprüft, ob es Hinweise auf einen Zusammenhang mit Rechtsextremismus gebe. Wenn man dann zu dem Schluss komme, dass ein solcher Bezug bestehe, sei die Speicherung davon abhängig, ob von einer anderen Behörde bereits ein entsprechender Datensatz angelegt worden sei. Sei dies der Fall, würden mit dem eigenen Datensatz also lediglich Informationen zu einem schon bestehenden Datensatz ergänzt. Dies werde als „Zuspeicherung" bezeichnet. Der eigene Datensatz werde angebunden an die Laufzeit (Speicherungsdauer und Löschfrist) der ursprünglichen Behörde. In solchen Fällen werde immer auf den Ausgang des Verfahrens geachtet.

Ein LfV gab an, dass bei Speicherungen in der Behörde zwei Fälle unterschieden würden: (1) Gewaltstraftäter und (2) Nicht-Gewaltstraftäter (mit Vermerk, dass die Zulässigkeit der Speicherung zu prüfen sei bzw. geprüft worden sei).

Ein LKA gab an, Personen, die als Beschuldigte in die RED eingestellt wurden, regelmäßig zu überprüfen und ggf. wieder herauszunehmen. Für das Prüfintervall gelte die Jahresfrist für Kontakt- und Begleitpersonen.

Ein Nachrichtendienst des Bundes erklärte, dass bei der Überprüfung durch den BfDI festgestellt worden sei, dass viele Speicherungen nicht nachzuvollziehen gewesen seien. Daraufhin sei ein Vorblatt in der Akte eingeführt worden, wodurch ein schnelleres Auffinden der Gründe für eine Speicherung des Sachverhalts in der RED ermöglicht worden sei. Darüber hinaus gebe es eine anlassbezogene Prüfung der Daten.

Ein LKA gab an, dass zunächst eine erste Prüfung in der Dienststelle stattfinde, ob es sich um eine RED-relevante Straftat handele. Anschließend werde geprüft, ob die Person in die RED aufgenommen werde. Zu jeder Person, die in der RED gespeichert werde, werde ein eigenes Datenblatt angefertigt.

Nach Ansicht einer Polizeibehörde des Bundes werde die Zulässigkeit von Speicherungen dadurch sichergestellt, dass Angaben zum Speicherungsgrund gemacht werden müssten.

In einigen der interviewten Behörden erfolgte zum Zeitpunkt der Evaluierung keine automatische Löschung wegen der Löschmoratorien im Zusammenhang mit den verschiedenen parlamentarischen Untersuchungsausschüssen zum „NSU"-Komplex. Daten, die gemäß der Löschfristen schon hätten gelöscht werden müssen, wurden nach Aussage der entsprechenden Behörden – in der Regel in Absprache mit den zuständigen Datenschutzaufsichtsstellen – beibehalten.

Fristen/Schnittstelle

Zahlreiche Behörden verwiesen darauf, dass sich die Frage der Richtigkeit und Aktualität der eingespeicherten Daten innerhalb der RED nicht stelle, da die Einspeisung, ebenso wie die Löschung, über die Schnittstelle der Quellsysteme erfolge. Die Daten müssten also nur in der Quelldatei aktuell sein, in der die Lösch- und Speicherfristen vorgegeben seien und nachgehalten würden. Bei einer Polizeibehörde des Bundes erfolgte die Eingabe in die RED dagegen ausschließlich händisch. Die Möglichkeit, Personen zu speichern, sei von den Vorgangslaufzeiten im Vorgangsbearbeitungssystem mit den jeweiligen datenschutzrechtlichen Vorgaben abhängig. Zudem erklärte ein LKA, Organisationen auch händisch direkt in die RED einzugeben.

Kontrolle

Einige Behörden gaben an, die Datensätze in der RED regelmäßig zu kontrollieren und auf Aktualität zu überprüfen. Bei einer Polizeibehörde auf Bundesebene erfolge dies vierteljährlich. Eine Landesverfassungsschutzbehörde gab an, den kompletten Datenbestand wegen der Abgrenzung von dolosen und undolosen Kontaktpersonen im Evaluationszeitraum alle ein bis zwei Monate durchgearbeitet zu haben. In einem LKA erfolge einmal im Quartal eine Überprüfung der Daten in der RED, wobei eine Übersicht über die gespeicherten Daten erstellt und an den Fachbereich geschickt werde. Ein LKA gab außerdem an, nur personenbezogene A 1 – Informationen (d. h. gesicherte Informationen) zu speichern.

Als Kontrollmechanismen wurden von einer Landespolizeibehörde die Aussonderungsprüffristen genannt, die mit in die RED übertragen werden. Z. T. erfolgte in den Interviews ein Hinweis auf angelegte Vermerke mit Löschfristen und Speicherungsgrund bzw. auf die Anlage einer monatlichen Übersicht aller zu prüfenden Personen. Wenn die Schnittstelle mit IFIS funktioniere, sei keine Prüfung in der RED mehr nötig. Eine andere Landespolizeibehörde betonte allerdings, dass immer eine Kontrolle der RED notwendig sei, um zu überprüfen, ob der Datensatz in der RED auch so angekommen sei, wie er markiert worden sei.

Eine Polizeibehörde des Bundes wies allerdings darauf hin, dass bei Ländern, die im vier- bis fünfstelligen Bereich Daten erfassen, keine Prüfung möglich sei. Nur bei starken Auffälligkeiten erfolge eine Kontrolle. Allerdings gebe es ein gesondertes Qualitätssicherungsmanagement für die Schnittstelle zwischen B-CASE und der RED, mit dessen Hilfe Redundanzen (d. h. die Identität von Datensätzen) und Aussonderungsprüffristen überprüft würden. Es habe bisher aber keine Hinweise gegeben, dass Daten nicht korrekt wären.

Ein LfV verwies darauf, dass die Zulässigkeit der Abfrage, bzw. Eingabe der Daten durch die Heranziehung des Gesetzes bzw. die Schulung der MitarbeiterInnen gewährleistet werde.

Prüfung durch den Datenschutzbeauftragten/Protokollierung

Die Behörden wurden in den Interviews auch gefragt, ob bei ihnen bereits eine Prüfung durch den jeweiligen LfDI bzw. in den Bundesbehörden durch den BfDI stattgefunden habe. Insgesamt konnten nur drei Behörden von einer Kontrolle durch den BfDI bzw. LfDI berichten.

Ein Nachrichtendienst und eine Polizeibehörde des Bundes verwiesen darauf, dass bei Ihnen eine Überprüfung der RED durch den BfDI stattgefunden habe. In der Polizeibehörde des Bundes habe es im Oktober 2012 einen Kontrollbesuch durch den BfDI gegeben. Die Behörde habe bei Unklarheiten – gerade am Anfang – zudem den behördlichen Datenschutzbeauftragten mit einbezogen. Bei dem Nachrichtendienst des Bundes sei der BfDI zuletzt im Juni 2013 gewesen.

Allerdings habe es bei dem betroffenen Nachrichtendienst Probleme mit Belegstücken gegeben, bei denen es sich um G 10-Material handelte. Gemäß § 24 Abs. 2 BDSG unterliegen diese Belegstücke nicht der Kontrolle des BfDI, sofern er nicht ausdrücklich von der G 10-Kommission darum ersucht wurde. Der BfDI vertrete in dieser Hinsicht jedoch eine andere Meinung.

Ein LKA gab an, dass der zuständige LfDI schriftlich angefragt habe, wie viele Personen in der RED gespeichert seien, bisher aber keine inhaltliche Kontrolle vorgenommen habe.

Die übrigen Behörden konnten von keiner Kontaktaufnahme durch den jeweiligen LfDI berichten, verwiesen z. T. aber auf die behördeninternen Datenschutzbeauftragten.

Von einer Polizeibehörde des Bundes wurde angemerkt, dass es dort einen behördlichen Datenschutzbeauftragten gebe, der regelmäßig die RED-MitarbeiterInnen besuche und den technisch-organisatorischen Datenschutz überprüfe. Inhaltliche Datenschutzaspekte würden durch den behördlichen Datenschutzbeauftragten hingegen nicht überprüft. Ein LfV verwies ebenfalls auf den behördeneigenen Datenschutzbeauftragten, der allerdings nicht in der RED, sondern in NADIS prüfe und dort den entsprechenden Marker sehe. Bei einem LKA sei der LfDI zur Überprüfung der ATD, jedoch nicht der RED, im Haus gewesen.

Bei einigen interviewten Behörden bestand wegen des NSU-Ausschusses ein Löschmoratorium für sämtliche Daten. Die entsprechenden Daten müssten deswegen ignoriert werden, was auch von dem jeweiligen LfDI akzeptiert werde.

Eine Polizeibehörde des Bundes verwies auch auf die Protokollierung der Eingaben und Abfragen in der RED, die ebenfalls zu Datenschutzzwecken erfolge. Der IT-Sicherheitsbeauftragte überprüfe auch die Kontrollbücher für das VS-System regelmäßig.

Verdeckt gespeicherte Daten/beschränkt gespeicherte Daten

Fast alle interviewten Behörden gaben an, keine Daten verdeckt gespeichert zu haben. Lediglich eine Polizeibehörde auf Bundesebene speicherte nach eigenen Angaben ca. 10 Prozent ihrer Daten verdeckt. Bei dieser Behörde seien auch Treffer im verdeckten Bestand aufgetreten. In einem solchen Fall entscheide die Fachdienststelle der angefragten Bundesbehörde über die Übermittlung und erhalte entsprechend auch die Kontaktdaten der anfragenden Behörde. Von der Dienststelle müsse die Entscheidung über die Freischaltung, bzw. Übermittlung auf einem vorgegebenen Formular dokumentiert werden. Anfragen zur Übermittlung verdeckt gespeicherter Daten seien nach Angaben der Behörde jedoch nur einige wenige Male vorgekommen.

Ein LKA verwies darauf, dass ihm die Einstellung verdeckter Daten nur manuell möglich sei, wofür aber nicht ausreichend Personal vorhanden sei.

Die Mehrheit der befragten Behörden nutzte die Möglichkeit einer beschränkten Speicherung bislang nicht. Lediglich zwei Verfassungsschutzbehörden gaben an, auch Daten in sehr geringem Umfang beschränkt zu speichern. Dabei handele es sich um Daten, die nicht in der Amtsdatei gespeichert würden, weil sie als geheim eingestuft seien bzw. bestimmte Attribute enthielten, die wegen Quellenschutz nicht gespeichert werden dürften.

Petentenanfragen

Bürger können Auskunftsersuchen (sog. Petentenanfragen) über offen in der RED gespeicherte Daten an das BKA richten. Auskunftsersuchen über verdeckt gespeicherte Daten müssen sie an die jeweilige Fachbehörde richten (siehe Kapitel 3.1).

An die befragten **Bundesbehörden** wurden bislang insgesamt nur wenige Anfragen von Petenten mit der Bitte um Auskunftserteilung gerichtet.

Bei einem Nachrichtendienst des Bundes habe es im Untersuchungszeitraum eine niedrige einstellige Anzahl an Petentenanfragen gegeben. Die Auskunft sei erteilt und die Person anschließend gelöscht worden. Ebenfalls eine Petentenanfrage sei an eine Polizeibehörde des Bundes gerichtet worden. Auskünfte an Betroffene würden dort von der der jeweiligen Dienststelle übergeordneten Behörde erteilt, wobei die Dienststelle, von der die jeweilige Person gespeichert wurde, beteiligt werde. In einer anderen Polizeibehörde des Bundes würden Petentenanfragen nach eigenen Angaben standardmäßig bei der Datenschutzstelle eingehen. Die Entscheidung, welche Auskünfte ein Petent erhalte, erfolge in Abstimmung mit der Fachdienststelle. Eine differenzierte Statistik, die Petentenanfragen nach den angefragten Dateien unterscheide, werde dort erst seit Januar 2014 geführt. Zwischen Januar 2014 und Mai 2015 habe es bei einer Polizeibehörde des Bundes insgesamt drei Petentenanfragen gegeben.

Die Zahl der an die **Sicherheitsbehörden der Länder** gestellten Petentenanfragen bewegte sich auf einem ähnlich niedrigen Niveau wie bei den Bundesbehörden.

Ein LfV berichtete, eine Petentenanfrage zur RED erhalten zu haben. In diesem Fall sei die Auskunft wegen Quellenschutz jedoch verweigert worden.

Ein anderes LfV berichtete, zwölf Anfragen im Zusammenhang mit der RED erhalten zu haben, wobei sich die Petenten jeweils direkt an das LfV gewendet hätten. Eine Auskunft sei jedoch in keinem Fall erteilt worden.

Auch an zwei LKÄ wurde jeweils eine Petentenanfrage gerichtet. Die Vorgehensweise wurde dabei so geschildert, dass die Verwaltung des LKA zunächst die Petentenanfrage entgegengenommen, der zuständige Sachbearbeiter der Verwaltung die notwendigen Informationen zugeliefert und die Verwaltung anschließend eine entsprechende Antwort formuliert hätte. Zudem sei auch beim BKA angefragt worden, wer die Anfrage beantworten solle. In dem entsprechenden Fall sei dem Anfragenden Auskunft erteilt worden. Im Falle des anderen LKA habe sich der Petent dort direkt nach verdeckt gespeicherten Daten erkundigt.

Bei den übrigen interviewten Landesbehörden lagen bisher keine Petentenanfragen für die RED vor.

Verzicht auf andere Datenerhebungsmaßnahmen[58]

Durch die RED wurden im Untersuchungszeitraum nach Angaben der InterviewpartnerInnen keine mit Grundrechtseinschränkungen verbundenen Datenerhebungsmaßnahmen obsolet. Allerdings wurde in den Experteninterviews darauf hingewiesen, dass die RED als „Kontaktanbahnungsinstrument" genutzt werde, über die geprüft werden könne, welche Behörden die relevanten Daten besäßen und dann gezielt Kontakt aufgenommen werden könne. Dadurch werde es den Behörden erspart, großflächig alle Behörden anzuschreiben, die evtl. Daten besitzen könnten. Gleichzeitig würden durch die RED auch Behörden in Regionen/Bundesländern einbezogen, die man bei dem jeweiligen Sachverhalt sonst voraussichtlich nicht kontaktiert hätte.

58 Z. T. kam es in den Interviews zu einem Widerspruch zu den Angaben in der teilstandardisierten Erhebung.

Bei einem LfV sei es einmal vorgekommen, dass einer Polizeibehörde eine weitere Kontaktperson bekannt gewesen sei. Ein solcher Fall wurde jedoch als sehr selten eingestuft. Von einer anderen Verfassungsschutzbehörde wurde ein Fall genannt, in dem man zu einem bestimmten Personenkreis harte Daten (Körpergröße etc.) benötigt und sich durch die RED Anfragen beim Einwohnermeldeamt (EMA-Anfragen) erspart habe. Es wurde darauf verwiesen, dass z. T. auch andere Maßnahmen entfallen würden, man sie z. T. aber auch trotzdem durchführen würde.

Nach Ansicht einer Polizeibehörde des Bundes seien mit Grundrechtseinschränkungen verbundene Datenerhebungsmaßnahmen und Abfragen in der RED nicht gleichzusetzen. Während die RED nur ein erster Schritt sei, um Daten anzureichern, hätten die operativen Maßnahmen eine andere Zielrichtung.

Subjektive Bewertung der datenschutzrechtlichen Vorgaben

Mehrere Landesverfassungsschutzbehörden waren der Auffassung, dass die datenschutzrechtlichen Vorgaben für die RED zu hoch seien, um sinnvoll mit der Datei arbeiten zu können. Durch fehlende Daten werde der Wert der Datei eingeschränkt. Ein LfV regte in diesem Zusammenhang an, die Aufteilung zwischen Grunddaten und erweiterten Grunddaten aufzuheben, da die erweiterten Grunddaten nicht so schutzbedürftig seien, dass sie speziell geschützt werden müssten. Außerdem sei die Regelung „absurd“, da die erweiterten Grunddaten im Eilfall ohnehin freigeschaltet würden und auch freigeschaltet blieben. Der Betroffene könne zwar seinen Widerspruch einlegen, an der Freischaltung jedoch nichts mehr ändern.

Zudem beklagten mehrere Landespolizeibehörden, dass durch die Einstufung der RED der Arbeitsaufwand für den Umgang mit der RED höher sei als z. B. bei INPOL-Fall. So könne man INPOL-Fall leichter und schneller als die RED bedienen. Darüber hinaus würden Kontaktpersonen in INPOL-Fall z. T. länger gespeichert als in der RED.

Ein Nachrichtendienst des Bundes sah die datenschutzrechtlichen Vorgaben durch die mangelnde Bestimmtheit des RED-G a. F. beschränkt (siehe Kapitel 5.4.1): So werde kein Referenzzeitpunkt für die Speicherung genannt. Des Weiteren gebe es im Gesetz keine klaren Löschfristen, sondern nur Verweise auf die jeweiligen Fachgesetze. Auch hinsichtlich der dolosen und undolosen Kontaktpersonen wurde auf Abgrenzungsschwierigkeiten hingewiesen. Zudem müsse mit Blick auf den Nutzen der Datei auch die Frage nach der Verhältnismäßigkeit der RED gestellt werden.

Eine Landesverfassungsschutzbehörde gab an, keine Aussage über die Auswirkung der datenschutzrechtlichen Vorgaben treffen zu können, da insgesamt sehr wenig mit der RED gearbeitet worden sei.

Ein LKA wertete die datenschutzrechtlichen Vorgaben als „einfach“, da sie auf die Landesvorgaben verweisen, die gut verständlich seien. Diese Orientierung solle nach Aussage des entsprechenden LKA deswegen beibehalten werden.

5.4.4 Wirksamkeit der RED

Wie in den Interviews deutlich wurde, hat die RED ihre Hauptfunktion als Indexdatei/Fundstellennachweis/Kontaktanbahnungsinstrument. Zunächst werde geprüft, ob ein Datum in der RED vorhanden sei, und dann ggf. Kontakt zur datenbesitzenden Behörde aufgenommen.
Im Folgenden wird die Arbeitsweise mit der RED aus Sicht der befragten Behörden skizziert. Dabei werden Aussagen zu möglichen Vorteilen, Nebenwirkungen, dem Grad der Nutzung sowie Optimierungsmöglichkeiten zusammengefasst.

Arbeitsweise mit der RED und allgemeine Einschätzung der Wirksamkeit

Nach Aussagen fast aller InterviewpartnerInnen diente die RED bislang primär dazu, festzustellen, ob bestimmte Informationen bei anderen Behörden vorlägen, wobei die anschließende Kontaktaufnahme meistens auf individuellem Weg erfolge. Eine Landesverfassungsschutzbehörde gab sogar an, dass oft zunächst eine telefonische Anfrage erfolge, welche Daten es gebe, um abschätzen zu können, ob sie ggf. nützlich seien und eine formale Anfrage sinnvoll sei.

Die Wirksamkeit der RED als Instrument zur Bekämpfung des gewaltbezogenen Rechtsextremismus wurde insgesamt als eher gering bewertet. Während von praktisch allen interviewten Behörden kein direkter positiver Effekt der RED auf die Zusammenarbeit von Polizeibehörden und Nachrichtendiensten festgestellt wurde, wurden jedoch einige indirekte positive Effekte identifiziert.

Es wurden verschiedene denkbare Vorteile der RED benannt (z. B. über die RED ein Lichtbild finden zu können), die in der Praxis bisher jedoch noch nicht zum Tragen gekommen seien.

Von einigen Behörden wurde auch zu bedenken gegeben, dass der NSU mit dem Instrument der RED vermutlich nicht hätte verhindert werden können: Einerseits wären aufgrund der Anlage der RED die Personen des NSU immer unter unterschiedlichen Namen gespeichert und entsprechend nicht gefunden worden (höchstens über ein Lichtbild). Darüber hinaus wären bei der derzeitigen Ausrichtung der Datei z. B. die Banküberfälle des NSU aufgrund fehlenden Rechtsextremismusbezugs nicht in der RED gespeichert worden. Auch wenn die Idee hinter der RED gut sei, sei der Mehrwert eher gering, da das Personenpotential unvollständig gespeichert werde: Personen, die in dieser Hinsicht interessantere, aber „weichere" Fälle seien, könnten nicht gespeichert werden, da die gesetzliche Grundlage dafür fehle (siehe Kapitel 5.4.1).

Nach Ansicht eines LKA habe sich der Nutzen der RED nach der Novellierung nochmals verringert, da durch die ausgeweitete verdeckte Speicherung weniger Daten in der RED direkt zu finden seien.

Mittelbare positive Effekte der RED

In den Interviews wurde jedoch darauf hingewiesen, dass die RED z. T. indirekt zu einer Verbesserung der Zusammenarbeit von Polizei und Nachrichtendiensten beigetragen habe. Als Beispiel wurde genannt, dass Schulungen zur RED für Nachrichtendienste und Polizei gemeinsam durchgeführt worden seien und sich die jeweils für die RED zuständigen MitarbeiterInnen dadurch (bzw. durch die regelmäßigen Treffen im ATD-/RED-Verbund) persönlich kennenlernen konnten. Insgesamt sei der Kontakt dadurch vereinfacht worden. Zudem gab ein LfV an, bei der Befüllung mit dem korrespondierenden LKA eng zusammengearbeitet zu haben.

Darüber hinaus wies ein Nachrichtendienst des Bundes darauf hin, dass durch die Einführung der RED Polizeibehörden wesentlich gezielter kontaktiert werden könnten. Zwar seien auch vor Bestehen der RED im Bedarfsfall Polizeibehörden angefragt worden. Der Unterschied bestehe aber darin, dass vor Inbetriebnahme der Datei alle Polizeibehörden oder nur das örtlich zuständige LKA angefragt worden seien. Die RED ermögliche es nun, gezielt auch andere LKÄ – und nicht nur das LKA am Wohnort der gesuchten Person – direkt anzufragen, sofern aus der RED ersichtlich sei, dass dort Daten vorlägen. Auch die „Negativabgrenzung", d. h., dass bestimmte LKÄ unter Umständen nicht anfragt werden müssten, wurde positiv bewertet.

Die Bedeutung der RED wurde von einer Polizeibehörde des Bundes umgekehrt darin gesehen, dass sie die einzige Möglichkeit darstelle, ohne eine gesonderte Erkenntnisanfrage zu erfahren, ob die Nachrichtendienste auf Bundes- und Landesebene über Erkenntnisse verfügten. Nach Ansicht der Polizeibehörde des Bundes sei die RED v. a. ein Instrument, das ergänzend zu den bestehenden Informationsmöglichkeiten eingesetzt werden könne.

Am wichtigsten seien diejenigen Informationen, die man „hart recherchieren“ könne (z. B. Kfz-Kennzeichen, Telefonanschlüsse). Die „weichen Daten“, die in der RED enthalten seien (z. B. besuchte Orte), seien hingegen weniger wichtig, da hierfür eher direkt mit der jeweiligen Behörde Kontakt aufgenommen werde.

Ein Vorteil der Datei, der von verschiedenen Behörden genannt wurde, sei, dass man sehen könne, ob bzw. bei welchen Behörden Daten vorhanden seien und dass die Möglichkeit der Kontaktaufnahme bestehe. Dadurch werde eine Zusammenführung von Informationen erreicht, wie es sie vorher nicht gegeben hätte. Allerdings wurde wiederholt die Ansicht geäußert, dass man dies auch auf einem weniger kostenintensiven Weg erreichen könne.

Gründe für die verhaltene Einschätzung zur Wirksamkeit der RED

Aus den Protokolldaten war ersichtlich, dass relativ wenige Anfragen zur Übermittlung erweiterter Grunddaten in der RED gestellt wurden. Darüber hinaus wurde die Zielerreichung der Datei sowohl in der standardisierten Befragung, als auch in den Interviews, als tendenziell gering bewertet. In den Interviews wurde daher nach den Gründen für diese Einschätzung gefragt.

a) <u>Mangelnde Akzeptanz der Datei</u>

Nach Ansicht einer Polizeibehörde des Bundes habe die RED nur eine geringe Wirkung auf die Zusammenarbeit von Polizei und Nachrichtendiensten, da sie nur über eine geringe Akzeptanz verfüge. Dies wurde auch darauf zurückgeführt, dass die Nutzung für die Polizei mit einem hohen Aufwand verbunden sei (z. B. spezielle Anforderungen an die Räumlichkeiten, in denen das Terminal steht). Dies wurde auch von einem LKA bestätigt. Zudem seien die Hürden für die Bedienung in denjenigen Bundesländern, in denen die RED in der Fläche genutzt werde, aufgrund der technischen Vorgaben sehr hoch. Die Hürden für die Nutzung der RED seien nach Ansicht dieses LKAs damit auch schon für eine Abfrage zu hoch. Eine andere Polizeibehörde, bei der die RED in der Fläche genutzt wird, gab an, dass auf dem Land manche MitarbeiterInnen 30 Minuten zum nächsten RED-Terminal fahren müssten, um dort eine Abfrage zu machen, was die Nutzung erheblich erschwere. Anders wurde es allerdings von einer Polizeibehörde des Bundes gesehen, die die Einstufung der RED nicht als hinderlich empfand.

Auch die mit den Dubletten verbundene Unübersichtlichkeit der Anzeigen und das Fehlen einer Handreichung zur Arbeit mit der RED wurden von Behörden als Hindernisse für die Arbeit mit der RED gesehen.

b) Kaum Treffer/andere Instrumente/unzureichender Datenbestand

Die geringe Anzahl an Treffern wurde als weiterer Grund genannt, weshalb es durch die RED zu einer eher geringen Verbesserung der Zusammenarbeit zwischen den Länderbehörden gekommen ist.

Auch wurde in den Interviews wiederholt auf die deutlich beschränktere Datenbasis in der RED im Vergleich mit anderen Instrumenten wie NADIS bzw. INPOL-Fall verwiesen.

Als problematisch wurde von einem LfV gesehen, dass in der RED nur ein sehr kleiner Personenkreis mit geringem Mehrwert erfasst werde. Mit der derzeitigen Ausrichtung bleibe der Mehrwert gering, da Personen, die mit Blick auf einen möglichen NSU relevantere, aber „weichere" Fälle seien (z. B. Rädelsführer), nicht gespeichert werden könnten, da der Gewaltbezug nicht vorhanden sei und damit die gesetzliche Grundlage für eine Speicherung in der RED fehle. Über NADIS seien entsprechende Personen hingegen abgedeckt. Nach Ansicht einer Polizeibehörde des Bundes schränke zudem der Begriff des Gewaltbezugs die Möglichkeiten zur Datenspeicherung ein. Der Gewaltbegriff wurde als extrem eng bewertet, da er tatsachenbezogen sei.

Ein LKA wies auch darauf hin, dass v. a. nach der Novellierung Probleme hinsichtlich der Inverssuche gesehen würden, da man Informationen nicht mehr direkt sehe, sondern nur die Fundstellennachweise. Auch von einer Polizeibehörde des Bundes wurde die Datenverfügbarkeit bei der Eilfallregelung nach der Novellierung skeptisch gesehen: Durch die Erweiterung der Verpflichtung, bestimmte Daten nur noch verdeckt einzustellen, sei auch im Eilfall kein direkter Zugriff mehr auf die Daten möglich. In einem dringenden Fall bestände Misstrauen, dass die Dienste nicht rechtzeitig antworten würden. Man würde in einem dringenden Fall deswegen lieber auf andere Instrumente wie z. B. das GETZ zurückgreifen.

c) Andere Arten der Kontaktaufnahme

Nicht zuletzt wurde die geringe Anzahl an Abfragen erweiterter Grunddaten auf die individuellen Kontaktaufnahmen zurückgeführt. Die Kommunikation finde eher per Telefon oder im Rahmen persönlicher Treffen statt. Als Nachteil einer Anfrage innerhalb der RED wurde von einem LfV genannt, dass dies bei der förmlichen Kontaktaufnahme protokolliert werde.

d) Wirksamkeit der RED im Verhältnis zu den gemeinsamen Zentren

Im Rahmen der Interviews wurde auch der Nutzen der gemeinsamen Zentren (GETZ/GAR) im Verhältnis zur RED thematisiert. Die gemeinsamen

Zentren wurden dabei durchweg sowohl von den Polizeibehörden als auch den Nachrichtendiensten auf Bundes- und Landesebene sehr positiv bewertet. Demnach haben die Zentren merklich zu einer verbesserten Zusammenarbeit von Polizei und Nachrichtendiensten beigetragen. Gründe für die Wirksamkeit wurden darin gesehen, dass sich die zuständigen Personen in den gemeinsamen Zentren regelmäßig träfen, bei diesen Treffen ein lebendigerer Austausch als über die Datei stattfinde und über den jeweiligen Verbindungsbeamten dort meist schnell ein Ansprechpartner gefunden werden könne. Von einem LfV wurde darauf hingewiesen, dass durch die regelmäßigen Treffen der Aufbau eines Vertrauensverhältnisses zwischen den Beteiligten ermöglicht werde. Neben den regelmäßigen Lagebesprechungen gebe es eine AG „operativer Informationsaustausch“, in der entsprechende Informationen ausgetauscht würden. Dadurch hätte z. B. sichergestellt werden können, dass Behörden über die jeweiligen Observationsmaßnahmen informiert waren. Nach Angaben eines Nachrichtendienstes des Bundes seien über das GETZ sehr aktuelle Informationen erhältlich, während die Informationen in der RED meist erst später gespeichert würden. Darüber hinaus wurden die Reporte und die Aufbereitung der Informationen innerhalb der gemeinsamen Zentren positiv hervorgehoben und nach Angaben einer Landespolizeibehörde häufiger genutzt. Das GETZ wurde auch als gute Möglichkeit gesehen, über die RED hinaus Kontakte zu anderen Bundesländern herzustellen.

Es wurde ausdrücklich betont, dass die Zentren beibehalten werden sollten. Während einige InterviewpartnerInnen RED und GETZ als parallele Institutionen ohne Verbindung zueinander beschrieben, stellte eine Polizeibehörde des Bundes den komplementären Charakter der Instrumente heraus: So könnten mit Hilfe der RED große Datenmengen überprüft werden (z. B. ob eine Behörde bei einer Telefonüberwachung bereits eine Telefonnummer erfasst habe), was hingegen über das GETZ nicht möglich sei. Im GETZ gehe es eher um konkrete Informationen. GETZ und RED würden sich demnach ergänzen.

5.4.5 Nicht-intendierte Nebenwirkungen

Wie oben dargestellt, wurde die Wirksamkeit der RED von den befragten Sicherheitsbehörden als eher gering eingeschätzt, auch bezogen auf den zu betreibenden Aufwand. Nach Aussagen der InterviewpartnerInnen müsse für die Aus- und Fortbildung, Löschung, Speicherung und die Identifikation von Dubletten Zeit aufgewendet werden, die in keinem angemessenen Verhältnis zum Nutzen der Datei stehe. Nach Angaben eines Nachrichtendienstes des Bundes war v. a. die anfängliche Befüllung mit einem sehr hohen Aufwand verbunden, so dass Ressourcen aus anderen Bereichen hätten abgezogen werden müssen. Von einer Landesverfassungsschutzbehörde wurde ebenfalls kritisiert, dass die RED in ihrer derzeitigen Ausgestaltung sehr viel organisatorischen Aufwand nach sich ziehe. Landespolizeibehörden beklagten zudem den hohen finanziellen und administrativen Aufwand angesichts der Einstufung der RED als Verschlusssache.

Durch Unklarheiten bzgl. der Auslegung des RED-G kam es zudem anfänglich punktuell zu einer übermäßigen Speicherung von Personen in der RED (siehe Kapitel 5.4.1).

Nach Angaben der befragten Behörden sei eine Intensivierung der Zusammenarbeit auf anderen Wegen erreicht worden (z. B. durch das GETZ). Zum Teil wurde auch die Meinung vertreten, dass eine verstärkte Zusammenarbeit wahrscheinlich auch über normale Erkenntnisanfragen hätte erreicht werden können. Da die Idee hinter der RED jedoch prinzipiell befürwortet werde, sollte über eine veränderte Ausgestaltung der Datei bzw. Weiterentwicklung nachgedacht werden.

6. Ergebnisse der staatsrechtswissenschaftlichen Analyse

Im Folgenden wird das RED-G einer eingehenden staatsrechtswissenschaftlichen Analyse unterzogen. Dabei wird besonderes Gewicht auf das Urteil des Bundesverfassungsgerichts vom 24. April 2013[59] zum ATDG gelegt. Gegenstand dieser Entscheidung war die Frage nach der Verfassungsmäßigkeit der ATD. Da RED und ATD in weiten Teilen durchaus vergleichbar sind, lässt sich das genannte Urteil auch für das RED-G fruchtbar machen.[60] Hieran anschließen werden sich zunächst Ausführungen zu allgemeinen, übergreifenden rechtlichen Problematiken, die das RED-G insgesamt betreffen, bevor sodann eine ausführliche Analyse der einzelnen Vorschriften des RED-G vorgenommen wird.

6.1 Die Entscheidung des BVerfG zum ATDG als Maßstab

Ob ein Datenaustausch zwischen Polizeibehörden und Nachrichtendiensten in einer gemeinsamen Verbunddatei grundsätzlich mit der Verfassung zu vereinbaren ist bzw. welche Voraussetzungen dabei zwingend zu beachten sind, wurde sowohl von der Rechtswissenschaft als auch von der Politik kontrovers diskutiert.

Auf rechtswissenschaftlicher Ebene führte das Urteil des BVerfG zur ATD vom 24. April 2013[61] bezüglich dieser Fragen zu einer weitgehenden Klärung. Angesichts der weitgehenden Vergleichbarkeit von ATD und RED stellt sich daher die Frage, inwieweit das Urteil zum ATDG auch Auswirkungen auf das RED-G zeitigt. Dieser Frage wird im Folgenden nachgegangen. Hieran anschließend werden die Kernaussagen des Urteils skizziert. Soweit die Entscheidung des BVerfG zum ATDG übergreifende Aussagen in dem Sinn enthält, dass sie nicht nur einzelne Bestimmungen des

59 BVerfG (2013), 1499 ff. (1 BvR 12 15/07).

60 Hiervon geht wohl auch das BVerfG selbst aus, wenn es am Ende des Urteils ausführt, dass die Frist zur Überarbeitung auch deshalb großzügig bemessen werde, um dem Gesetzgeber zu ermöglichen, „ob er im Zusammenhang mit der Neuregelung des Antiterrordateigesetzes auch eine Überarbeitung von Bestimmungen anderer Gesetze, die den angegriffenen Vorschriften des Verfahrens ähnlich sind [...] für angezeigt hält und diese möglicherweise hiermit verbinden will", BVerfG (2013), 1499 (Rn. 232). Ebenso *Arzt* (2014a), 2.

61 BVerfG (2013), 1499 ff.

ATDG betreffen, sondern sich auf das Gesetz insgesamt bzw. auf mehrere Paragrafen beziehen, werden diese ebenfalls vorab erörtert und ein Bezug zum RED-G hergestellt.

6.1.1 Grundsätzliche Übertragbarkeit der ATDG-Entscheidung auf das RED-G

6.1.1.1 Gemeinsamkeiten von ATDG und RED-G

ATDG und RED-G waren und sind von ihrer Anlage und Funktionsweise in weiten Teilen vergleichbar. Obwohl gerade in der sachlichen Einschränkung der Zielsetzung der beiden Dateien ein zentraler Unterschied zwischen ihnen begründet wird,[62] sind die Zwecke von ATD und RED doch in großem Umfang deckungsgleich, was sich nicht zuletzt der teilweise wortgleichen Begründung der jeweiligen Entwürfe entnehmen lässt. So hält der Entwurf zum RED-G fest, dass die entwurfsgegenständliche Datei dazu dient,

> „den Informationsaustausch zwischen diesen Behörden zur Bekämpfung des gewaltbezogenen Rechtsextremismus effektiver zu gestalten und bewährte Formen der Zusammenarbeit sinnvoll zu ergänzen. Sie verringert zudem das Risiko von Übermittlungsfehlern.“[63]

Zusätzlich wird in der Begründung zum RED-G noch die Steigerung der Qualität der zur Verfügung stehenden Daten genannt.[64] Hierauf wird in der Begründung zum ATDG zwar verzichtet, ein echter Unterschied dürfte sich hieraus aber hinsichtlich der Zwecksetzung nicht ableiten lassen.

Auch an weiteren Stellen der Begründung der jeweiligen Gesetzesentwürfe lassen sich mittelbar und unmittelbar starke Parallelen zwischen ATDG und RED-G erkennen. So wird im Entwurf der Bundesregierung zum RED-G aus dem Jahre 2012 im Vorblatt unter „C. Alternativen“ ausgeführt, dass eine Erweiterung der ATD um den Rechtsextremismus geprüft worden sei. Da der BND an der RED im Gegensatz zur ATD nicht beteiligt

62 Vgl. hierzu sogleich die Ausführungen in Kapitel 6.1.1.2.

63 Bundesregierung (2012), 10; die Begründung zum ATDG ist mit zwei Ausnahmen wortgleich: Zum einen wird, da das Gemeinsame-Dateien-Gesetz sich auf mehrere Verbunddateien gleichzeitig bezieht, der Gesetzeszweck nicht sachlich eingeschränkt, sondern es wird ganz allgemein von der Effektivierung der Zusammenarbeit gesprochen. Zum anderen verwendet die Begründung zum Gemeinsame-Dateien-Gesetz den Plural, Bundesregierung (2006), 12.

64 Bundesregierung (2012), 10.

werden solle, Datenkranz und Auswertemöglichkeiten voneinander abweichen und auch die Hardware bereits ausgelastet sei, habe man sich für eine eigenständige Datei entschieden. An anderer Stelle wird explizit davon gesprochen, dass die ATD „analog“ zur RED aufgebaut sei.[65] Alleine aus der Tatsache, dass eine Erweiterung der ATD um die RED erwogen wurde, folgt bereits, dass beiden Dateien eine ähnliche Funktionsweise immanent ist.

Bei beiden Dateien handelt es sich um gemeinsame Verbunddateien von Nachrichtendiensten und Polizeibehörden von Bund und Ländern. Bezüglich des Kreises der beteiligten Behörden unterscheiden sich die beiden Dateien aber dahingehend, als an der RED der BND und das Zollkriminalamt (ZKA) nicht beteiligt sind.

Sowohl die gesetzliche Grundlage beider Dateien, ATDG und RED-G, als auch die Dateistruktur selbst sind allerdings nahezu identisch aufgebaut. Unterschieden wird zwischen (einfachen) Grunddaten, Objektdaten, erweiterten Grunddaten sowie zwischen einer offenen, verdeckten und beschränkten Speicherung. Auch die erweiterte Datennutzung, die im Rahmen der RED von Beginn an vorgesehen war,[66] ist nunmehr in beiden Dateien möglich.[67]

6.1.1.2 Unterschied zwischen ATDG und RED-G

Obgleich ATD und RED eine hohe Ähnlichkeit in Zwecksetzung und Struktur aufweisen, besteht ein Unterschied in der sachlichen Beschränkung des jeweiligen Dateizwecks. Die ATD dient der Aufklärung und Bekämpfung des internationalen Terrorismus, während die RED zur Aufklärung und Bekämpfung des gewaltbezogenen Rechtsextremismus beitragen soll. In beiden Fällen kann jedoch der Schutz der freiheitlich demokratischen Grundordnung als ein zentrales Anliegen bezeichnet werden.[68]

Abgesehen von den mit dem Begriff des gewaltbezogenen Rechtsextremismus verbundenen Problemen der hinreichenden Bestimmtheit[69] dürfte es zur Bejahung der grundsätzlichen Vergleichbarkeit beider Gesetze genügen, dass beide Werke auf den Schutz der freiheitlich demokratischen

---

65 Vgl. hierzu ausführlich Bundesregierung (2012), 10. Die Ähnlichkeit beider Dateien/Gesetze betont auch *Wolff* (2011), 1.

66 BGBl. I (2012), 1798.

67 BGBl. I (2014), 2318.

68 Zur ATDG: BVerfG (2013), 1499 (Rn. 133); zum RED-G: Bundesregierung (2012), 10.

69 Vgl. hierzu die detaillierten Ausführungen in Kapitel 6.1.3.2.

Grundordnung abzielen und dies auf dieselbe Art und Weise – Effektivierung des Datenaustausches der beteiligten Behörden, Verringerung von Übertragungsfehlern – erreichen wollen.

6.1.1.3 Ergebnis

Trotz der bestehenden Unterschiede im Hinblick auf die mit den Gesetzen verfolgten Ziele bleibt es dabei, dass beide Gesetze bzw. die durch sie installierten Dateien sich stark ähneln. Insofern erscheint eine Übertragung des ATDG-Urteils auf das RED-G im Grundsatz möglich. Allerdings ist an den Stellen, an denen die Gesetze voneinander abweichen, besondere Vorsicht bei der Übertragung der Aussagen geboten.

Auch der Gesetzgeber geht wohl von einer grundsätzlichen Übertragbarkeit der materiell-rechtlichen Aussagen des ATDG-Urteils auf das RED-G aus. Entsprechendes ergibt sich aus dem ATDG-Urteil selbst, da das BVerfG trotz fehlender formaler Bindungswirkung des ATDG-Urteils für andere Normen davon ausging, dass bestimmte, den für verfassungswidrig erklärten Normen des ATDG vergleichbare Vorschriften des RED-G ebenfalls materiell verfassungswidrig waren.[70] Folgerichtig änderte der Gesetzgeber mit dem Gesetz zur Änderung des Antiterrordateigesetzes und anderer Gesetze vom 18. Dezember 2014[71] nicht nur die für verfassungswidrig erklärten Vorschriften des ATDG, sondern ebenfalls die vergleichbaren Normen des RED-G.

6.1.2 Die ATDG-Entscheidung im Überblick

An den Beginn seiner Ausführungen stellte das Gericht die Aussage, dass die „Errichtung der Antiterrordatei als Verbunddatei verschiedener Sicherheitsbehörden […] in ihren Grundstrukturen mit der Verfassung vereinbar" ist.[72] Maßgeblich für diese Einschätzung sind aus Sicht des Gerichts dabei

70 Als relativ deutlicher Hinweis hierauf wird die Äußerung des Gerichts in BVerfG (2013), 1499 (Rn. 232) gedeutet, *Arzt* (2014a), 2. Auch die Bundesregierung (2014b), 12 von einer Änderungsnotwendigkeit bezüglich des RED-G infolge des BVerfG-Urteils zum ATDG aus.

71 BGBl. I (2014), 2318.

72 BVerfG (2013), 1499 (1. Leitsatz).

nicht nur der Zweck der Datei – Bekämpfung des internationalen Terrorismus –, sondern auch, dass die ATD „im Kern auf die Informationsanbahnung beschränkt ist und eine Nutzung der Daten zur operativen Aufgabenwahrnehmung nur in dringenden Ausnahmefällen“ vorgesehen ist.[73]

Das Gericht betonte, dass der Datenaustausch zwischen Polizeibehörden und Nachrichtendiensten die Ausnahme bleiben müsse und diesbezügliche Regelungen im Hinblick auf das Grundrecht der informationellen Selbstbestimmung „gesteigerten verfassungsrechtlichen Anforderungen“ unterlägen. Dies begründete das BVerfG mit einem aus den Grundrechten abgeleiteten informationellen Trennungsprinzip.[74]

Grundlage einer Verbunddatei, die eine gemeinsame Datenerfassung und -nutzung durch Polizeibehörden und Nachrichtendienste ermöglicht, muss nach Auffassung des Gerichts eine hinreichend bestimmte gesetzliche Grundlage sein, die zudem dem Übermaßverbot genügt. Diesen Anforderungen genüge das ATDG bezüglich folgender Punkte nicht vollständig:

- Bestimmung der beteiligten Behörden,
- Reichweite der (als terrorismusnah) erfassten Personen,
- Einbeziehung von Kontaktpersonen,
- Nutzung von verdeckt bereitgestellten erweiterten Grunddaten,
- Konkretisierungsbefugnis der Sicherheitsbehörden für die zu speichernden Daten und
- Gewährleistung einer wirksamen Aufsicht.[75]

Daneben hielt das Gericht die uneingeschränkte Einbeziehung von Daten, „die durch Eingriffe in das Brief- und Fernmeldegeheimnis und das Recht auf Unverletzlichkeit der Wohnung erhoben wurden“ für unvereinbar mit Art. 10 Abs. 1 GG und Art. 13 Abs. 1 GG.[76]

73 BVerfG (2013), 1499 (1. Leitsatz).
74 BVerfG (2013), 1499 (2. Leitsatz).
75 BVerfG (2013), 1499 (3. Leitsatz).
76 BVerfG (2013), 1499 (4. Leitsatz).

6.1.3 Grundsätzliche Fragen der Verfassungskonformität des RED-G gemessen an der ATDG-Entscheidung im Einzelnen

Hinsichtlich der grundsätzlichen Erwägungen, die sich auf ein Gesetz über eine gemeinsame Verbunddatei unterschiedlicher Sicherheitsbehörden von Bund und Ländern insgesamt beziehen und an denen sämtliche Regelungen zur näheren Ausgestaltung zu messen sind, stehen auf materieller Ebene grundrechtliche Problematiken im Fokus: Welche Grundrechte sind betroffen und wie intensiv ist der Eingriff? Welchen Anforderungen muss die verfassungsrechtliche Rechtfertigung von Eingriffen in diese Grundrechte genügen, vor allem in Hinblick auf die jeweilige Eingriffsintensität?

6.1.3.1 Betroffene Grundrechte

ATDG-Entscheidung des BVerfG

Als betroffene Grundrechte benennt das BVerfG in der Entscheidung zum ATDG zunächst das aus Art. 2 Abs. 1 i. V. m. Art. 1 Abs. 1 GG abgeleitete Recht auf informationelle Selbstbestimmung.[77] Daneben ist das ATDG nach Auffassung des BVerfG auch an Art. 10 Abs. 1 GG (Brief- und Fernmeldegeheimnis)[78] und an Art. 13 Abs. 1 GG (Unverletzlichkeit der Wohnung) zu messen, sofern die in die Datei aufzunehmenden Daten durch einen Eingriff in eines der genannten Grundrechte erhoben wurden; die genannten verfassungsrechtlichen Garantien bleiben auch für eine Folgeverwendung der Daten maßgeblich.[79]

Der Eingriff in diese Grundrechte liegt zunächst in der Anordnung der Speicherungspflicht, die eine Verknüpfung von Daten aus verschiedenen Quellen bewirkt. Die Tatsache, dass die Daten bereits auf anderweitiger gesetzlicher Grundlage erhoben wurden, ändert an dieser Einschätzung nichts.

77 BVerfG (2013), 1499 (Rn. 93).

78 Erwähnt werden nur das Brief- und Fernmeldegeheimnis, da eine Verletzung des Postgeheimnisses nicht gerügt wurde, BVerfG (2013), 1499 (Rn. 80).

79 BVerfG (2013), 1499 (Rn. 94). Entsprechendes gilt, wenn die Daten durch einen Eingriff in das aus Art. 2 Abs. 1 i. V. m. Art. 1 Abs. 1 GG abgeleitete Grundrecht auf Gewährleistung der Vertraulichkeit und Integrität informationstechnischer Systeme gewonnen werden; in diesem Fall ist die Nutzung der Daten im Rahmen der ATD auch an dem genannten Grundrecht zu messen. Weitere Ausführungen zu diesem Grundrecht sind lediglich unterblieben, weil der Beschwerdeführer keine diesbezügliche Rüge vorgebracht hat, BVerfG (2013), 1499 (Rn. 226).

Denn durch die Speicherung in der ATD erfolgt eine eigenständige Aufbereitung und Zusammenführung der Daten mit dem Ziel, sie anderen Behörden zu anderen Zwecken zur Verfügung zu stellen. Daneben kommt den Regelungen zur Datenverwendung (Recherche- und Zugriffsmöglichkeiten, §§ 5, 6 ATDG) Eingriffsqualität zu.[80]

Insoweit knüpft das BVerfG an seine bisherige Rechtsprechung an, wonach nicht nur die Erhebung von Daten einen grundrechtsrelevanten Eingriff darstellt,[81] sondern auch die Speicherung,[82] der Abgleich mit anderen Daten,[83] die systematische Sammlung und Auswertung,[84] die Selektierung zur weiteren Verwendung[85] und ihre Übermittlung an Dritte.[86]

RED-G

Die Ausführungen des BVerfG zu den betroffenen Grundrechten und zur Eingriffsqualität des ATDG können vollständig auf das RED-G übertragen werden.[87]

Die Funktionsweise der durch die Gesetze jeweils errichteten Dateien ist weitgehend identisch; beide Gesetze sehen eine Speicherungspflicht vor und eröffnen nahezu identische Möglichkeiten der Datenverwendung.

80 BVerfG (2013), 1499 (Rn. 95); Keinen durch das ATDG selbst vermittelten Grundrechtseingriff stellen hingegen Datenübermittlungen auf Grund eines Trefferfalls in der ATD dar. Bezüglich solcher Übermittlungen ist das jeweilige Fachrecht maßgeblich, das ATDG enthält hierzu keine Vorschriften, vgl. hierzu BVerfG (2013), 1499 (Rn. 125).

81 BVerfG (2000), 55 (59); BVerfG (1984a), 419 (422).

82 BVerfG (2010), 833 (Rn. 192); BVerfG (2000), 55 (59), BVerfG (1984a), 419 (422).

83 BVerfG (2008b), 1505 (Rn. 65); BVerfG (2000), 55 (59).

84 BVerfG (2013), 1468 (Rn. 107); BVerfG (2008b), 1505 (Rn. 69) spricht ausschließlich von „Auswertung".

85 BVerfG (2000), 55 (59); BVerfG (1984a), 419 (422) spricht insoweit allgemein von „Verwendung".

86 BVerfG (2010), 833 (Rn. 194 ff.); BVerfG (2000), 55 (59); BVerfG (1984a), 419 (422).

87 Zur Grundrechtsbetroffenheit auch *Kugelmann* (2012a), 1 f.; *Roggan* (2012a), 2; *Wolff* (2011), 5.

6.1.3.2 Verfassungsrechtliche Rechtfertigung

ATDG-Entscheidung des BVerfG

Nach Ansicht des BVerfG stellt das ATDG insgesamt einen verhältnismäßigen Eingriff in die Grundrechte dar und ist somit aus verfassungsrechtlicher Sicht nicht zu beanstanden.

a) Legitimer Zweck, insbesondere Bestimmtheit der Zweckbestimmung

Bezüglich der Frage nach dem Vorliegen eines legitimen Zwecks betonte das BVerfG, dass gerade kein allgemeiner Datenaustausch aller Sicherheitsbehörden oder der Abbau jeglicher Informationsgrenzen erstrebt werde. Das Gericht stellte in diesem Zusammenhang ausdrücklich klar, dass ein solches Vorgehen den Grundsatz der Zweckbindung unterlaufen würde und unzulässig wäre.[88]

Eingehender beschäftigte sich das Gericht auch mit der sachlichen Beschränkung der Zwecksetzung des ATDG, namentlich mit dem Begriff des Terrorismus, der nach Auffassung der Richter aus sich heraus nicht eindeutig ist. Diese Begrifflichkeit zur Beschreibung des Gesetzeszwecks wurde nur in der Zusammenschau mit der Bezugnahme in § 2 Abs. 1 Nr. 1a ATDG auf § 129a StGB gebilligt. Wegen der Bestimmung, dass in erster Linie Personen zu erfassen sind, die Mitglied einer noch näher konkretisierten terroristischen Vereinigung im Sinne des § 129a StGB sind, bestehen nach Ansicht des BVerfG keine verfassungsrechtlichen Bedenken hinsichtlich der Verfolgung eines legitimen Zwecks.[89] Durch diese Bezugnahme lasse sich der mit der Datei verfolgte Zweck hinreichend konkret ermitteln.

b) Verhältnismäßigkeitsprüfung

Im Rahmen der Prüfung der Verhältnismäßigkeit im engeren Sinn befasste sich das Gericht ausführlich mit dem Eingriffsgewicht, das mit den Regelungen des ATDG verbunden ist. Allerdings geht es auch davon aus, dass diesen Eingriffen gewichtige öffentliche Belange gegenüberstehen, so dass es das Übermaßverbot als gewahrt ansieht. Abschließend leitete es aus den Geboten der Normenklarheit und Bestimmtheit Anforderungen an die konkrete Ausgestaltung einzelner Normen ab.

88 BVerfG (2013), 1499 (Rn. 106).
89 BVerfG (2013), 1499 (Rn. 106).

(1) Eingriffsgewicht

Nach Auffassung des BVerfG kommt dem durch das ATDG ermöglichten Informationsaustausch erhebliches Gewicht zu. Dies folge aus dem Zusammenwirken der mit der Datenspeicherung und -verwendung jeweils verbundenen Grundrechtseingriffe, die auch in ihrer Gesamtheit betrachtet werden müssten.[90, 91] Erhöht werde die Schwere des Grundrechtseingriffs vor allem dadurch, dass zahlreiche Sicherheitsbehörden an dem Informationsaustausch beteiligt seien und insbesondere auch ein Austausch von Informationen zwischen Polizeibehörden und Nachrichtendiensten ermöglicht werde.[92]

- Grundsatz der Zweckbindung

In diesem Zusammenhang stellt das BVerfG auf den Grundsatz der Zweckbindung von Daten ab. Die jeweiligen Datenerhebungs- und -verarbeitungsbefugnisse der einzelnen Sicherheitsbehörden seien auf ihre spezifischen Aufgaben zugeschnitten und durch sie begrenzt. Die Zweckbindung der Daten gründe in der Verfassung und bewirke, dass ein behördenübergreifender Datenaustausch nicht ohne weiteres möglich sei. Die Gesamtarchitektur der Sicherheitsbehörden, die durch eine Aufgliederung nach fachlichen und föderalen Aspekten gekennzeichnet ist, entfaltet nach Auffassung des BVerfG eine besondere Dimension. So sei die Tatsache, dass Daten zwischen verschiedenen Sicherheitsbehörden nicht uneingeschränkt ausgetauscht werden dürfen, durch den von der Verfassung vorgegebenen Grundsatz der Zweckbindung determiniert.[93]

---

90 BVerfG (2013), 1499 (Rn. 111).

91 Vgl. allgemein zur Ermittlung der Eingriffsintensität: Übersicht bei *Petri* (2012), Kapitel G (Rn. 45 ff.); einzelne Faktoren: BVerfG (2010), 833 (Rn. 210 ff.); BVerfG (2009a), 1405 (Rn. 24 ff.); BVerfG (2009b), 2431 (Rn. 67 ff.); BVerfG (2008b), 1505 (Rn. 77 ff.); BVerfG (2006a), 1939 (Rn. 88 ff.); unterschiedlich wird beurteilt, ob die Anforderungen an Eingriffsintensität und verfassungsrechtliche Rechtfertigung variieren, je nachdem, welches Grundrecht betroffen ist. Für spezifische Anforderungen an die zu schützenden Güter in Bezug auf Art. 10 GG: BVerfG (2000), 55 (57); in diese Richtung könnte auch die Äußerung von *Schenke* (2010), Art. 10 (Rn. 75) zu verstehen sein; keine Differenzierung danach, welches Grundrecht betroffen ist, nehmen hingegen vor: *Hermes* (2013), Art. 10 (Rn. 103) m. w. N. hält die für Eingriffe in Art. 10 GG entwickelten Maßgaben für übertragbar auf andere Grundrechte. *Schwabenbauer* (2013), 216 spricht davon, dass das betroffene Grundrecht nur eine untergeordnete Rolle spiele.

92 BVerfG (2013), 1499 (Rn. 112).

93 BVerfG (2013), 1499 (Rn. 113). Die Gefahren, die mit einem uneingeschränkten Informationsaustausch verbunden sein können, skizziert *Zöller* (2007), 767.

Da es sich bei der Zweckbindung von Daten um einen verfassungsrechtlichen *Grundsatz* handelt, sind Zweckänderungen nicht kategorisch ausgeschlossen. Sie müssen allerdings durch Gemeinwohlbelange gerechtfertigt sein, die die grundrechtlich geschützten Interessen überwiegen.[94] Für die Zulässigkeit einer Zweckänderung stellt das BVerfG maßgeblich darauf ab, inwieweit sich die datenschutzrechtlichen Bindungen der übermittelnden bzw. einstellenden und der empfangenden bzw. abfragenden Stelle entsprechen. Danach ist eine Zweckänderung ausgeschlossen, wenn „mit ihr grundrechtsbezogene Beschränkungen des Einsatzes bestimmter Ermittlungsmethoden umgangen werden, also die Informationen für den geänderten Zweck selbst auf entsprechender gesetzlicher Grundlage nicht oder nicht in dieser Art und Weise hätten erhoben werden dürfen" – Grundsatz der hypothetischen Neuerhebung von Daten.[95] Damit bestätigt das BVerfG in der ATDG-Entscheidung insbesondere seine Rechtsprechung zur Weiterverwendung von Daten, die durch Eingriffe in das Fernmeldegeheimnis und das Recht auf Unverletzlichkeit der Wohnung erhoben wurden; in diesen Fällen ist die Weiterverwendung nur für solche Zwecke zulässig, „die auch als Rechtfertigung für die ursprüngliche Erhebung ausgereicht hätten".[96]

94 BVerfG (2013), 1499 (Rn. 114) mit Verweis auf BVerfG (2000), 55 (57); BVerfG (2004a), 999 (1019); BVerfG (2004b), 2213 (2220).

95 BVerfG (2013), 1499 (Rn. 114) mit Verweis auf BVerfG (2004), 999 (1019); BVerfG (2008c), 2099 (Rn. 93). Dabei stellt das BVerfG auch klar, dass dieser Grundsatz *„nicht schematisch abschließend ist und die Berücksichtigung weiterer Gesichtspunkte nicht ausschließt"*, BVerfG (2013), 1499 (Rn. 226). In der Literatur wird die Zulässigkeit einer Zweckänderung auch unter dem Gesichtspunkt einer „Äquivalenz der Zwecke" diskutiert: Danach ist die Weiterverwendung von Daten nur dann zulässig, wenn sie dem Schutz von Rechtspositionen dient, die denjenigen Rechtspositionen entsprechen, zu deren Schutz die Daten ursprünglich erhoben wurden, vgl. hierzu insgesamt *Baldus* (2013b), Art. 10 (Rn. 52); *Poscher/Rusteberg* (2014), 71; anders *Bäcker et al.* (2013), 206.

96 BVerfG (2013), 1499 (Rn. 114; ähnlich auch Rn. 225) mit Verweis auf BVerfG (2000), 55 (65); BVerfG (2004a), 999 (1018); BVerfG (2004b), 2213 (2221).

- Prozedurale Absicherung

Zur Absicherung der Anforderungen, die an eine zulässige Zweckänderung von Daten gestellt werden, verlangt das BVerfG auch „verfahrensrechtliche Sicherungen wie Kennzeichnungs- und Protokollierungspflichten".[97]

Diese Grundsätze und Anforderungen erstreckt das BVerfG in seinem ATDG-Urteil explizit auch auf die Weiterverwendung von Daten, die durch Eingriffe in die Grundrechte auf informationelle Selbstbestimmung und – vom Beschwerdeführer nicht gerügt – auf Gewährleistung der Vertraulichkeit und Integrität informationstechnischer Systeme gewonnen wurden. Auch in diesen Fällen muss die Weitergabe der Daten dem Grundsatz der Zulässigkeit der hypothetischen Neuerhebung durch die empfangende bzw. abfragende Behörde entsprechen.[98] Wegen der unterschiedlichen Aufgaben, Befugnisse und Art der Aufgabenwahrnehmung bei Polizeibehörden und Nachrichtendiensten[99] erachtet das BVerfG die Zusammenführung von Daten dieser Behörden als nur unter engen verfassungsrechtlichen Grenzen zulässig.[100]

---

97 BVerfG (2013), 1499 (Rn. 114 sowie Rn. 225) mit Verweis auf BVerfG (1984a), 419 (428); BVerfG (2009b), 2431 (Rn. 92). Vertiefend zu den Kennzeichnungspflichten auch: BVerfG (2004), 999 (1019 f.); BVerfG (2000), 55 (57); SächsVerfGH (2005), 1310 (1316).

98 BVerfG (2013), 1499 (Rn. 114 sowie Rn. 226). Anders insoweit *Roggan* (2012a), 4, der verlangt, dass „schon für die Speicherung der Grunddaten [in der RED] die grundrechtsspezifischen Voraussetzungen für eine Zweckänderung gegeben" sein müssen.

99 In diesem Zusammenhang benennt das BVerfG die nachrichtendienstliche Aufgabe der Vorfeldaufklärung, die mit weitreichenden Befugnissen zur Datenerhebung einhergeht. Weder Tätigkeitsfelder noch einzusetzende Mittel seien detailliert ausgestaltet, die Eingriffsschwellen seien relativ gering und die Daten würden geheim gesammelt, Transparenz- und Berichtspflichten seien weitgehend suspendiert. Im Gegenzug seien die Nachrichtendienste auf Aufklärung fundamentaler Gefährdungen des Gemeinwesens beschränkt. Ihre Aufgabe ist die politische Information, nicht die operative Gefahrenabwehr. Dem entspreche es, dass diese Behörden Daten an Polizeibehörden nur in sehr engen Grenzen übermitteln dürften. Demgegenüber dürften Polizeibehörden nur aus konkretem Anlass tätig werden. Ihnen obliege die operative Gefahrenabwehr sowie Verhütung, Verhinderung und Verfolgung von Straftaten. Zur Aufgabenerfüllung sind ihnen detaillierte und präzise abgegrenzte Befugnisse verliehen, die notfalls auch mit Zwang durchgesetzt werden können. Dies spiegle sich auch in den Vorschriften über die polizeiliche Datenverarbeitung wider. Wesentliches Merkmal der polizeilichen Datenerhebung sei zudem, dass diese grundsätzlich offen zu erfolgen habe, vgl. BVerfG (2013), 1499 (Rn. 116 ff.).

100 BVerfG (2013), 1499 (Rn. 115).

Damit knüpft das BVerfG inhaltlich an seine bisherige Rechtsprechung an, wonach der Grundrechtsschutz auch durch organisatorische und verfahrensrechtliche Vorkehrungen zu bewirken ist, um der Gefahr einer Verletzung des Persönlichkeitsrechts wirksam entgegenzuwirken.[101] Diese prozeduralen Anforderungen dienen vorwiegend der Milderung der Eingriffsintensität.[102] Dazu kommen viele verschiedene Maßnahmen in Betracht, die vom BVerfG nicht abschließend benannt sind.[103] Auch hat der Gesetzgeber dabei einen Entscheidungsspielraum, soweit und solange die Kontrolle nur hinreichend wirksam ist und sich auf alle Schritte des Umgangs mit personenbezogenen Daten erstreckt.[104]

- Informationelles Trennungsprinzip

In diesem Zusammenhang geht das BVerfG auch auf das sog. informationelle Trennungsprinzip ein, welches es aus dem Grundrecht auf informationelle Selbstbestimmung ableitet.[105] Dieses Prinzip verbiete wegen der erwähnten Unterschiede zwischen Nachrichtendiensten und Polizeibehörden grundsätzlich einen Datenaustausch zwischen den genannten Behörden; Einschränkungen der Datentrennung seien nur ausnahmsweise zulässig.[106] Mithin ist die Zusammenarbeit bzw. ein Datenaustausch zwischen Polizei und Nachrichtendiensten nicht schlechthin verboten.[107] Allerdings unterlägen Regelungen, die einen solchen Austausch ermöglichten, gesteigerten verfassungsrechtlichen Anforderungen: Insbesondere wenn der Datenaustausch ein operatives Tätigwerden ermögliche und damit einen besonders

101 BVerfG (1984b), 1 (44); BVerfG (2006b), 29 (57 f.); BVerfG (2006a), 1939 (1941); *Ziekow/Debus/Piesker* (2013), 128.

102 *Britz* (2011), 84; *Ziekow/Debus/Piesker* (2013), 128.

103 *Stubenrauch* (2009), 139.

104 BVerfG (2000), 55 (57); *Stubenrauch* (2009), 139.

105 BVerfG (2013), 1499 (Rn. 123). Vgl. zur Existenz eines informationellen Trennungsprinzips aus der Literatur auch: *Thiel* (2011), 389; auch *Streiß* (2011), 178 ff. geht wohl von einer einfachrechtlichen Verortung aus; *Soiné* (2007), 247 f. hält einen Verfassungsrang des Trennungsgebots zumindest nicht für ausgeschlossen; *Warg* (2013), 201 geht von einer lediglich einfachrechtlichen Verortung des Trennungsprinzips aus. *Baldus* (2013a), 29 weist darauf hin, dass das Trennungsgebot ausdrücklich in Art. 97 der thüringischen Verfassung erwähnt wird und damit zumindest dort eindeutig Verfassungsrang hat; ob ein solcher Verfassungsrang auch im Übrigen zu bejahen ist, lässt er offen.

106 BVerfG (2013), 1499 (Rn. 123).

107 Konsequenterweise hat das BVerfG daher grundsätzlich auch einen direkten Datenaustausch zu operativen Zwecken im Rahmen der Verbunddatei in gesondert gelagerten Ausnahmefällen – Eilfälle – für zulässig erachtet, BVerfG (2013), 1499 (Rn. 201 ff.).

schweren Grundrechtseingriff darstelle, müsse er einem herausragenden öffentlichen Interesse dienen. Nur ein solches Interesse könne überhaupt „den Zugriff auf Informationen unter den erleichterten Bedingungen, wie sie den Nachrichtendiensten zu Gebote stehen", rechtfertigen.[108] Dass diese Anforderungen eingehalten werden, müsse „durch hinreichend konkrete und qualifizierte Eingriffsschwellen auf der Grundlage normenklarer gesetzlicher Regelungen" sichergestellt werden; dabei dürften auch die Eingriffsschwellen für die Erlangung der Daten nicht unterlaufen werden.[109]

Eine in der einschlägigen Literatur rege diskutierte Frage, nämlich ob sich darüber hinaus aus dem Verfassungsrecht ein Trennungsgebot ableiten lässt und wie weit dieses grundsätzlich reichen könnte,[110] hat das BVerfG auch in seinem Urteil zum ATDG nicht explizit entschieden.[111]

- Zwischenergebnis

Nach den oben genannten Kriterien kommt insbesondere der direkten Datenübermittlung im Eilfall, die eine Datennutzung zu operativen Zwecken ermögliche, ein besonders hohes Eingriffsgewicht zu.[112]

Eine Minderung der Eingriffsintensität erkennt das BVerfG in der Tatsache, dass die ATD als Verbunddatei ausgestaltet ist, die im Kern auf eine Informationsanbahnung beschränkt bleibt und eine Datennutzung zu operativen Zwecken nur in dringenden Ausnahmefällen zulässt.[113] Soweit Daten – außerhalb des Eilfalls – überhaupt übermittelt würden, dürften diese Daten ausschließlich dazu verwendet werden, um einen Informationsaustausch

---

108 BVerfG (2013), 1499 (Rn. 123).

109 BVerfG (2013), 1499 (Rn. 123).

110 Dafür *Stubenrauch*, Verbunddateien (2009), 24ff.; *Roggan* (2012a), 1; *Hilbrans* (2012a), 5: rechtsstaatliches Optimierungsgebot. Ein verfassungsrechtliches Trennungsgebot gänzlich ablehnend *Streiß* (2011), 164; *Roewer* (1987), § 3 BVerfSchG (Rn. 192); *Borgs-Maciejewski* (1986), BVerfSchG, § 3 (Rn. 125 ff.); einen instruktiven Überblick über den Diskussionsstand gibt *Arzt* (2014b), RED-G, § 1 (Rn. 15 ff.); zur Reichweite allgemein: *Wolff* (2011), 4 f. Dabei wird die Existenz eines verfassungsrechtlich begründeten informationellen Trennungsgebots verneint.

111 Dabei ist darauf hinzuweisen, dass die ATDG-Entscheidung des BVerfG diesbezüglich unterschiedlich bewertet wird. Teilweise wird das Urteil als Abkehr vom Trennungsgebot interpretiert und der Streit als entschieden betrachtet, so *Arzt* (2013), 1329; (Ersetzung durch informationelles Trennungsprinzip); ders. (2014b), RED-G, § 1 (Rn. 2). Eine andere Ansicht geht davon aus, dass das Urteil bezüglich der weiteren diskutierten Komponenten des Trennungsgebots keine Aussagen enthalte und insofern keine Klärung gebracht habe, so *Käß* (2013), 711.

112 BVerfG (2013), 1499 (Rn. 129).

113 BVerfG (2013), 1499 (Rn. 124).

vorzubereiten, nämlich um abzugleichen, ob die gespeicherte Person mit der Person identisch ist, die gesucht wird. Für die eigentliche Informationsübermittlung selbst sowie für die operative Aufgabenwahrnehmung bleibe das jeweils einschlägige Fachrecht der Maßstab; auf diese Weise würden die geringen Anforderungen an die Informationsanbahnung im Vorfeld gewissermaßen aufgefangen.[114] Auch wenn das Eingriffsgewicht der ATD deshalb wesentlich gemindert werde, bleibe es gleichwohl erheblich. Denn die ATD erleichtere durch die Informationsanbahnung den fachrechtlichen Austausch und verleihe *„so den bestehenden Einzelübermittlungsvorschriften materiell ein verändertes Gewicht."* Die ATD stelle *„sich so als vorgelagerter Bestandteil dieses fachgesetzlichen Austauschs dar."*[115] Zu berücksichtigen sei auch, dass die Aufnahme in die ATD für den Einzelnen erhebliche Konsequenzen haben könne, da er nunmehr zumindest in das Umfeld des Terrorismus gerückt werde. Hiervon wisse der Betroffene im Zweifel nichts und habe auch keine praktikable Möglichkeit sich zu wehren. Die Daten würden abstrakt ohne weitere Hintergrundinformationen gespeichert, einen Anlass müsse der Betroffene nicht geliefert haben. Dabei spiele die Tatsache, dass die ATD selbst nicht unmittelbar Grundlage belastender Maßnahmen sein könne, keine ausschlaggebende Rolle.[116]

(2) Übermaßverbot

Das BVerfG hält das ATDG für grundsätzlich mit dem Übermaßverbot vereinbar. Als dem Eingriffsgewicht gegenüberstehendes öffentliches Interesse benennt das Gericht den Informationsaustausch zur Aufklärung und Bekämpfung des internationalen Terrorismus und die genauere Einschätzung von Gefahrenlagen im Eilfall.[117] Die Notwendigkeit des Informationsaustausches ergebe sich schon aus der großen Zahl der Behörden, denen die Aufgabe der Aufklärung und Bekämpfung des internationalen Terrorismus überantwortet sei. Eine Verbunddatei spiele im Rahmen eines gezielten Informationsaustausches eine wichtige Rolle und trage zur Effektivität der Aufgabenwahrnehmung bei. Da Straftaten des internationalen Terrorismus schwer zu erfassen seien, könne die Aufgabenwahrnehmung durch einen

114 BVerfG (2013), 1499 (Rn. 125 f.).

115 BVerfG (2013), 1499 (Rn. 127). Diese sehr differenzierten Aussagen zur Eingriffsintensität des ATDG wurden allerdings auch kritisch betrachtet und als „dilatorischer Formelkompromiss mit wenig materiellem Substrat" bezeichnet, *Schwarz* (2014), 8.

116 BVerfG (2013), 1499 (Rn. 128). Ähnlich für das RED-G *Roggan* (2012a), 1 f.

117 BVerfG (2013), 1499 (Rn. 130).

gezielten Informationsaustausch, der durch eine Verbunddatei vermittelt werde, wesentlich verbessert werden. Dies gilt nach Auffassung des BVerfG ausdrücklich auch für eine direkte Datenübermittlung im Eilfall.[118] Eine wesentliche Rolle spielt in diesem Zusammenhang auch der Stellenwert, den eine effektive Terrorismusbekämpfung für die demokratische und freiheitliche Ordnung besitzt: Straftaten mit dem Gepräge des Terrorismus richten sich nach den Ausführungen des BVerfG *„gegen die Grundpfeiler der verfassungsrechtlichen Ordnung und des Gemeinwesens als Ganzes."*[119] Da die Verfassung dazu verpflichte, auch solche Straftaten nicht außerhalb des Rechts zu stellen, sondern sie mit den zur Verfügung stehenden rechtsstaatlichen Mitteln zu bekämpfen, sei es sachgerecht, der Terrorismusabwehr im Rahmen der rechtsstaatlichen Verhältnismäßigkeitsabwägung erhebliches Gewicht beizumessen.[120]

(3) Ergebnis

Im Grundsatz hält das BVerfG die ATD nach einer Gesamtwürdigung als Instrument der Informationsanbahnung sowie für eine Datenübermittlung in Eilfällen für verfassungsgemäß.[121]

Dies gilt nach Ansicht des BVerfG allerdings nicht, wenn es sich um Daten handelt, die aus Eingriffen in Art. 10, 13 GG herrühren: Angesichts der Tatsache, dass Maßnahmen, die Eingriffe in Art. 10, 13 GG darstellen, regelmäßig mit einer besonders intensiven Grundrechtsbeeinträchtigung verbunden sind, hält das BVerfG die diesen Maßnahmen gegenüber stehenden öffentlichen Belange nicht für ausreichend, um die Eingriffe zu rechtfertigen und das Gesetz insoweit für verfassungswidrig. Dabei spielte auch eine Rolle, dass eine große Zahl von Behörden auf die in der ATD hinterlegten Daten zugreifen kann. Nach einer Gesamtwürdigung kommt das BVerfG zu dem Ergebnis, dass die entsprechenden Regelungen des ATDG nicht mehr mit dem Übermaßverbot zu vereinbaren sind.[122]

Bezüglich der Möglichkeiten einer Neuregelung hält das BVerfG ausdrücklich fest, dass eine verdeckte Speicherung solcher Daten gemäß § 4 ATDG verfassungsgemäß wäre. Ob darüber hinaus eine Nutzungsregelung

118 BVerfG (2013), 1499 (Rn. 131 f.).
119 BVerfG (2013), 1499 (Rn. 133).
120 BVerfG (2013), 1499 (Rn. 133) mit Verweis auf BVerfG (2006a), 1939 (Rn. 126).
121 BVerfG (2013), 1449 (Rn. 134 ff.).
122 BVerfG (2013), 1499 (Rn. 226)

wie für die erweiterten Grunddaten verfassungsrechtlich zulässig wäre, hat das BVerfG explizit offen gelassen.[123]

Betont hat das BVerfG allerdings auch, dass selbst bei der grundsätzlichen Verfassungsmäßigkeit des ATDG im Übrigen bei der konkreten Ausgestaltung einzelner Vorschriften dem Grundsatz der Normenklarheit ausreichend Rechnung getragen werden müsse. Ebenso sei eine hinreichende Begrenzung der jeweiligen Normen unerlässlich.[124] Diese Anforderungen sieht das BVerfG im weiteren Verlauf der Entscheidung nicht für alle Normen des ATDG gewahrt und hat sie daher für verfassungswidrig erklärt.[125]

RED-G

a) Legitimer Zweck

Zweck des RED-G ist es, Sicherheitsbehörden schnell und einfach Kenntnis darüber zu verschaffen, ob bei anderen Sicherheitsbehörden Erkenntnisse über Personen vorliegen, die dem Umfeld des gewaltbezogenen Rechtsextremismus zugerechnet werden. Nach dem Gesetzentwurf soll eine Effektivierung des diesbezüglichen Informationsaustausches zwischen den Sicherheitsbehörden erreicht werden. Bereits existierende Formen der Zusammenarbeit sollen auf diese Weise sinnvoll ergänzt werden. Gleichzeitig soll die Qualität der zur Verfügung stehenden Daten durch die Minimierung des Risikos von Übertragungsfehlern erhöht werden.[126] Ein allgemeiner, gegen das Gebot der Zweckbindung verstoßender Datenaustausch wird – ebenso wenig wie im Rahmen des ATDG – nicht ins Werk gesetzt.[127]

123 BVerfG (2013), 1499 (Rn. 228).

124 BVerfG (2013), 1499 (Rn. 133 und 136 f.) mit Verweis auf BVerfG (2010), 833. Die Entscheidung betont bereits im 2. Leitsatz die Bedeutung normenklarer Regelungen und kommt hierauf an zahlreichen Stellen zurück. Allgemein zum Bestimmtheitsgrundsatz vgl. BVerfG (2008a), 822 (Rn. 209 ff.); BVerfG (2008b), 1505 (Rn. 93 ff.); BVerfG (2007), 2464 (Rn. 93 ff.); BVerfG (2004), 2213 (2215); *Debus* (2008), 133 ff.; *Tanneberger* (2014), 342 f.

125 Verfassungswidrig aus Gründen der Unbestimmtheit sind § 1 Abs. 2 ATDG a. F. (BVerfG (2013), 1499 (Rn. 139)), § 2 S. 1 Nr. 1 b ATDG a. F. bezüglich des Unterstützens einer unterstützenden Vereinigung (BVerfG (2013), 1499 (Rn. 149)), § 2 S. 1 Nr. 2 ATDG a. F. für das Merkmal des Befürwortens (BVerfG (2013), 1499 (Rn. 150 und Rn. 161)) und die Regelung über die Kontaktpersonen in § 2 S 1 Nr. 3 ATDG a. F. (BVerfG (2013), 1499 (Rn. 162)).

126 Bundesregierung (2012), 10.

127 So explizit zum ATDG BVerfG (2013), 1499 (Rn. 106).

Sachlich beschränkt sich der Datenaustausch auf „die Verbesserung zur Bekämpfung des gewaltbezogenen Rechtsextremismus".[128] Bezüglich der sachlichen Beschränkung des ATDG ist das BVerfG kritisch auf die Unschärfe des Begriffs des Terrorismus eingegangen, hat ihn im Ergebnis aber unbeanstandet gelassen (siehe hierzu die Ausführungen in Kapitel 6.1.3.2). Ob dies analog auch für das RED-G gelten kann, erscheint zumindest zweifelhaft. Zentraler Bezugspunkt des RED-G ist der „gewaltbezogene Rechtsextremismus". Eine Legaldefinition dieses Begriffs existiert nicht; auch eine mittelbare Definition über die Bezugnahme auf § 129a StGB, wie im ATDG, erfolgt nicht, obwohl sich auch § 2 Abs. 1 S. 1 Nr. 1 a) des RED-G auf ihn bezieht.[129] Denn die genannte strafrechtliche Vorschrift befasst sich mit der Bildung einer terroristischen Vereinigung, die Begrifflichkeit des gewaltbezogenen Rechtsextremismus verwendet sie hingegen nicht.

(1) Rechtsextremismus

Fraglich ist, ob sich der Begriff des Rechtsextremismus dennoch soweit konkretisieren lässt, dass er den aus dem Rechtsstaats- und Demokratieprinzip abgeleiteten Anforderungen an die Bestimmtheit einer Norm genügt.[130] Der Gesetzgeber versteht unter Rechtsextremismus ausweislich der Begründung zum RED-G Folgendes:

> „Rechtsextremismus ist der Oberbegriff für bestimmte verfassungsfeindliche Bestrebungen, die sich gegen die im Grundgesetz konkretisierte fundamentale Gleichheit der Menschen richten und die universelle Geltung der Menschenrechte ablehnen. Rechtsextremisten sind Feinde des demokratischen Verfassungsstaates, sie haben ein autoritäres Staatsverständnis, das bis hin zur Forderung nach einem nach dem Führerprinzip aufgebauten Staatswesen ausgeprägt sein kann. Das rechtsextremistische Weltbild ist geprägt von einer Überbewertung ethnischer Zugehörigkeit, aus der u. a. Fremdenfeindlichkeit resultiert. Dabei herrscht die Auffassung vor, die Zugehörigkeit zu einer Ethnie, Nation oder ‚Rasse' bestimme den Wert eines Menschen. Offener oder immanenter Bestandteil der überwiegenden Mehrzahl aller rechtsextremistischen Bestrebungen ist zudem der Antisemitismus. Individuelle Rechte und gesellschaftliche Interessenvertretungen treten zugunsten kollektivistischer ‚volksgemeinschaftlicher' Konstrukte zurück."[131]

128 Bundesregierung (2012), 10.
129 BVerfG (2013), 1499 (Rn. 106).
130 Vgl. hierzu nur BVerfG (2013), 1499 (Rn. 140).
131 Bundesregierung (2012), 10.

Auf internationaler Ebene wird der Begriff des Rechtsextremismus – anders als der Begriff des Terrorismus[132] – zumeist nicht explizit verwendet. Allerdings existiert auch bezüglich der den Rechtsextremismus nach der Gesetzesbegründung prägenden Prinzipien der Fremdenfeindlichkeit bzw. des Rassismus ein Rahmenbeschluss der EU.[133] Dieser und die Gesetzesbegründung zum RED-G entsprechen sich inhaltlich in Teilen.

Aus der Gesetzesbegründung dürfte sich der Begriff des Rechtsextremismus hinreichend konkret ermitteln lassen. Auch der erwähnte Rahmenbeschluss der EU kann ergänzend zur Auslegung des Begriffs herangezogen werden. Insoweit dürfte zumindest der Begriff des Rechtsextremismus den Anforderungen an Bestimmtheit und Klarheit einer Norm unter verfassungsrechtlichen Aspekten genügen.[134] Nichtsdestoweniger wäre unter den Aspekten der Normenklarheit und -bestimmtheit, denen im Rahmen der verfassungsrechtlichen Verhältnismäßigkeitsprüfung großes Gewicht zukommt, eine explizite Begriffsdefinition im Gesetzestext wünschenswert.

(2) Gewaltbezug

Der Begriff des Gewaltbezugs wirft ähnliche Probleme auf wie der Begriff des Rechtsextremismus. Auch hierbei handelt es sich um einen Begriff, dessen Konturen nicht zuletzt mangels expliziter gesetzlicher Definition im Rahmen einer Auslegung herausgearbeitet werden müssen. Nur wenn sich die Konturen hinreichend bestimmt ermitteln lassen, genügt der verwendete Begriff den verfassungsrechtlichen Anforderungen.

- Gesetzesbegründung

Die Gesetzesbegründung geht davon aus, dass ein Gewaltbezug

132 Amtsblatt der Europäischen Union (2008b). Darauf verweisend *Zöller* (2007), 764 f.; UN-Sicherheitsrat (2001).

133 Amtsblatt der Europäischen Union (2008a).

134 Die von *Albrecht/Knabe* (2012), Abs. 6, vorgeschlagene Abgrenzung des Rechtsextremismus zu anderen, noch erlaubten Strömungen danach, ob Mittel verwendet werden, die sich abseits der bestehenden Rechtsordnung bewegen, dürfte insoweit keinen Mehrwert bringen. Abgesehen davon, dass nicht ganz klar wird, was damit im Detail gemeint ist, ergibt sich auch aus der Gesetzesbegründung, dass es sich um verfassungsfeindliche Bestrebungen handeln muss. Es scheint schwer vorstellbar, dass dieses Ziel mit legalen Mitteln erreicht werden kann. Denn selbst das bloße Werben für eine solche Position dürfte nicht mehr von der Meinungsfreiheit gedeckt und strafrechtlich sanktioniert sein.

> „neben einer subjektiven Komponente auch eine objektive Anknüpfung an gewalttätiges Verhalten [erfordert] und [...] damit gegenüber der bloß subjektiven ‚Gewaltbereitschaft' enger [ist].“[135]

In diesem Zusammenhang wird der Gewaltbezug als einschränkendes Attribut des Rechtsextremismus verstanden.[136]

- Innenausschuss

Von den ExpertInnen, die auf Aufforderung des Innenausschusses eine Stellungnahme zum Gesetzesentwurf abgegeben haben, wurde der Begriff des Gewaltbezugs überwiegend kritisch gesehen. Lediglich der Vertreter des BfV sah den Begriff durch die unterschiedlichen Tatbestandsalternativen in § 2 RED-G als legaldefiniert an. Diese Definition sei so differenziert und ausführlich, wie in kaum einem anderen Gesetz. Es sei gerade nicht ausreichend, wenn Gewalt lediglich gutgeheißen werde, es müsse eindeutig immer ein objektiv fördernder Beitrag im Sinne von Unterstützung, Vorbereitung oder vorsätzlichen Hervorrufens geleistet werden.[137] Dagegen wurde der Gewaltbezug von einem wissenschaftlichen Sachverständigen zwar noch als im Ergebnis ausreichend bestimmt erachtet, es wurde aber dennoch kritisch angemerkt, dass der Begriff des Gewaltbezugs rein linguistisch betrachtet weiter sei als der Begriff der Gewaltbereitschaft, da der Gewaltbezug, anders als die Gewaltbereitschaft, nicht zwingend voraussetze, dass die handelnde Person selbst gewaltbereit sein muss. Aus der Gesetzesbegründung ergebe sich aber der Sinn, den der Gesetzgeber dem Begriff beigemessen habe, hinreichend konkret; eine Legaldefinition sei aber vorzugswürdig.[138]

Demgegenüber hält die überwiegend zum Ausdruck gebrachte Meinung den Begriff des Gewaltbezugs für nicht hinreichend klar bestimmt. Dies wird zum einen damit begründet, dass sich die von der Gesetzesbegründung verlangte objektive, praktische Beziehung zu Gewalttaten nicht aus dem Wortlaut ergebe. Vielmehr liege ein Verständnis nahe, dass eine propagandistische Bezugnahme auf Gewalt, Gewaltphantasien, etc. ausreichend seien.[139] Zum anderen wird auf die Unschärfe des Gewaltbegriffs selbst abgestellt.[140] Da das RED-G *„nicht mehr nur auf die Bekämpfung schwerster*

135 Bundesregierung (2012), 12.
136 Bundesregierung (2012), 12.
137 *Eisvogel* (2012b), 47 f.
138 *Wolff* (2011), 5 f.
139 *Hilbrans* (2012a), 6.
140 *Drohla* (2012), 11.

Straftaten, sondern (auch) auf die Bekämpfung von ausgehend vom Strafrahmen des § 223 StGB kleineren und mittelschweren Straftaten" abziele, sei seine Zielsetzung deutlich weiter als die des ATDG. Insbesondere könne unter den Wortlaut *„jede Art von Gewaltbezug gefasst werden, angefangen von Gewalt gegen Sachen über psychische, physische Gewalt gegen Personen bis hin zu Mord, solange diese rechtsextremistisch motiviert ist."* Auch sei unklar, *„wie der Bezug zwischen rechtsextremistischem Hintergrund und Gewalttat beschaffen sein muss."* So sei eine menschenverachtende Motivation des Täters nach dem Verständnis des Verfassungsschutzes nicht zwingend Voraussetzung einer rechtsextremistischen Gewalttat. Der Verfassungsschutz erfasse als rechtsextremistische Gewalttaten auch *„Delikte wie Widerstand gegen Vollstreckungsbeamte oder auch Straftaten wie Raub, die nur mittelbar einen rechtsextremistischen Hintergrund aufweisen."*[141] Ergänzend wird auch darauf Bezug genommen, dass sogar die Gesetzesbegründung selbst davon ausgeht, dass eine Abgrenzung zwischen gewaltfreien und gewalttätigen rechtsextremistischen Bestrebungen zumindest in der Realität nicht möglich erscheint.[142] Auffällig ist an dieser Stelle auch, dass die Gesetzesbegründung selbst ausdrücklich vom „gewalttätigen" Rechtsextremismus spricht. Diese Wortwahl hat keinen Eingang in den Gesetzestext des RED-G gefunden, obgleich dies mit Blick auf die größere Bestimmtheit des Begriffs im Rahmen der Expertenanhörung ausdrücklich empfohlen wurde.[143]

- ATDG-Urteil zum Gewaltbegriff

Soweit das ATDG in § 2 S. 1 Nr. 2 die Speicherung von Personen vorsieht, die rechtswidrig Gewalt als Mittel der Durchsetzung bestimmter Belange anwenden, entging die Vorschrift nur knapp dem Verdikt der Verfassungswidrigkeit. In einer 4:4-Stimmen-Entscheidung stellte das BVerfG fest, dass der Gewaltbegriff im konkreten Zusammenhang den Anforderungen, die die Verfassung an ein Gesetz stellt, (gerade noch) gerecht wird.[144] Dies kann aber auch nach Auffassung der die Entscheidung tragenden Richter nur gelten, wenn diesem Begriff keine übermäßig weite Bedeutung beigelegt wird.[145] Gewalt müsse im Rahmen des ATDG ganz konkret als Gewalt

141 *Drohla* (2012), 12.

142 *Schaar* (2012a), 13; so explizit auch Bundesregierung (2012), 22 in Bezug auf die Änderung von § 6 S. 8 BVerfSchG.

143 *Poscher* (2012b), 33.

144 BVerfG (2013), 1499 (Rn. 150 ff.).

145 BVerfG (2013), 1499 (Rn. 150).

verstanden werden, die sich unmittelbar gegen Leib und Leben richtet oder durch den Einsatz gemeingefährlicher Mittel geprägt ist.[146] Die Vertreter der abweichenden Meinung bewerten die vorgeschlagene Interpretation hingegen als inkonsequent. Nach allgemein anerkannten strafrechtlichen Auslegungsgrundsätzen sei der Gewaltbegriff deutlich weiter gefasst und erfasse insbesondere auch lediglich physisch vermittelte psychische Gewalt. Insbesondere da das ATDG selbst an strafrechtliche Normen anknüpfe, sei die Heranziehung der anerkannten strafrechtlichen Auslegung nicht fernliegend.[147] Da sich der Gesetzgeber ganz bewusst für diesen weiten Begriff entschieden habe, scheide auch eine verfassungskonforme Auslegung aus.[148] Hinzu komme, dass gerade im Kontext des Datenschutzes besonders strenge Anforderungen an die Bestimmtheit einer Norm zu stellen sind.[149]

- Stellungnahme

Diese kritischen Einwände lassen sich, insbesondere vor dem Hintergrund der Ausführungen des BVerfG im ATDG-Urteil zum Gewaltbegriff, nicht ohne weiteres von der Hand weisen. Dies gilt zunächst für den Punkt, dass sich auch der Gesetzesbegründung nicht eindeutig entnehmen lässt, wie das Zusammenspiel zwischen subjektiver und objektiver Ebene des Gewaltbezugs erfolgen muss. Auch bezüglich der Frage, ob bei einer vorliegenden Gewalttat ein unmittelbarer Bezug zum Rechtsextremismus erforderlich ist, oder ob auch nur mittelbar rechtsextremistisch motivierte Gewalttaten für eine Aufnahme in die Datei ausreichen – z. B. Raub zur Finanzierung der eigentlichen rechtsextremistischen Bestrebungen – belässt der Gesetzestext Interpretationsspielräume.

Gleichwohl dürfte die Anwendung des tradierten Kanons juristischer Auslegungsregeln eine den verfassungsrechtlichen Anforderungen genügende hinreichende Konkretisierung des Begriffs des Gewaltbezugs ermöglichen: Wie § 2 Satz 1 letzter Halbsatz RED-G durch das zusätzliche Tatbestandsmerkmal der *Erforderlichkeit* der Kenntnis der Daten für die Bekämpfung des gewaltbezogenen Rechtsextremismus deutlich macht, ist unter dem Gewaltbezug im Sinne des RED-G die Erfüllung eines der Tatbe-

146 BVerfG (2013), 1499 (Rn. 151).

147 BVerfG (2013), 1499 (Rn. 154). Ähnlich für das RED-G *Roggan* (2012a), 5 f. und *Drohla* (2012), 11 f.

148 BVerfG (2013), 1499 (Rn. 156).

149 BVerfG (2013), 1499 (Rn. 157).

standsmerkmale des § 2 Satz 1 Nr. 1-4 RED-G zu verstehen. Der dort verwendete Gewaltbegriff unterscheidet sich jedoch nicht in verfassungsrechtlich relevanter Weise von dem des ATDG.

(3) Bedeutung für das Vorliegen eines legitimen Zwecks

Ein legitimer Zweck liegt schon dann vor, wenn sachgerechte und vernünftige Erwägungen des Gemeinwohls vorhanden sind, die der Wertordnung des Grundgesetzes nicht widersprechen.[150] Insofern ist die Verfolgung eines legitimen Zwecks durch die Regelungen des RED-G zu bejahen.

a) Geeignetheit

Für die Geeignetheit genügt die abstrakte Möglichkeit der Zweckerreichung, wobei eine Teileignung bereits ausreicht. Die Bestimmung darf nicht schlechthin ungeeignet sein,[151] der Gesetzgeber verfügt diesbezüglich über einen Prognosespielraum.[152]

Zwar wurden Zweifel daran geäußert, ob das RED-G tatsächlich dazu beitragen könne, in Zukunft bislang nicht erkannte Zusammenhänge zwischen verschiedenen, auf rechtsextremistischer Gesinnung beruhender Straftaten zu erkennen und damit einen effektiven Beitrag zur Bekämpfung des Rechtsextremismus zu leisten.[153] Bezweifelt wurde insbesondere die Annahme des Gesetzgebers, nicht die Informationserhebung selbst sei in Bezug auf die Bekämpfung gewaltbezogener rechtsextremer Straftaten optimierungsbedürftig, sondern die Übermittlung an andere Behörden. Insoweit bestehe keine hinreichend valide Grundlage gesetzgeberischen Tätigwerdens, es sei nicht auszuschließen, dass bislang „lediglich" Vollzugsdefizite bei ausreichender gesetzlicher Grundlage bestünden.[154] Jedoch ist die Nachweisbarkeit einer Kausalität zwischen der Einspeicherung in einer Verbunddatei und einem konkreten Aufklärungserfolg für die Bejahung der Geeignetheit des RED-G nicht erforderlich. Es reicht aus, dass es abstrakt betrachtet dazu beitragen kann, den angestrebten Zweck – eine Effektivie-

150 BVerfG (1976), 2119 (2120 f.); *Merten* (2009), § 68 (Rn. 62).

151 BVerfG (2010), 1212 (1217).

152 *Merten* (2009), § 68 (Rn. 65).

153 *Roggan* (2012b), 44; *Schaar* (2012b), 43. Ähnlich *Albrecht/Knabe* (2012), Abs. 51.

154 *Schaar* (2012a), 8 f.; zu diesem Ergebnis kommt bezüglich der NSU-Mordserie auch die Bund-Länder-Kommission (2013) (Rn. 562 ff.). Auch *Drohla* (2012), 4 weist auf die unzureichende Wissensgrundlage des Gesetzentwurfs hin.

rung des Datenaustausches zwischen unterschiedlichen Sicherheitsbehörden zur Bekämpfung des gewaltbezogenen Rechtsextremismus – zu erreichen. Dies ist zu bejahen.[155]

b) Erforderlichkeit

Die Erforderlichkeit des Gesetzes wurde im Rahmen der Sachverständigenanhörung des Innenausschusses angesichts der bereits existierenden anderweitigen Möglichkeiten der Polizeibehörden und Nachrichtendienste, Informationen über rechtsextremistische Bestrebungen auszutauschen, bezweifelt.[156] Andere hielten die Errichtung der Datei zur effektiveren Aufgabenwahrnehmung ohne nähere Begründung für erforderlich.[157]

Insbesondere im Hinblick auf die Existenz gemeinsamer Abwehrzentren, polizeilicher Verbunddateien und bestehender fachrechtlicher Datenübermittlungsvorschriften könnten Zweifel an der Erforderlichkeit des RED-G aufkommen, jedenfalls soweit die genannten Instrumentarien gleichermaßen zur Zielerreichung geeignet sind, gleichzeitig aber einen schonenderen Eingriff in Grundrechte darstellen. In Relation zu den Zielen des RED-G ist bezüglich der gemeinsamen Abwehrzentren angesichts bestehender Unterschiede sowohl eine vergleichbare Eignung[158] als auch das Vorliegen eines milderen Eingriffs in Grundrechte zu verneinen.[159]

155 *Hilbrans* (2012b), 42; *Petri* (2013), 7. Ähnlich, aber ohne Bezug zur NSU-Mordserie *Eisvogel* (2012a), 2; *Maurer* (2012), 2. Ebenfalls ähnlich *Schaar* (2012b) und *Roggan* (2012b), 43 f., die zumindest nicht ausschließen wollen, dass das RED-G zur Verhinderung rechtsextremistischer Straftaten beitragen könnte. Demgegenüber lehnt Schaar in seiner schriftlichen Stellungnahme die Geeignetheit des RED-G ausdrücklich ab, weil Defizite bei der Datenerhebung bzw. im Vollzug bestünden, die durch Regelungen zur Datenübermittlung gerade nicht behoben werden könnten, Schaar (2012a), 8 f.

156 *Hilbrans* (2012a), 2 ff., 7; *Schaar* (2012a), 9 ff.

157 So 2. Untersuchungsausschuss (2013), 804. *Wolff* (2011), 1 f. erachtet das RED-G ebenfalls für erforderlich, um strukturelle Schwächen der bestehenden Sicherheitsarchitektur auszugleichen. Insbesondere sei die grundsätzliche Ausgestaltung als Indexdatei ein deutlich milderes Mittel als gemeinsame Abwehrzentren.

158 Zu den Unterschieden und Gemeinsamkeiten: Bundesregierung (2013), 50 zum Verhältnis ATDG und Abwehrzentren; von einem Ergänzungsverhältnis zwischen Abwehrzentren und RED-G gehen *Eisvogel* (2012b), 25 und *Maurer* (2012), 4 aus; *Srol* (2012), 115 f. Eine detaillierte Bestandsaufnahme bestehender Kooperationsinstrumente findet sich bei *Hilbrans* (2012a), 2 ff.

159 *Srol* (2012), 120; *Wolff* (2011), 2; *Dombert/Räuker* (2014), 420 sprechen in Bezug auf diese Einrichtungen von einem „rechtsstaatlichen Unbehagen". A. A. *Weisser* (2011), 146.

Was rein polizeiliche Verbunddateien (z. B. „Gewalttäter rechts“ oder „Gewalttäter Sport“) anbelangt, fehlt es ebenfalls an einer dem RED-G vergleichbaren Eignung, weil die Rechtsgrundlagen dieser Verbunddateien einen Datenaustausch ausschließlich zwischen Polizeibehörden, nicht aber zwischen Polizeibehörden und Nachrichtendiensten ermöglichen.

Bezüglich bestehender fachrechtlicher Datenübermittlungspflichten zwischen Polizeibehörden und Nachrichtendiensten[160] fehlt ebenfalls eine dem RED-G entsprechende Eignung: Die fachgesetzlichen Übermittlungsvorschriften ermöglichen einer suchenden Behörde im Gegensatz zum RED-G gerade keinen unmittelbaren oder mittelbaren Zugriff auf Daten einer einspeichernden Behörde. Auf fachgesetzlicher Ebene ist die suchende Behörde vielmehr auf die Initiative der datenbesitzenden Behörde angewiesen.

Auch der Tatsache, dass sich der Gesetzgeber mit dem RED-G für eine Mischform aus Volltext- und Indexdatei entschieden hat, kommt unter dem Aspekt der Erforderlichkeit großes Gewicht zu, da diese Ausgestaltung gegenüber einer reinen Volltextdatei das mildere Mittel darstellt.[161] Soweit die Datei in bestimmten Fällen als Volltextdatei ausgestaltet ist, ist kein milderes Mittel erkennbar, das den verfolgten Zweck in gleichem Maße erreichen könnte.

c) Verhältnismäßigkeit im engeren Sinn

(1) Eingriffsgewicht

Was das Gewicht des Grundrechtseingriffs anbelangt, kann weitestgehend auf die diesbezüglichen Ausführungen im Urteil des Bundesverfassungsgerichts zum ATDG[162] verwiesen werden. Auch bezüglich des RED-G ist davon auszugehen, dass den mit einer Speicherung und Verwendung von Daten verbundenen Grundrechtseingriffen ein erhebliches Gewicht zuzumessen ist. Dabei sind an der RED, ebenso wie an der ATD, sowohl Polizeibehörden als auch Nachrichtendienste beteiligt, was die Intensität des Grundrechtseingriffs verstärkt, da in dieser Fallkonstellation nicht nur das Prinzip der Zweckbindung von Daten, sondern auch das sog. informationelle Trennungsprinzip zum Tragen kommt. Damit ist die Datenübermittlung nur zu-

160 Vgl. hierzu *Schaar* (2012a), 9 f.

161 In diesem Sinne *Stubenrauch* (2009), 204.

162 BVerfG (2013), 1499 (Rn. 111 ff.).

lässig, wenn zum einen die Voraussetzungen für eine hypothetische Neuerhebung der Daten vorliegen,[163] zum anderen muss der Datenaustausch zwischen Polizei und Nachrichtendiensten, insbesondere wenn er Grundlage operativer Tätigkeiten werden soll, einem herausragenden öffentlichen Interesse dienen.[164]

Wenn demgegenüber gefordert wird, nicht nur die Datenübermittlung, sondern bereits deren Speicherung in der RED[165] müsse dem Grundsatz der Zweckbindung entsprechen, weil wegen der direkten Zugriffsmöglichkeit auf erweiterte Grunddaten im Eilfall eine Stigmatisierung der Betroffenen zu befürchten sei,[166] so ist dem entgegenzuhalten, dass gerade wegen der Ausgestaltung der Datei als Informationsanbahnungsinstrument und aufgrund der Unterschiedlichkeit der beteiligten Behörden bei der Speicherung noch nicht endgültig absehbar ist, für welche konkreten Zwecke die Daten später verwendet werden. Die vollständige Erfüllung der Voraussetzungen des Grundsatzes der Zweckbindung auf Ebene der Speicherung der Daten scheint mithin zumindest schwierig; dabei ist auch zu berücksichtigen, dass durch die Speicherung selbst im Regelfall nur der Zugriff auf die einfachen Grunddaten eröffnet wird. Die Intensität dieses Grundrechtseingriffs ist nicht ebenso groß wie bei einem Zugriff auf die erweiterten Grunddaten. Insofern dürfte es in diesem Zusammenhang hinnehmbar sein, dass auch

---

163 BVerfG (2013), 1499 (Rn. 114) mit Verweis auf BVerfG (2004), 999 (1019). Dabei stellt das BVerfG auch klar, dass dieser Grundsatz „nicht schematisch abschließend ist und die Berücksichtigung weiterer Gesichtspunkte nicht ausschließt, BVerfG (2013), 1499 (Rn. 226). In der Literatur wird die Zulässigkeit einer Zweckänderung auch unter dem Gesichtspunkt einer „Äquivalenz der Zwecke" diskutiert: Danach ist die Weiterverwendung von Daten nur dann zulässig, wenn sie dem Schutz von Rechtspositionen dient, die denjenigen Rechtspositionen entsprechen, zu deren Schutz die Daten ursprünglich erhoben wurden, vgl. hierzu insgesamt *Baldus* (2013b), Art. 10 (Rn. 52); *Poscher/Rusteberg* (2014), 71; anders *Bäcker et al.* (2013), 206; *Denninger* (2012), Kapitel B (Rn. 45 ff.).

164 BVerfG (2013), 1499 (Rn. 123).

165 In diesem Zusammenhang weist *Arzt* (2014b) RED-G, § 1 (Rn. 9) darauf hin, dass bereits die Speicherung der Daten in der RED streng genommen eine Datenübermittlung der beteiligten Behörden an das BKA darstellt.

166 *Roggan* (2012a), 4, der deshalb den Grundsatz der Zweckbindung durch das RED-G als nicht mehr gewahrt ansieht. In eine ähnliche Richtung weisen auch die Ausführungen bei *Arzt* (2014b), RED-G, § 1 (Rn. 18). Er geht davon aus, dass eine Begrenzung dahingehend, „dass jede Behörde nur das übermitteln darf, worüber die jeweils andere Behörde aufgrund ihrer Aufgabenstellung zulässigerweise verfügen darf", durch das RED-G aufgehoben wird, weil im Eilfall auf die Daten zugegriffen werden darf oder eine Zweckänderung zulässig ist. Faktisch sieht er diese Begrenzung aber auch bei jedem Zugriff auf die Grunddaten aufgehoben.

die Anforderungen an das öffentliche Interesse, das eine Durchbrechung des Zweckbindungsgrundsatzes rechtfertigen kann, zurückgenommen werden und die verschärften Anforderungen an das rechtfertigende öffentliche Interesse erst auf Ebene der konkreten Datenverwendung, auch im Eilfall, verlangt werden. An dieser Stelle ist dann auch zu berücksichtigen und in dieser Gesamtheit zu würdigen, dass Datenspeicherung und -verwendung zusammenwirken.[167]

Dabei bleibt aber stets zu berücksichtigen, dass den Datenübermittlungsmöglichkeiten, die das RED-G im Eilfall vorsieht, erhebliche Eingriffsintensität zukommt. Vergleichbares gilt auch für die erweiterte Datennutzung nach § 7 RED-G, deren verfassungsrechtliche Zulässigkeit bislang noch nicht vom BVerfG geprüft wurde. Im Rahmen des § 7 RED-G wird unter bestimmten Voraussetzungen ein unmittelbarer Datenaustausch ermöglicht, der nicht mehr an die Voraussetzungen eines Eilfalls gebunden ist.

Demgegenüber ist in Rechnung zu stellen, dass das RED-G, ebenso wie das ATDG, im Regelfall auf die Informationsanbahnung beschränkt bleibt und keine unmittelbare Datenübermittlung stattfindet. Diese richtet sich im Regelfall nach den einschlägigen fachrechtlichen Übermittlungsvorschriften. Dennoch ist auch im Rahmen der RED mit einer Stigmatisierung der Betroffenen zu rechnen, die zudem nicht offengelegt wird.[168] Ebenso ist davon auszugehen, dass die Inhalte der RED gewisse Vorwirkungen auf die folgende Übermittlung auf fachrechtlicher Basis entfalten.

(2) Übermaßverbot

Dieser hohen Grundrechtsintensität, die den mit dem RED-G verbundenen Eingriffen zuzumessen ist, stehen das öffentliche Interesse der Aufklärung

167 So zur Eingriffsintensität des ATDG BVerfG (2013), 1499 (Rn. 111).

168 Dieser Problematik misst *Wolff* (2011), 6 keine ausschlaggebende Bedeutung bei. Weil die Datei nicht öffentlich zugänglich ist, sei die Belastung für die Betroffenen nur eingeschränkt. Bei dieser Argumentation wird allerdings übersehen, dass die Stigmatisierung nicht nur aus der bloßen Speicherung in der Datei folgt, sondern daran anknüpfend an evtl. folgende Exekutivmaßnahmen, die zwar auf anderer rechtlicher Grundlage beruhen, mittelbar aber zumindest mit auf die Speicherung in der RED zurückgeführt werden können. Auch die Tatsache, dass keine Benachrichtigung über die Speicherung an den Betroffenen erfolgt, wirkt verschärfend, da Rechtsschutzmöglichkeiten insoweit verkürzt werden.

und Bekämpfung des gewaltbezogenen Rechtsextremismus[169] sowie die genauere Einschätzung von Gefahrenlagen im Eilfall gegenüber.

Wie der Begriff des Gewaltbezugs zu interpretieren ist, ist zentraler Bezugspunkt der Frage, ob das RED-G dem Übermaßverbot genügt. Soweit hiermit ausschließlich Gewalttaten erfasst werden sollen, die sich unmittelbar gegen Leib oder Leben richten oder mit gemeingefährlichen Mitteln verwirklicht werden, dürfte das im Rahmen des RED-G den Grundrechtseingriffen gegenüberstehende öffentliche Interesse demjenigen, das dem ATDG zugrunde liegt, vergleichbar sein und den Anforderungen des Übermaßverbotes genügen.

(3) Zwischenergebnis

Bei Zugrundelegung der dargestellten Auslegung kann nicht von der Unverhältnismäßigkeit und damit von der Verfassungswidrigkeit des RED-G insgesamt ausgegangen werden. Soweit das BVerfG das ATDG für verfassungswidrig erklärt hat, weil es einen direkten Zugriff auf Daten ermöglichte, die aus Eingriffen in Art. 10, 13 GG herrühren, hat sich diese Problematik bezüglich der jeweiligen Parallelregelungen im RED-G mittlerweile durch die mit Art. 2 des Gesetzes vom 18.12.2014[170] vorgenommenen Änderungen erledigt. § 4 Abs. 3 RED-G n. F. sieht nunmehr vor, dass solche Daten nur noch verdeckt gespeichert werden dürfen. Dieses Vorgehen hat das BVerfG in seiner Entscheidung zum ATDG ausdrücklich als verfassungskonformen Weg skizziert.[171]

d) Exkurs: Additive Grundrechtseingriffe

Obwohl in Bezug auf Verbunddateien teilweise davon ausgegangen wird, dass eine Doppel- oder Mehrfachspeicherung in verschiedenen solcher Dateien einen sog. additiven oder kumulativen Grundrechtseingriff darstellt,[172] hat sich das BVerfG im ATDG-Urteil mit dieser Thematik nicht befasst. Auch

169 *Wolff* (2011), 6, spricht insoweit lediglich davon, dass die Kontaktaufnahme zwischen Behörden ermöglicht werden soll, was aus seiner Sicht einen sinnvollen Gemeinwohlgrund darstellt; eine Auseinandersetzung mit der Bestimmtheit des Begriffs des gewaltbezogenen Rechtsextremismus erübrigt sich damit an dieser Stelle. Allerdings geht Wolff auch davon aus, dass die durch das RED-G vermittelten Grundrechtseingriffe im Regelfall nicht sehr gewichtig sind.

170 BGBl I, 2318.

171 BVerfG (2013), 1499 (Rn. 228).

172 *Lang* (2011), 219 f.; *Kurz et al.* (2012), 6; *Drohla* (2012), 6.

soweit dieser Themenkomplex ansonsten bislang Gegenstand der höchstrichterlichen Rechtsprechung war, wurde – soweit ersichtlich – eine auf der Addition bzw. Kumulation verschiedener Grundrechtseingriffe basierende Verfassungswidrigkeit einer Norm (noch) nicht festgestellt.[173] Da der Themenkomplex aber angesichts der weiter wachsenden Zahl an Verbunddateien potenziell an Bedeutung gewinnt und sich auf die Beurteilung der Verhältnismäßigkeit der entsprechenden Vorschriften auswirken kann,[174] erfolgt an dieser Stelle zumindest eine kurze Befassung mit der Thematik.

Angesichts der jeweiligen Voraussetzungen der unterschiedlichen Dateien ist es grundsätzlich denkbar, dass ein und dieselbe Handlung eines Betroffenen eine Speicherungspflicht sowohl in der RED als auch in anderen übergreifenden, d. h. Polizeibehörden und Nachrichtendienste umfassenden Verbunddateien, z. B. in der ATD[175] auslöst. Eine Doppelspeicherung von Daten in der RED und rein polizeilichen bzw. rein nachrichtendienstlichen Verbunddateien liegt schon in der Konzeption der RED begründet, da das RED-G lediglich dazu verpflichtet, bereits vorhandene Daten in die RED einzuspeichern; dies dürfte angesichts der geschützten Rechtsgüter aber unproblematisch sein (vgl. hierzu die Ausführungen unter Kapitel 6.2.2). Echte Überschneidungen mit übergreifenden Verbunddateien sind auch zwischen den in RED-G, BKAG und BVerfSchG vorgesehenen Projektdateien denkbar.

In solchen Fällen muss wohl vom Vorliegen eines additiven Grundrechtseingriffs ausgegangen werden. Dieser Begriff bezeichnet das Phänomen, dass die Kumulation von Grundrechtseingriffen deren Intensität erhöht.[176] Mehrere für sich betrachtet möglicherweise angemessene oder zumutbare Eingriffe in grundrechtlich geschützte Bereiche können in ihrer Gesamtwirkung zu einer schwerwiegenden Beeinträchtigung führen, die

173 Exemplarisch sei an dieser Stelle auf die Ausführungen in BVerfG (2007), 2753 (Rn. 59) verwiesen: *„Der Gesetzgeber hat durch vielfältige Regelungen deutlich gemacht, dass eine von Verfassungs wegen stets unzulässige Rundumüberwachung, mit der ein umfassendes Persönlichkeitsprofil eines Beteiligten erstellt werden könnte, durch allgemeine verfahrensrechtliche Sicherungen auch ohne spezifische gesetzliche Regelung grundsätzlich ausgeschlossen sein soll."*

174 Zu den prozessualen Auswirkungen von Belastungswirkungen *Hillgruber* (2011), § 200 (Rn. 100).

175 Alleine die Tatsache, dass die ATD einen internationalen Bezug aufweist, während die RED rechtsextremistische Bestrebungen erfasst, steht einer potenziellen Doppelspeicherung nicht entgegen, denn auch rechtsextremistische Bestrebungen können nationenübergreifend vernetzt sein.

176 *Ziekow/Debus/Piesker* (2013), 112 ff.

das Maß der rechtsstaatlich hinnehmbaren Eingriffsintensität überschreitet.[177] Dabei setzt der additive Grundrechtseingriff einen einheitlichen Zusammenhang mehrerer Maßnahmen voraus. Ein solcher Zusammenhang wurde bislang zumindest für solche Eingriffe bejaht, die denselben Adressaten treffen, in einem ähnlichen ermittlungs- bzw. strafverfolgungsrechtlichen Kontext stehen und denen der gleiche Lebensbereich zugrunde liegt.[178] Dies dürfte in Bezug auf die Mehrfachspeicherung in unterschiedlichen Verbunddateien zumindest dann zu bejahen sein, wenn ein und dasselbe Ereignis die Speicherungspflicht auslöst.

Bei einer Übertragung der zur Figur des additiven Grundrechtseingriffs erarbeiteten Grundsätze ist zunächst zu berücksichtigen, dass sie ursprünglich für den Bereich der Datenerhebung, insbesondere im Bereich polizeilicher Überwachungsmaßnahmen, entwickelt wurde.[179] Auch die Konsequenzen des Vorliegens eines additiven Grundrechtseingriffs sind noch nicht abschließend geklärt.[180] Besteht das Risiko additiver Grundrechtseingriffe, sind in jedem Fall besondere verfahrensrechtliche Sicherungen vorzusehen.[181] Allerdings hat das BVerfG auch betont, dass eine Rundumüberwachung, die die Erstellung eines Persönlichkeitsprofils ermöglicht, stets unzulässig ist.[182]

Insofern kann derzeit weder sicher prognostiziert werden, ob bzw. wann das BVerfG einen unzulässigen, additiven Grundrechtseingriff durch eine (zusätzliche) Verbunddatei ausdrücklich bejahen würde, noch, welche Konsequenzen es hieran knüpfen würde. Angesichts der sich eindeutig unterscheidenden Zielsetzungen der für eine potenzielle Doppelspeicherung in Betracht kommenden Dateien dürfte eine tatsächliche Doppelspeicherung in übergreifenden Verbunddateien derzeit allenfalls den Ausnahmefall darstellen. In diesem Fall dürfte insbesondere der großen Bedeutung der entgegenstehenden Schutzgüter wegen auch bei Vorliegen eines additiven

177 BVerfG (2012), 1784 (Rn. 59); BVerfG (2009b), 2433 (Rn. 238 f.).

178 OVG Münster (2013), Rn. 15 ff. spricht von Eingriffen mit gleichem Regelungsziel in gleiche Lebensbereiche; ähnlich auch *Hillgruber* (2011), § 200 (Rn. 97); *Lücke* (2001), 1470; *Kirchhof* (2006), 734.

179 Vgl. insoweit BVerfG (2012), 907 (Rn. 105 ff.); BVerfG (2010), 833 (Rn. 216); BVerfG (2007), 2753 (Rn. 57); BVerfG (2005), 1338 (1341); BVerfG (2004), 999 (1004).

180 Vorgeschlagen wird in diesem Kontext, dass unter bestimmten Voraussetzungen alle Maßnahmen als unzulässig zu betrachten sind. Die Auswahl, an welcher Maßnahme festgehalten werden soll, obliege dem Gesetzgeber, so *Klement* (2009), 67 f.

181 BVerfG (2005), 1338 (1341).

182 BVerfG (2007), 2753 (Rn. 59).

Grundrechtseingriffs im Einzelfall die Verhältnismäßigkeit des RED-G nicht in Frage stehen. Dies gilt allerdings nur, soweit die Zielrichtungen der einzelnen Verbunddateien abstrakt eindeutig voneinander abgegrenzt werden können und keine rechtmäßige praktische Handhabung ermöglichen, die diese Abgrenzung unterläuft.

6.2 Detailanalyse der einzelnen Vorschriften des RED-G

Im Folgenden werden die einzelnen Regelungen des RED-G auf eventuelle verfassungsrechtliche Problemlagen untersucht, soweit es die Einhaltung datenschutzrechtlicher Grundsätze und die Beachtung des Trennungsgebots anbetrifft.

6.2.1 § 1 RED-G – Datei zur Bekämpfung des gewaltbezogenen Rechtsextremismus

§ 1 RED-G schafft die Grundlage für die Errichtung einer gemeinsamen standardisierten zentralen Datei zur Bekämpfung des gewaltbezogenen Rechtsextremismus. Die Vorschrift legt dabei nicht nur den Kreis der beteiligten Behörden fest, sie regelt auch den Standort der Datei und ihren Zweck.[183] Die Norm entspricht in weiten Teilen § 1 ATDG.

Im ATDG-Urteil sprach das BVerfG die Verfassungswidrigkeit des § 1 Abs. 2 ATDG a. F. aus. Diese Vorschrift ermöglichte eine Teilnahme weiterer Polizeivollzugsbehörden unter den Voraussetzungen der Nrn. 1 und 2 im „Benehmen mit dem Bundesministerium des Innern". Welche weiteren Behörden tatsächlich an der ATD beteiligt werden, wird nach § 12 S. 1 Nr. 2 ATDG in der Errichtungsanordnung festgelegt. § 1 Abs. 2 ATDG a. F. entsprach – abgesehen von der Bezugnahme auf den sich unterscheidenden Zweck – wörtlich § 1 Abs. 2 RED-G a. F.

Dieser Kritik wurde mit dem Gesetz zur Änderung des Antiterrordateigesetzes und anderer Gesetze Rechnung getragen. § 1 Abs. 2 RED-G bestimmt in seiner aktuellen Fassung nunmehr, dass der Bundesminister des Innern durch Rechtsverordnung weitere Behörden (bei Landesbehörden auf Ersuchen des jeweiligen Landes) zur Teilnahme an der Datei berechtigen kann. Darüber hinaus wurden die Voraussetzungen in den Nrn. 1 und 2 des

183 Bundesregierung (2012), 12.

§ 1 Abs. 2 RED-G n. F. durch ein „und" verbunden, so dass deutlich wird, dass beide Voraussetzungen kumulativ vorliegen müssen.[184] Da sich die Benennung weiterer Behörden in der Praxis bewährt habe, wollte der Gesetzgeber mit § 1 Abs. 2 RED-G n. F. eine den Vorgaben des BVerfG entsprechende Verordnungsermächtigung schaffen.[185]

Teilweise wurde allerdings bezweifelt, dass dies mit § 1 Abs. 2 RED-G n. F. gelungen ist. Da diese Vorschrift bzw. die Parallelregelung im ATDG lediglich den formalen Anforderungen des BVerfG Rechnung trage, nicht aber auf die inhaltliche Kritik zur Weite und Wertungsoffenheit der Norm eingehe, genüge sie den Anforderungen des BVerfG nicht. Auch die Neuregelung lasse keine normenklare Festlegung der Art der beteiligten Behörden erkennen.[186] Dieser Kritik ist zu entgegnen, dass das BVerfG zunächst lediglich festgestellt hat, dass § 1 Abs. 2 ATDG a. F. alleine, also ohne weitere Konkretisierung, zu weit und wertungsoffen ist. Im Anschluss an diese Feststellung hat es untersucht, ob eine Konkretisierung des § 1 Abs. 2 ATDG a. F. durch die Errichtungsanordnung möglich ist und hat dies mit Blick auf die mangelnde Rechtsverbindlichkeit und Publizität der Errichtungsanordnung als bloße Verwaltungsvorschrift verneint. Ausdrücklich festgehalten hat das Gericht aber, dass eine Delegation der endgültigen Festlegung der beteiligten Behörden auf die Verwaltung in Form einer Rechtsverordnung möglich ist.[187] Vor diesem Hintergrund ist davon auszugehen, dass § 1 Abs. 2 RED-G n. F. den verfassungsrechtlichen Vorgaben des BVerfG genügt[188] und mithin verfassungskonform ist.[189]

---

184 *Rossi* (2014), 3.

185 Bundesregierung (2014b), 15, 20. Eine entsprechende Verordnung wurde im BGBl I 2015, 302 ff. veröffentlicht.

186 *Arzt* (2014a), 6.

187 BVerfG (2013), 1499 (Rn. 144).

188 *Voß* (2014), 4. Im Ergebnis ebenso *Rossi* (2014), 3 f., der aber darauf hinweist, dass der Bezug auf den Begriff des gewaltbezogenen Rechtsextremismus unter dem Aspekt der Bestimmtheit problematisch ist. Er kommt allerdings zu dem Schluss, dass sich dieser Begriff im Wege der systematischen Auslegung hinreichend klar bestimmen lässt.

189 Mit der Verordnung über die Benennung weiterer zur Teilnahme an der Antiterrordatei sowie zur Teilnahme an der Rechtsextremismus-Datei berechtigter Polizeivollzugsbehörden vom 11. März 2015 wurden die weiteren teilnahmeberechtigten Polizeivollzugsbehörden mittlerweile benannt, BGBl I 2015, 302 ff.

6.2.2 § 2 RED-G – Inhalt der Datei und Speicherungspflicht

§ 2 RED-G legt fest, die Daten welches Personenkreises in die Datei aufgenommen werden dürfen. Die Vorschrift orientiert sich zwar an § 2 ATDG, weicht im Detail aber auch deutlich von dieser Norm ab.

Soweit die Erstreckung der Speicherungspflicht auch auf Kontaktpersonen für verfassungswidrig erklärt wird,[190] fand § 2 S. 1 Nr. 3 ATDG a. F. sein Pendant in § 2 S. 1 Nr. 3 RED-G a. F. Auch der vom Senat kritisch beurteilte Gewaltbegriff des § 2 S. 1 Nr. 2 ATDG bzw. die Tatbestandsvariante des vorsätzlichen Hervorrufens von Gewalt[191] findet sich in § 2 S. 1 Nr. 2 RED-G wieder. Vergleichbar ist daneben § 2 S. 1 Nr. 1 a) RED-G dem im Ergebnis unbeanstandet gebliebenen § 2 S. 1 Nr. 1 a) ATDG.[192] Ebenfalls vergleichbar sind der im ATDG-Urteil unerwähnt gebliebene § 2 S. 1 Nr. 4 ATDG a. F. und § 2 S. 1 Nr. 3 RED-G n. F. bzw. § 2 S. 1 Nr. 4 RED-G a. F. Keine Entsprechung im ATDG finden hingegen § 2 S. 1 Nr. 1 b) RED-G sowie große Teile des § 2 S. 1 Nr. 2 RED-G. Fruchtbar gemacht werden können demnach alleine die Ausführungen des BVerfG zu § 2 ATDG a. F., die sich auf § 2 S. 1 Nr. 1 a) ATDG, den Gewaltbegriff des § 2 S. 1 Nr. 2 ATDG sowie die Kontaktpersonen nach § 2 S. 1 Nr. 3 ATDG a. F. beziehen.[193] Bezüglich § 2 S. 1 Nr. 4 ATDG a. F. lässt sich das Fehlen jeglicher Beschäftigung des BVerfG mit dieser Norm allenfalls insofern für

---

190 BVerfG (2013), 1499 (Rn. 162 ff.).

191 Der Gewaltbegriff wird in der Entscheidung ausführlich problematisiert und im Ergebnis als verfassungskonform gewertet. Diese Feststellung wurde aber nicht nur denkbar knapp mit 4:4 Stimmen getroffen, auch die vier die Entscheidung tragenden Senatsmitglieder, die den Gewaltbegriff als verfassungskonform betrachten, tun dies ausdrücklich nur unter der Voraussetzung, dass der Begriff verfassungskonform eng ausgelegt wird, BVerfG (2013), 1499 (Rn. 151). Das vorsätzliche Hervorrufen von Gewalt soll nach Ansicht dieser Richter nur dann mit der Verfassung zu vereinbaren sein, wenn es sich um willentliches Hervorrufen handelt, BVerfG (2013), 1499 (Rn. 152). Die anderen vier Senatsmitglieder halten den Gewaltbegriff für nicht bestimmt genug und sehen eine zu große Reichweite dieses Tatbestandsmerkmals; eine verfassungskonforme Auslegung des Begriffs sei nicht möglich, BVerfG (2013), 1499 (Rn. 153 ff.).

192 BVerfG (2013), 1499 (Rn. 146).

193 Was die für verfassungswidrig erklärte Regelung zu den Kontaktpersonen anbelangt, wird im Rahmen des § 2 RED-G allerdings weitgehend auf eine Erörterung verzichtet, da sich der Gesetzgeber als Reaktion auf das ATDG-Urteil entschieden hat, Kontaktpersonen nicht mehr als eigenständigen Anknüpfungspunkt für eine Speicherungspflicht zu betrachten, sondern sie lediglich noch im Rahmen der sog. erweiterten Grunddaten zu den Hauptpersonen zu erfassen, § 3 Abs. 2 RED-G n. F.

§ 2 S. 1 Nr. 3 RED-G n. F. fruchtbar machen, als insoweit wohl keinerlei verfassungsrechtliche Probleme vom Gericht erkannt wurden.

Wie oben ausgeführt, hatte das BVerfG keine Einwände gegen § 2 S. 1 Nr. 1 a) ATDG.[194] Die Vorschriften sind weitgehend vergleichbar, allerdings verlangt § 2 S. 1 Nr. 1 a) RED-G einen rechtsextremistischen Hintergrund der terroristischen Vereinigung und keinen internationalen Bezug wie § 2 S. 1 Nr. 1 a) ATDG, ohne dass dies an der Verfassungsmäßigkeit der Regelung etwas ändern würde.

Nach § 2 S. 1 Nr. 1 b) RED-G werden Personen erfasst, die als Täter oder Teilnehmer einer rechtsextremistischen Gewalttat beschuldigt oder rechtskräftig verurteilt sind. Nach der Gesetzesbegründung sollen dadurch auch gewalttätige und gewaltbezogene Einzeltäter erfasst werden.[195] Eine Parallelregelung im ATDG fehlt hier.

Nach den Vorgaben des BVerfG im ATDG-Urteil muss § 2 S. 1 Nr. 1 b) RED-G verfassungskonform dahingehend ausgelegt werden, dass lediglich Gewalttaten, die sich gegen Leib oder Leben richten bzw. durch den Einsatz gemeingefährlicher Mittel geprägt werden, Anknüpfungspunkt für eine Speicherungspflicht sein können. Dies gilt auch für weitere Anknüpfungen an den Begriff der Gewalt in § 2 Satz 1 RED-G.

In diesem Fall können auch keine durchgreifenden verfassungsrechtlichen Bedenken gegen § 2 S. 1 Nr. 2 RED-G festgestellt werden.

6.2.3 § 3 RED-G – Zu speichernde Datenarten

§ 3 RED-G konkretisiert die zu speichernden Daten näher. Abs. 1 Nr. 1 a) der Vorschrift definiert die sog. einfachen Grunddaten, Abs. 1 Nr. 1 b) legt fest, was unter erweiterten Grunddaten zu verstehen ist. Abs. 1 Nr. 2 bezieht sich speziell auf die Objektdaten in § 2 S. 1 Nr. 3 RED-G n. F. Ergänzend legt Abs. 1 Nr. 3 fest, dass bezüglich aller Daten weitere Angaben über die einspeichernde Behörde aufzunehmen sind. Als Reaktion auf das ATDG-Urteil neu aufgenommen wurden § 3 Abs. 2 und 4 RED-G n. F.: Abs. 2 n. F. befasst sich nun mit Kontaktpersonen. Zu diesen dürfen nur noch bestimmte Daten als erweiterte Grunddaten zu den Hauptpersonen gespeichert werden. Abs. 4 n. F. ordnet an, dass die Tatbestandsmerkmale des § 3 Abs. 1 Nr. 1 b) gg), ii) und ll) durch das BKA mittels zu veröffentlichender Verwaltungsvorschrift zu konkretisieren sind.

194 BVerfG (2013), 1499 (Rn. 146).
195 Bundesregierung (2012), 13.

Die mit Ausnahme der – in § 3 Abs. 1 Nr. 1 a) RED-G n. F. nicht mehr vorhandenen – Bezugnahme auf Kontaktpersonen für verfassungskonform erklärte Regelung zur Speicherung von einfachen Grunddaten entspricht weitestgehend § 3 Abs. 1 Nr. 1 a) RED-G n. F. Angesichts der Parallelen, die zwischen Terrorismus und gewaltbezogenem Rechtsextremismus existieren, treffen die vom BVerfG zur Eingriffsrechtfertigung angestellten Erwägungen ebenso auf den Bereich des gewaltbezogenen Rechtsextremismus zu: Dessen Bekämpfung kommt große Bedeutung zu, die durch ihn bedrohten Schutzgüter sind in der Regel durchweg hochrangig, die Aufklärung rechtsextremistischer Straftaten erweist sich ebenso als äußerst schwierig und auch nach dem RED-G werden lediglich bereits erhobene Daten zusammengeführt. Diese Erwägungen lassen es gerechtfertigt erscheinen, die Ausführungen des BVerfG auf das RED-G zu übertragen und von der Verfassungsmäßigkeit des § 3 Abs. 1 Nr. 1 a) RED-G n. F. auszugehen.

Hinsichtlich der verfassungsrechtlichen Bewertung der Regelungen zu den erweiterten Grunddaten gilt Folgendes:

- Die in § 3 Abs. 1 Nr. 1 b) aa) – ff), hh), mm) und nn) RED-G n. F. genannten Datenarten entsprechen wörtlich § 3 Abs. 1 Nr. 1 b) aa) – ff), jj), oo) und qq) ATDG a. F., die das BVerfG für verfassungsrechtlich unbedenklich gehalten hat.[196] Wie bereits bei den Ausführungen zu den einfachen Grunddaten dargestellt, lassen sich Bekämpfung von Terrorismus und gewaltbezogenem Rechtsextremis durchaus vergleichen, so dass die Argumentation des BVerfG übertragbar erscheint.[197] Insofern ist von der Verfassungskonformität der lit. aa) – ff), hh), mm) und nn) des § 3 Abs. 1 Nr. 1 b) RED-G n. F. auszugehen.
- Ein Unterschied ergibt sich zwischen dem vom BVerfG unbeanstandet gelassenen § 3 Abs. 1 Nr. 1 b) ll) ATDG a. F.[198] und § 3 Abs. 1 Nr. 1 b) jj) RED-G n. F.: Das ATDG verwendet hier den Begriff der Gewaltbereitschaft, während das RED-G auf den Begriff des Gewaltbezugs rekurriert. Da der Begriff des Gewaltbezugs als noch ausreichend bestimmt anzusehen ist (siehe Kapitel 6.1.3.2), ist – wegen der im Übrigen wortgleichen Fassung von § 3 Abs. 1 Nr. 1 b) ll) ATDG a. F. und

196 BVerfG (2013), 1499 (Rn. 171).

197 *Arzt* (2014b), RED-G, § 3 (Rn. 9).

198 Ohne nähere Begründung merkt *Arzt* (2014b), RED-G, § 3 (Rn. 17) hierzu an, es sei aus der ATDG-Entscheidung nicht nachvollziehbar, weshalb die Vorschrift unbeanstandet geblieben sei.

§ 3 Abs. 1 Nr. 1 b) jj) RED-G n. F. von der Verfassungsmäßigkeit der Vorschrift auszugehen.

- Das RED-G spricht im Rahmen von § 3 Abs. 1 Nr. 1 b) kk) von „Fahrlizenzen und Luftfahrtscheinen“, wohingegen das ATDG in § 3 Abs. 1 Nr. 1 b) mm) a. F. auf „Fahr- und Flugerlaubnisse“ verweist. Es ist allerdings davon auszugehen, dass mit der unterschiedlichen Wortwahl keine inhaltlichen Unterschiede verbunden sind, sondern vielmehr alleine darauf abgestellt wird, ob behördlicherseits die Befugnis zum Führen von (Luft-)Fahrzeugen erteilt wurde, so dass mithin die jeweiligen Vorschriften im ATDG a. F. und RED-G vergleichbar sind. Daher ist auch von der Verfassungskonformität des § 3 Abs. 1 Nr. 1 b) kk) RED-G auszugehen.[199]
- Die Vorschriften der dem § 3 Abs. 1 Nr. 1 b) gg), ii) und ll) RED-G n. F. in Verbindung mit § 3 Abs. 4 RED-G n. F. wörtlich[200] entsprechenden Parallelregelungen des ATDG a. F. ließ das BVerfG in materieller Hinsicht unbeanstandet.[201] Lediglich unter formellen Aspekten sah es gesteigerte Konkretisierungs- und Transparenzanforderungen, die das ATDG a. F. nicht erfüllte. Denn der Gesetzgeber müsse nicht nur dafür Sorge tragen, dass „die Verwaltung die für die Anwendung der Antiterrordatei im Einzelfall maßgeblichen Vorgaben und Kriterien in abstrakt-genereller Form festlegt und verlässlich dokumentiert“, sondern auch selbst bestimmen, wie die Veröffentlichung dieser Vorgaben und

199 Ob die Speicherung von Luftfahrtscheinen mit Blick auf den Rechtsextremismus erforderlich ist, wurde bereits bezweifelt, *Arzt* (2014b), RED-G, § 3 (Rn. 18). Mit Blick auf den internationalen Terrorismus und den 11. September 2001 sei dies zwar nachvollziehbar, in Bezug auf den Rechtsextremismus aber „wenig naheliegend“. Diese Einschätzung ist nicht ganz nachvollziehbar. Weshalb Rechtsextremisten, anders als internationale Terroristen, nicht auch erworbene Kenntnisse und Fähigkeiten bezüglich des Führens von Luftfahrzeugen für ihre Ziele und damit zur Gefährdung hochrangiger Rechtsgüter theoretisch nutzen könnten, erschließt sich nicht. Vor dem 11. September 2001 wäre es vermutlich auch in Bezug auf den internationalen Terrorismus als „wenig naheliegend“ bezeichnet worden, dass Kenntnisse in der Luftfahrt zur Verwirklichung terroristischer Ziele eingesetzt werden.

200 Die einzige Abweichung besteht bei § 3 Abs. 1 Nr. 1 b) nn) ATDG a. F. und § 3 Abs. 1 Nr. 1 b) ll), wenn bei dem Verweis auf den jeweiligen § 2 S. 1 die Nrn. 1 und 2 einmal mit „und“ und einmal mit „oder“ verbunden werden, wobei sich hieraus kein materieller Unterschied ergibt.

201 BVerfG (2013), 1499 (Rn. 180 ff.). Die inhaltliche Bestimmtheit der Normen zweifelte das Gericht nicht an, so dass davon auszugehen ist, dass es die diesbezüglich im Innenausschuss geäußerte Kritik nicht teilt, vgl. z. B. zur mangelnden Bestimmtheit des § 3 Abs. 1 Nr. 1 b) gg) RED-G *Kugelmann* (2012b), 13.

Kriterien zu erfolgen hat.[202] Dieser Forderung ist der Gesetzgeber mit der Einfügung des § 3 Abs. 4 RED-G n. F. nachgekommen. Daher ist von der Verfassungskonformität des § 3 Abs. 1 Nr. 1 b) gg), ii) und ll) RED-G in Verbindung mit § 3 Abs. 4 RED-G auszugehen.

- Die vom BVerfG nicht beanstandete Vorschrift des § 3 Abs. 1 Nr. 1 b) rr) ATDG a. F.[203] findet eine weitgehende Entsprechung in § 3 Abs. 1 Nr. 1b) oo) RED-G. Unterschiede liegen darin, dass das RED-G auf „Tatsachen" sowie den „gewaltbezogenen Rechtsextremismus" abstellt, während nach dem ATDG „tatsächliche Anhaltspunkte" genügen und der „internationale Terrorismus" Bezugspunkt ist. Mit der Forderung, dass Tatsachen Grundlage der zusammenfassenden Bewertung sein müssen, normiert das RED-G – zumindest geringfügig – höhere Eingriffsschwellen[204] als das ATDG.[205] Auch die Bezugnahme auf den Rechtsextremismus ist angesichts der anders gelagerten Zielsetzung des RED-G unproblematisch. Insofern ist davon auszugehen, dass § 3 Abs. 1 Nr. 1 b) oo) RED-G einer eventuellen verfassungsgerichtlichen Überprüfung Stand halten würde. Zu berücksichtigen ist allerdings, dass das Urteil in diesem Punkt Kritik erfahren hat: So wurde darauf hingewiesen, dass es dogmatisch nicht nachvollziehbar sei, weshalb es an dieser Stelle unter Transparenzgesichtspunkten nicht zu beanstanden ist, dass die Beschränkung des Umfangs des Freitextfeldes allein auf einer Behördenpraxis beruht.[206] Hinzu kommt, dass zumindest bezüglich des ATDG in der Vergangenheit bereits moniert wurde, dass eine verfassungskonforme Handhabung des Freitextfeldes in der Praxis nicht immer gegeben sei.[207] Aus diesen Gründen könnte darüber nachgedacht werden, die Festlegung konkretisierender Kriterien für das Freitextfeld gemäß § 3 Abs. 4 S. 3 RED-G n. F. in einer zu veröffentlichenden Verwaltungsvorschrift festzulegen. Zusätzlich käme

202 BVerfG (2013), 1499 (Rn. 183 f.).
203 BVerfG (2013), 1499 (Rn. 190).
204 So zu § 2 RED-G *Arzt* (2014b), RED-G, § 2 (Rn. 4).
205 Zur Gesetzgebungsgeschichte vgl. insoweit *Arzt* (2014b), RED-G, § 3 (Rn. 20): Im ursprünglichen Gesetzentwurf war weder das Vorliegen tatsächlicher Anhaltspunkte noch von Tatsachen für die Speicherung zusammenfassender Bemerkungen erforderlich. Dies erfuhr im Innenausschuss deutliche Kritik (vgl. hierzu *Roggan* (2012a), 6; skeptisch: *Poscher* (2012a), 10; *Wolff* (2011), 7) und mündete in einer entsprechenden Empfehlung des Innenausschusses (2012), 3, die auch aufgegriffen wurde.
206 *Arzt* (2014b), RED-G, § 3 (Rn. 21).
207 BfDI (2013), 92; BfDI (2011), 84.

auch eine weitere verfahrensrechtliche Absicherung in Form einer regelmäßigen Kontrolle des Freitextfeldes in Betracht.[208]

Mit § 3 Abs. 2 RED-G n. F. sollen die im ATDG-Urteil gestellten Anforderungen an eine verfassungsgemäße Speicherung der Daten von Kontaktpersonen umgesetzt werden. Ungeachtet der Frage, ob § 2 S. 1 Nr. 3 RED-G a. F. angesichts vorhandener Unterschiede[209] zur verfassungswidrig erklärten Norm des § 2 S. 1 Nr. 3 ATDG tatsächlich ebenfalls gegen die Verfassung verstoßen hat,[210] ging der Gesetzgeber gleichwohl davon aus, dass ein Änderungsbedarf bestand.[211] Nach Auffassung des BVerfG ist eine Speicherung von Daten über Kontaktpersonen verfassungsrechtlich grundsätzlich möglich[212] und insbesondere dann nicht zu beanstanden, wenn diese mit wenigen Elementardaten erfasst und als Information zur terrorismusnahen

---

208 So z. B. für eine regelmäßige Überprüfung durch die dateneingebende Behörde *Hilgendorf* (2006), 3 zur ATD. Dabei sind aber durchaus unterschiedliche Optionen denkbar, welche Stelle tatsächlich diese Kontrolle übernehmen soll.

209 Zum einen stellte § 2 S. 1 Nr. 3 RED-G a. F. auf „Tatsachen", und nicht nur, wie § 2 S. 1 Nr. 3 ATDG a. F. auf „tatsächliche Anhaltspunkte" ab, zum anderen wurde der Kreis der potenziellen Kontaktpersonen im Unterschied zum ATDG a. F. dadurch eingeengt, dass diese den Sicherheitsbehörden aufgrund von Tatsachen als Angehörige der rechtsextremistischen Szene bekannt sein mussten.

210 So geht *Arzt* (2014b), RED-G, § 2 (Rn. 18) davon aus, dass zwar auch gegen § 2 S. 1 Nr. 3 RED-G a. F. erhebliche verfassungsrechtliche Bedenken bestehen, dass die Norm aber voraussichtlich unbeanstandet bliebe, wenn die Anforderungen zur beschränkten Speicherung aus dem ATDG-Urteil auch für das RED-G umgesetzt würden. Ähnlich ders. (2014a), 8. Hingegen äußert *Poscher* (2012a), 9, insbesondere vor dem Hintergrund der Einschränkung auf Szeneangehörige keine diesbezüglichen Bedenken; ähnlich *Kugelmann* (2012a), 3 f.; *Wolff* (2011), 6. A. A. *Drohla* (2012), 15 ff.; ähnlich *Roggan* (2012a), 5 f.

211 Dies ergibt sich aus dem Zusammenspiel der Ausführungen in Bundesregierung (2014b), 12 und der Tatsache, dass § 2 S. 1 Nr. 3 RED-G a. F. durch § 3 Abs. 2 RED-G n. F. ersetzt wurde.

212 Insoweit teilte das Gericht nicht die im Innenausschuss geäußerte grundsätzliche Kritik an der Erfassung von Daten von Kontaktpersonen, vgl. hierzu *Drohla* (2012), 15 ff.; *Roggan* (2012a), 5 f.; *Schaar* (2012a), 15.

Hauptperson verdeckt recherchierbar (also als erweiterte Grunddaten) gespeichert werden.[213] Diese Vorgaben gelten ausdrücklich sowohl für die dolosen als auch die undolosen Kontaktpersonen.[214] Kontaktpersonen nach § 3 Abs. 2 S. 1 RED-G n. F. können ebenso wie im ATDG nicht nur Angehörige einer bestimmten Szene sein, sondern grundsätzlich jeder. Da § 3 Abs. 2 S. 2 RED-G n. F. ausdrücklich bestimmt, dass Kontaktpersonen ausschließlich als erweiterte Grunddaten im Sinne des § 3 Abs. 1 Nr. 1 b) mm) RED-G n. F. gespeichert werden dürfen, bestehen insoweit keine Bedenken.

Eine Befassung mit § 3 Abs. 1 Nr. 2, 3, Abs. 2 ATDG a. F. fand im ATDG-Urteil nicht statt. Daraus lässt sich angesichts der Detailschärfe des Urteils der Schluss ziehen, dass gegen diese Normen keine verfassungsrechtlichen Bedenken ersichtlich waren. Die Normen entsprechen weitestgehend § 3 Abs. 1 Nr. 2, 3, Abs. 3 RED-G n. F. Durch die Bezugnahme auf § 2 S. 1 Nr. 3 RED-G n. F. ist der Anwendungsbereich des § 3 Abs. 1 Nr. 2 RED-G n. F. sogar enger als der der korrespondierenden ATDG-Vorschrift. Von der Verfassungskonformität der genannten Vorschriften ist mithin auszugehen.[215]

§ 3 Abs. 1 Nr. 1b) pp) – rr), tt), uu) RED-G ermöglichen die Speicherung von Merkmalen, die im ATDG nicht enthalten sind. Dazu gehören zusammengefasst Haftbefehle, besuchte Veranstaltungen, Druckerzeugnisse, Mitgliedschaften und Funktionen in rechtsextremistischen Organisationen sowie die Zugehörigkeit zu rechtsextremistischen Gruppierungen. Daneben wurde im Rahmen der Änderung sowohl in das RED-G als auch in das ATDG die Möglichkeit der Speicherung bestimmter Internetseiten aufgenommen, § 3 Abs. 1 Nr. 1 b) vv) RED-G n. F.

- Nach § 3 Abs. 1 Nr. 1b) pp) RED-G können aktuelle Haftbefehle mit rechtsextremistischem Hintergrund gespeichert werden. Dies soll dazu

213 Die Bezeichnung „verdeckt recherchierbar" führt nicht zu dem Schluss, die Kontaktpersonen dürften nur nach § 4 RED-G verdeckt gespeichert werden. Das BVerfG führt in dem Zusammenhang aus, es könne eine Suche nach Kontaktpersonen im Wege einer verdeckten Recherche erfolgen. Im Trefferfall werde nur der Nachweis auf die informationsführende Behörde und das dazugehörige Aktenzeichen angezeigt, BVerfG (2013), 1499 (1511 Rn. 165). Daraus ergibt sich die Zulässigkeit der Speicherung als erweitertes Grunddatum. Denn verdeckt gespeicherte Daten werden der suchenden Behörde überhaupt nicht angezeigt, nur die speichernde Behörde bekommt einen Trefferfall angezeigt.

214 BVerfG (2013), 1499 (Rn. 165).

215 Kritisch hinsichtlich § 3 Abs. 1 Nr. 2 RED-G insoweit *Arzt* (2014b), RED-G, § 3 (Rn. 25).

dienen, das Umfeld der Rechtsextremisten aufzuklären und neue Ansatzpunkte für Aufenthaltsermittlungsmaßnahmen zu schaffen.[216] Als problematisch könnte angesehen werden, dass weder Gesetzestext noch -begründung eine Einschränkung auf den nationalen Haftbefehl vornehmen. Insoweit kommt grundsätzlich auch die Speicherung eines internationalen, eines europäischen oder des Haftbefehls eines anderen Staates in Betracht. Jedoch kann dem Gesetzestext selbst entnommen werden, in welchen Fällen eine Speicherung in der RED erfolgen wird. Aus der Tatsache, dass die Ausstellung eines Haftbefehls abhängig von der ausstellenden Körperschaft variieren kann, ergeben sich keine durchgreifenden verfassungsrechtlichen Bedenken.

- Nach § 3 Abs. 1 Nr. 1b) qq) RED-G werden besuchte rechtsextremistische Konzerte und sonstige Veranstaltungen erfasst. Diese Angaben sind nach der Gesetzesbegründung „erforderlich, weil gerade die Information, dass eine Person an einschlägigen Orten verkehrt, häufig Bestandteil eines ansonsten bruchstückhaften, aber höchst rechtsextremismusrelevanten Hinweises ist. Über diese Angaben lassen sich insbesondere Netzwerke abbilden und feststellen, ob zwischen Straftaten und bestimmten Veranstaltungen ein Zusammenhang besteht."[217] Zwar wird in der Begründung zu § 3 Abs. 1 Nr. 1 b) qq) RED-G festgehalten, „dass im Hinblick auf die verfassungsrechtlich gewährleistete Versammlungsfreiheit nach Art. 8 GG und die politische Parteienfreiheit aus Art. 21 Abs. 1 GG unter dem Tatbestandsmerkmal ‚sonstige Veranstaltungen' nicht die Teilnahme an rechtmäßigen Versammlungen und Kundgebungen oder rechtmäßigen Parteiveranstaltungen erfasst ist."[218] Jedoch weist die Kritik zu Recht darauf hin, dass diese restriktive Auslegung keinerlei Niederschlag im Gesetzestext gefunden habe.[219] Dem Merkmal der genannten „sonstigen Veranstaltungen" kommt zumindest dann eine sehr hohe Grundrechtsrelevanz zu, wenn diese einen besonderen grundrechtlichen Schutz genießen (Art. 5, 8, 21 GG). Darin liegt auch der Unterschied zu lit. ll) (besuchte Orte und Gebiete), zu dem die Vorschrift grundsätzlich eine gewisse

216 Bundesregierung (2012), 16.
217 Bundesregierung (2012), 16.
218 Bundesregierung (2012), 16.
219 *Arzt* (2014b), RED-G, § 3 (Rn. 22).

Ähnlichkeit aufweist.[220] Insofern erscheint es zumindest zweifelhaft, ob eine (zwingende) Konkretisierung durch Verwaltungsvorschrift[221] ausreichen würde. Dies sah das BVerfG zwar als möglichen Weg in Bezug auf § 3 Abs. 1 Nr. 1 b) nn) ATDG a. F. (besuchte Orte und Gebiete). Grund für diese Beurteilung war aber, dass die Vorschrift (lediglich) gegen gesteigerte Konkretisierungs- und Transparenzpflichten verstieß. Unter materiellen Aspekten blieb sie hingegen unbeanstandet.[222] In Bezug auf lit. qq) des § 3 Abs. 1 Nr. 1 b) RED-G ist aber gerade zweifelhaft, ob die Norm unter materiellen Aspekten verfassungsrechtlichen Anforderungen genügt. Insofern ist eine gesetzliche Klarstellung, dass unter dem Merkmal ausschließlich rechtswidrige, z. B. verbotene oder aufgelöste, sonstige Veranstaltungen zu verstehen sind, zumindest soweit die Veranstaltungen unter dem Schutz von Art. 5, 8, oder 21 GG stehen, zu empfehlen.

- § 3 Abs. 1 Nr. 1b) rr) RED-G ermöglicht die Speicherung von Angaben über den Besitz oder die Erstellung von rechtsextremistischen Druckerzeugnissen, Handschriften,[223] Abbildungen, Trägermedien wie Büchern und Medienträgern, jeweils in nicht geringer Menge. Die Druckerzeugnisse etc. werden im Folgenden unter dem Oberbegriff der Medien zusammengefasst. Die Norm begegnet ähnlichen Einwänden wie lit. qq): Erfasst werden grundrechtlich besonders geschützte Tätigkeiten, namentlich die Wahrnehmung der Meinungs- oder auch der Pressefreiheit.[224] Eine Anknüpfung an bestimmte Straftatbestände, z. B. §§ 86, 86a oder 130 StGB,[225] erfolge gerade nicht. Gespeichert

220 Hiervon geht auch die Bundesregierung aus, wenn sie lit. ll) und qq) in der Begründung trotz der räumlichen Trennung gemeinsam abhandelt, Bundesregierung (2012), 16.

221 Grundsätzlich ist es § 3 Abs. 4 S. 3 RED-G n. F. bereits nach der aktuellen Gesetzeslage möglich, lit. qq) in einer entsprechenden Verwaltungsvorschrift zu konkretisieren. Eine zwingende Anordnung dieses Vorgehens durch Nennung von lit. qq) in § 3 Abs. 4 S. 1 RED-G n. F. ist allerdings nicht erfolgt – und auch rein tatsächlich enthält die am 3. Juli 2015 erlassene Verwaltungsvorschrift nach § 3 Abs. 4 des Rechtsextremismus-Datei-Gesetzes (RED-G-Verwaltungsvorschrift – RED-G-VwV), BAnz AT 24. Juli 2015, B 8, keine Konkretisierung des lit. qq).

222 BVerfG (2013), 1499 (Rn. 180 ff.).

223 Ob Handschriften angesichts der Tatsache, dass sie in nicht geringer Menge vorliegen müssten, jemals praktische Relevanz erlangen könnten, erscheint zumindest fraglich.

224 *Arzt* (2014b), RED-G, § 3 (Rn. 23); *Bäcker* (2014), 5.

225 Auch §§ 185 ff. StGB kommen grundsätzlich in Betracht, wenn die Erfüllung der Straftatbestände vor einem rechtsextremistischen Hintergrund erfolgt.

werden dürfe vielmehr jeglicher Besitz bzw. jegliche Erstellung bestimmter Medien, ohne dass eine solche Abwägung vor der tatsächlichen Speicherung von der Exekutive durchzuführen sei.[226] Neben diese grundrechtlich begründete Kritik treten weitere Kritikpunkte, insbesondere bezüglich der (mangelnden) Bestimmtheit der Norm. So bleibt unklar, was in diesem Kontext mit „Angaben" gemeint ist. Denkbar ist insoweit einerseits die Aufnahme bestimmter Kernangaben, Titel, Verlag oder auch ISBN/ISSN etc. Andererseits kommt aber auch grundsätzlich die Speicherung einer inhaltlichen Zusammenfassung, die wohl nicht mehr mit der Verfassung zu vereinbaren wäre,[227] in Betracht. Diese Art der Speicherung könnte vor allem bei privaten Medien jeder Art bedeutsam werden, da hier häufig standardisierte Angaben wie Titel etc. fehlen dürften. Auch der Begriff der nicht geringen Menge ist auslegungsbedürftig. Dabei werden keine Angaben dazu gemacht, welche Stückzahl für die Bejahung einer nicht geringen Menge mindestens erforderlich ist. Ebenso bleibt unklar, welcher Zeitraum insbesondere für die Erstellung einer nicht geringen Menge maßgeblich ist.

Angesichts des umfangreichen Katalogs an Kritikpunkten bestehen Zweifel an der Verfassungskonformität der Vorschrift. Zur Ausräumung dieser Zweifel könnte über ein zweistufiges Vorgehen nachgedacht werden:

- Wegen der hohen Grundrechtsrelevanz der erfassten Medien sollte zunächst eine Änderung des § 3 Abs. 1 Nr. 1 b) rr) RED-G selbst erfolgen, um grundrechtlich begründete Kritik an der Vorschrift auszuräumen. Denkbar wäre insofern z. B. eine Anknüpfung daran, dass die genannten Medien bestimmte Straftatbestände erfüllen müssen (§§ 86, 86a, 130 StGB oder auch §§ 185 ff. StGB sofern ein entsprechender rechtsextremistischer Hintergrund be-

226 *Arzt* (2014b), RED-G, § 3 (Rn. 23).

227 In Bezug auf die ebenfalls grundrechtlich besonders geschützten Merkmale der Volks- und Religionszugehörigkeit hat das BVerfG festgehalten, „dass die Aufnahme entsprechender Angaben nicht über eine lediglich identifizierende Bedeutung" hinausgehen darf, BVerfG (2013), 1499 (Rn. 189). Diese Aussage lässt sich auch bezüglich der von § 3 Abs. 1 Nr. 1 b) rr) RED-G in Bezug genommenen Medien fruchtbar machen. Zulässig dürfte es mithin nur sein, wenn Angaben zu den Medien aufgenommen werden, die eine Identifizierung des Urhebers oder desjenigen, der sie verbreitet, zulassen. Die Aufnahme von Inhalten der Medien in die RED wäre wohl unzulässig.

steht). Zusätzlich oder alternativ könnte die Exekutive verpflichtet werden, vor jeder Speicherung eine Abwägung mit Art. 5 Abs. 1 GG durchzuführen.[228]

- Bezüglich der Frage, was unter „Angaben über" die Medien und unter der nicht geringen Menge zu verstehen ist, dürfte es genügen, wenn die Konkretisierung durch eine Verwaltungsvorschrift im Sinne des § 3 Abs. 4 RED-G n. F. erfolgt. Allerdings sollte die Konkretisierung durch Aufnahme des lit. rr) in § 3 Abs. 4 S. 1 RED-G n. F. zwingend ausgestaltet werden.[229]

• Nach § 3 Abs. 1 Nr. 1b) tt) RED-G werden in der Datei auch aktuelle und frühere Mitgliedschaften sowie Funktionen (Funktionär, Mitglied oder Anhänger) in rechtsextremistischen Vereinen und sonstigen rechtsextremistischen Organisationen gespeichert. Im Unterschied zu lit. uu) der Norm, der auf Netzwerke und Gruppierungen abstellt, werden von § 3 Abs. 1 Nr. 1 b) tt) RED-G wohl nur Zusammenschlüsse erfasst, die durch einen gewissen Grad an Formalisierung, sowohl hinsichtlich ihrer Struktur als auch hinsichtlich der kollektiven Willensbildung, gekennzeichnet sind. Die von § 3 Abs. 1 Nr. 1 b) tt) RED-G erfassten formalen Zusammenschlüsse bzw. die Mitgliedschaft in ihnen dürften grundsätzlich den Schutz des Art. 9 GG genießen. Insofern knüpft die Speicherung von Mitgliedschaften und Funktionen in Vereinen und Organisationen unmittelbar an ein grundrechtlich geschütztes Verhalten an. Eine Einschränkung im Text des RED-G, dass nur Mitgliedschaft und Funktionen in verbotenen Vereinen oder verfassungswidrigen Organisationen zu erfassen ist, die nach Art. 9 Abs. 2 GG ausdrücklich nicht mehr den besonderen Schutz des Art. 9 Abs. 1 GG genießen, erfolgt nicht. Hinzu kommt die Weite und Unbestimmtheit einzelner Tatbestandsmerkmale des § 3 Abs. 1 Nr. 1 b) tt) RED-G. So wird beispielsweise nicht näher erläutert, was unter „früheren" Mitgliedschaften und Funktionen zu verstehen ist. Insbesondere findet hier keine zeitliche Einschränkung statt, so dass grundsätzlich auch die Speicherung lange zurückliegender Mitgliedschaften

228 In diese Richtung geht die Argumentation bei *Arzt* (2014b), RED-G, § 3 (Rn. 23).

229 *Bäcker* (2014), 5 bezeichnet die Erstellung und Veröffentlichung einer entsprechenden Verwaltungsvorschrift und die Erstreckung des § 3 Abs. 4 RED-G n. F. unter anderem bezüglich lit. rr) als Minimalforderung. Dabei ist allerdings zu berücksichtigen, dass wegen § 3 Abs. 4 S. 3 RED-G eine freiwillige Aufnahme von Kriterien für lit. rr) in eine solche Verwaltungsvorschrift bereits nach der aktuellen Gesetzeslage möglich ist, sie ist lediglich wegen des Fehlens eines Verweises auf lit. rr) in § 3 Abs. 4 S. 1 RED-G n. F. nicht zwingend.

in Betracht kommt. Gerade in diesem Fall stellt sich die Frage, ob eine solche frühere Mitgliedschaft tatsächlich noch Aufschluss über aktuelle Vernetzungen geben kann. Zur Ausräumung der verfassungsrechtlichen Zweifel könnte darüber nachgedacht werden, in einer zu veröffentlichenden Verwaltungsvorschrift festzulegen, wie weit zurück frühere Mitgliedschaften erfasst werden sollen, welche Voraussetzungen vorliegen müssen, um von einem „Anhänger" zu sprechen und wann ein Verein oder eine Organisation als insgesamt rechtsextremistisch zu bezeichnen ist.[230] Um die Ausgestaltung mittels Verwaltungsvorschrift verbindlich ausgestalten zu können, wird insoweit eine Änderung des § 3 Abs. 4 S. 1 RED-G n. F. angeregt.[231]

- Ebenso zu speichern ist nach § 3 Abs.1 Nr. 1 b) uu) RED-G die Zugehörigkeit zu rechtsextremistischen Netzwerken und sonstigen rechtsextremistischen Gruppierungen. Wegen des deutlich niedrigeren Formalisierungsgrades dürften diese Zusammenschlüsse nicht den Schutz des Art. 9 Abs. 1 GG genießen. Problematisch bleibt unter dem Aspekt der Bestimmtheit allerdings die Weite der Begriffe der Zugehörigkeit, der Gruppierung und des Netzwerkes, insbesondere auch die Frage, worin sich Netzwerk und Gruppierung unterscheiden.[232] Um jegliche Zweifel an der Verfassungsmäßigkeit der Norm auszuräumen, ist insofern zu empfehlen, eine Verpflichtung zur Konkretisierung mittels Verwaltungsvorschrift auszusprechen und einen Verweis auf § 3 Abs. 1 Nr. 1 b) uu) RED-G in § 3 Abs. 4 S. 1 RED-G n. F. aufzunehmen.[233]
- § 3 Abs. 1 Nr. 1 b) vv) RED-G n. F. sieht – ebenso wie § 3 Abs. 1 Nr. 1 b) ss) ATDG n. F. – die Speicherung von durch die Person betriebenen oder maßgeblich zum Zweck ihrer Aktivitäten nach § 2 Nr. 1 oder 2 RED-G genutzten Internetseiten vor. Alternative 1 sieht zunächst die Speicherung von Internetseiten vor, die von der gespeicherten Person

230 Die Konkretisierung des § 3 Abs. 1 Nr. 1 b) tt) RED-G durch Verwaltungsvorschrift verlangt auch *Bäcker* (2014), 5.

231 Auf freiwilliger Basis ist die Konkretisierung in einer Verwaltungsvorschrift bereits jetzt gemäß § 3 Abs. 4 S. 3 RED-G möglich.

232 Ein mögliches Unterscheidungskriterium wäre der Aktionsradius des jeweiligen Zusammenschlusses. Netzwerke werden üblicherweise als überregionale oder internationale Zusammenschlüsse verstanden, so dass von einer Gruppierung nur dann auszugehen wäre, wenn es sich um einen regional eingegrenzten Zusammenschluss handelt.

233 In diesem Sinne auch *Bäcker* (2014), 5. Auf freiwilliger Basis ist bereits heute über § 3 Abs. 4 S. 3 RED-G n. F. eine Konkretisierung durch Verwaltungsvorschrift möglich.

betrieben werden. Dies umfasst grundsätzlich alle Internetseiten, die eine nach § 2 RED-G zu speichernde Person betreibt. Die Seiten müssen nach dem Text der Norm gerade keinen Bezug zum Rechtsextremismus aufweisen. Dies könnte sich unter dem Aspekt des Übermaßverbots als problematisch erweisen, da sich insoweit eventuell weitreichende Rückschlüsse auf die Lebensgewohnheiten der betroffenen Person ziehen lassen. Allerdings bedarf es insoweit keiner gesetzgeberischen Klarstellung, da die Vorschrift einer entsprechend einschränkenden Auslegung zugänglich ist.

Nach Alternative 2 des § 3 Abs. 1 Nr. 1 b) vv) RED-G n. F. sind zudem die Internetseiten, die von der zu speichernden Person maßgeblich zum Zweck der Aktivitäten nach § 2 S. 1 Nr. 1 und 2 RED-G genutzt werden, zu erfassen. Als problematisch könnte insoweit möglicherweise angesehen werden, dass die Tatbestandsvoraussetzung „maßgeblich zum Zweck ihrer Aktivitäten nach § 2 Satz 1 Nummer 1 und 2" nicht sehr bestimmt gefasst ist. Insbesondere wird nicht klar, wann eine solche „maßgebliche" Nutzung vorliegt. An dieser Stelle käme wiederum eine – zwingende – Konkretisierung durch Verwaltungsvorschrift im Sinne des § 3 Abs. 4 RED-G n. F. in Betracht; § 3 Abs. 4 S. 1 RED-G n. F. müsste insoweit um die Aufnahme eines Verweises auf § 3 Abs. 1 Nr. 1 b) vv) RED-G ergänzt werden.[234]

6.2.4 § 4 RED-G – Beschränkte und verdeckte Speicherung

§ 4 Abs. 1 und 2 RED-G entsprechen – von marginalen, rechtlich nicht relevanten Abweichungen abgesehen[235] – § 4 Abs. 1 und 2 ATDG a. F., die

234 Eine freiwillige Konkretisierung durch Verwaltungsvorschrift ist bereits jetzt auf Basis des § 3 Abs. 4 S. 3 RED-G n. F. möglich.

235 § 4 Abs. 1 ATDG nennt Vereinigungen, Gruppierungen, Stiftungen, Unternehmen, während § 4 Abs. 1 RED-G rechtsextremistische Vereinigungen und Gruppierungen nennt. Beide Vorschriften beziehen sich damit auf § 2 S. 1 Nr. 4 ATDG a. F. bzw. § 2 S. 1 Nr. 3 RED-G n. F. § 4 Abs. 2 ATDG verweist für die Übermittlung von Erkenntnissen auf § 7 ATDG, in § 4 Abs. 2 RED-G wird auf die inhaltliche Parallelbestimmung in § 8 RED-G verwiesen.

vom BVerfG trotz vereinzelter Kritik im Innenausschuss[236] und der Literatur[237] nicht beanstandet wurden. Insofern ist sie aus verfassungsrechtlicher Perspektive nicht zu beanstanden.

§ 4 Abs. 3 S. 1 RED-G n. F. ordnet die verdeckte Speicherung von Daten an, die auf bestimmte, näher präzisierte Art und Weise gewonnen wurden. Die Einfügung der Vorschrift stellt eine direkte Reaktion des Gesetzgebers auf das ATDG-Urteil des BVerfG dar. Nach Auffassung des Gerichts verstieß das ATDG insoweit gegen die Verfassung, als das Gesetz auch eine Einbeziehung von Daten in die Antiterrordatei ermöglichte, *„die durch Eingriffe in das Telekommunikationsgeheimnis oder das Grundrecht auf Unverletzlichkeit der Wohnung erhoben werden"*.[238] Doch sei es mit dem Verhältnismäßigkeitsgrundsatz zu vereinbaren, wenn solche Daten nur noch verdeckt gespeichert werden dürften. In diesem Falle sei sichergestellt, dass eine Übermittlung der Daten nur nach Maßgabe der fachrechtlichen Übermittlungsvorschriften erfolgen dürfe; diese müssten dann gewährleisten, dass den Anforderungen, die das BVerfG an eine Zweckänderung stellt, ausreichend Rechnung getragen wird.

236 So wies *Roggan* (2012a), 7 f. darauf hin, dass sich ein Überwiegen geheimdienstlicher Interessen nicht begründen lassen werde, wenn es um die Abwehr einer gegenwärtigen Gefahr für hochrangige Rechtsgüter gehe. Zur Klarstellung solle daher in diesen Fällen eine Verpflichtung zur Kontaktaufnahme mit der anfragenden Behörde in den Normtext aufgenommen werden. Da sich eine solche Verpflichtung im Wege der Ermessensreduktion auf Null bereits heute aus der Norm ableiten lässt, erscheint eine solche Klarstellung verfassungsrechtlich zumindest nicht zwingend.

237 Kritisiert wurde die in Abs. 1 S. 2 des § 4 RED-G vorgesehene Möglichkeit, im Rahmen des Behördenleitervorbehalts die Entscheidung über eine beschränkte oder verdeckte Speicherung auf einen besonders beauftragten Beamten des höheren Dienstes zu delegieren; da in diesen Fällen komplizierte Abwägungsentscheidungen zu treffen seien, dürfe eine Delegation ausschließlich an Beamte mit Befähigung zum Richteramt erfolgen, so *Albrecht* (2012), Abs. 19. Dies wurde in der ATDG-Entscheidung allerdings nicht problematisiert. Abgesehen davon, dass auch der Behördenleiter selbst nicht unbedingt ein Jurist sein muss, drängt es sich an dieser Stelle auch nicht auf, dass die geforderte Abwägung, die dem Zweck der Norm entsprechend primär am Quellenschutz orientiert ist, einen „Juristenvorbehalt" verlangen würde: Häufig dürften polizeifachliche Erwägungen ausschlaggebend sein, die auch entsprechend qualifizierte Beamte des höheren Dienstes vorzunehmen in der Lage sind.

238 BVerfG (2013), 1499 (Rn. 224).

Eine verdeckte Speicherung wird nach den Nummern 1 – 9 des § 4 Abs. 3 S. 1 RED-G n. F. dann angeordnet, wenn die Daten – vereinfacht ausgedrückt – durch Telekommunikationsüberwachung,[239] Postbeschlagnahme[240] bzw. das Öffnen und Einsehen von dem Brief- und Postgeheimnis unterliegenden Sendungen,[241] verdeckte Eingriffe in informationstechnische Systeme[242] oder heimliche Wohnraumüberwachung[243] erlangt wurden.

Problematisch könnte sein, dass nicht bezüglich aller aus besonders eingriffsintensiven Maßnahmen herrührenden Daten eine verdeckte Speicherung angeordnet wird. Die Gesetzesbegründung befasst sich eingehend mit der Frage, bezüglich welcher Daten das BVerfG im ATDG-Urteil eine verdeckte Speicherung zwingend verlangt. Im Wege einer Gesamtschau gelangt sie zu dem Ergebnis, dass die erhöhten Anforderungen nur für Daten, die aus heimlichen Grundrechtseingriffen in das Post-, Brief- und Fernmeldegeheimnis, die Garantie der Unverletzlichkeit der Wohnung sowie die Gewährleistung der Integrität und Vertraulichkeit informationstechnischer Systeme stammen, gelten.[244] Nach dieser Argumentation ist es nur folgerichtig, wenn auch im ATDG-Urteil nicht erwähnte Maßnahmen, die heimliche Eingriffe in das Postgeheimnis zulassen, in den Katalog des § 4 Abs. 3 S. 1 RED-G n. F. aufgenommen werden.[245]

Hiergegen wurde eingewandt, dass sowohl Tenor als auch Leitsätze keine Beschränkung auf heimliche Maßnahmen erkennen ließen.[246] Jedoch

239 § 100a StPO, § 20l BKAG, § 1 Abs. 1 G10, § 23a ZFdG sowie entsprechende landesrechtliche Regelungen.

240 § 99 StPO sowie entsprechende landesrechtliche Regelungen.

241 § 1 Abs. 1 G10, § 23a ZFdG sowie entsprechende landesrechtliche Regelungen.

242 § 20k BKAG sowie entsprechende landesrechtliche Regelungen.

243 § 100c StPO, §§ 16, 20h BKAG, § 9 Abs. 2 BVerfSchG, §§ 22a, 32a ZFdG sowie entsprechende landesrechtliche Regelungen.

244 Die Gesetzesbegründung weist darauf hin, dass im Tenor des ATDG-Urteils das Telekommunikationsgeheimnis sowie die Unverletzlichkeit der Wohnung erwähnt werden, in den Leitsätzen auf das Brief- und Fernmeldegeheimnis sowie wiederum die Unverletzlichkeit der Wohnung Bezug genommen wird, während in den Gründen überwiegend von Telekommunikations- und Wohnraumüberwachung die Rede sei, vgl. Bundesregierung (2014b), 17, 20.

245 So geht ausweislich der Gesetzesbegründung wohl auch die Bundesregierung davon aus, dass bezüglich der einzelnen Garantien des Art. 10 Abs. 1 GG keine Unterschiede im zu gewährenden Schutzniveau bestehen, vgl. Bundesregierung (2014b), 18, 20.

246 *Rossi* (2014), 10.

bezieht sich das ATDG-Urteil gerade auf Daten, *„die aus gewichtigen Eingriffen in Art. 10 I oder Art. 13 I GG stammen"*.[247] Dies dürfte den Schluss rechtfertigen, dass das Gericht die Schutzbedürftigkeit der jeweiligen Daten in Abhängigkeit von der Schwere des Eingriffs beurteilt, durch den sie erhoben wurden. Bei heimlichen Eingriffen in die genannten Grundrechte handelt es sich um besonders intensive, da der Betroffene hiervon höchstens nachträglich Kenntnis erlangt. Dies stellt eine grundsätzlich andere Situation als beispielsweise eine offen durchgeführte Wohnungsdurchsuchung dar. Die Beschränkung des Katalogs des § 4 Abs. 3 S. 1 RED-G n. F. auf heimliche Grundrechtseingriffe ist mithin verfassungsrechtlich nicht zu beanstanden.

6.2.5 § 5 RED-G – Zugriff auf die Daten

§ 5 RED-G n. F. regelt die Nutzung der und den Zugriff auf die Daten. Dabei ist zu berücksichtigen, dass § 5 RED-G n. F. nicht selbst zur Datenerhebung ermächtigt, sondern die Existenz von Datenerhebungsvorschriften für die jeweiligen Behörden vielmehr voraussetzt.[248]

6.2.5.1 § 5 Abs. 1 RED-G

Zunächst wird grundsätzlich zwischen der bloßen Nutzung der Datei, § 5 Abs. 1 S. 1 RED-G, und dem Zugriff auf die (einfachen Grund-)Daten,[249] § 5 Abs. 1 S. 2 Nr. 1 a) RED-G bzw. den zu den in § 2 S. 1 Nr. 3 RED-G n. F. genannten Personenmehrheiten etc. gespeicherten Daten, § 5 Abs. 1 S. 2 Nr. 1 b) RED-G und den Daten im Sinne des § 3 Abs. 1 Nr. 3 RED-G, § 5 Abs. 1 S. 2 Nr. 2 RED-G, differenziert. Mit Nutzung ist nach der Systematik des RED-G alleine der automatisierte Abgleich zwischen bei der suchenden Behörde bereits vorhandenen und in der RED gespeicherten Daten gemeint.[250] Unter einem Zugriff ist das Sichtbarmachen bestimmter in

247 BVerfG (2013), 1499 (Rn. 225 a. E.).

248 BVerfG (2013), 1499 (Rn. 103; ähnlich auch Rn. 193).

249 Dies ergibt sich zwar nicht ausdrücklich aus § 5 Abs. 1 S. 2 Nr. 1 b) RED-G, wird aber in der Zusammenschau mit § 5 Abs. 1 S. 3 RED-G deutlich. Auch die Gesetzesbegründung geht ausdrücklich davon aus, dass im Trefferfall ausschließlich ein Zugriff auf die einfachen Grunddaten gewährt wird, Bundesregierung (2012), 17; ebenso *Arzt* (2014b), RED-G, § 5 (Rn. 7).

250 *Arzt* (2014b), RED-G, § 5 (Rn. 2).

der RED gespeicherter Daten zu verstehen.[251] Wie der Zugriff auf die erweiterten Grunddaten im Einzelfall im Rahmen der RED erfolgen kann, ist in § 5 Abs.1 S. 3, 4 RED-G geregelt, sog. Freischaltung.[252]

Das BVerfG hat § 5 ATDG a. F. weitgehend unbeanstandet gelassen. Als verfassungswidrig stufte das BVerfG § 5 Abs. 1 S. 2 Nr. 1 a) ATDG allerdings insoweit ein, als die Norm im Falle einer merkmalbezogenen Recherche in den erweiterten Grunddaten im Trefferfall direkten Zugang zu den einfachen Grunddaten eröffnet. Wegen der inhaltlichen Reichweite der einfachen Grunddaten sei in solchen Fällen alleine eine Information zur aktenführenden Behörde samt Aktenzeichen mit der Verfassung zu vereinbaren.[253]

§ 5 Abs. 1 S. 1-4 RED-G und § 5 Abs. 1 S. 1-4 ATDG entsprechen sich fast wörtlich. Ein Unterschied in den jeweiligen Sätzen 1 besteht in der Bezugnahme auf das jeweilige Ziel der Dateien (internationaler Terrorismus einerseits und gewaltbezogener Rechtsextremismus andererseits). Die Unterschiede im jeweiligen Satz 2 Nr. 1 b) beruhen auf der unterschiedlichen Formulierung des jeweils in Bezug genommenen § 2 S. 1 Nr. 3 RED-G bzw. § 2 S. 1 Nr. 4 ATDG a. F. Jedoch führen die bestehenden Differenzen nicht zu einer abweichenden materiell-rechtlichen Bewertung der beiden Normen.[254]

Erörterungsbedürftig ist allerdings, ob § 5 Abs. 1 RED-G i. V. m. § 6 Abs. 1 RED-G einer Überprüfung durch das BVerfG standhalten würde. Das BVerfG hat die grundsätzliche Verfassungsmäßigkeit des § 5 Abs. 1 ATDG maßgeblich mit zwei Erwägungen begründet: Zum einen damit, dass das ATDG nur bei Vorliegen eines konkreten Ermittlungsanlasses sehr begrenzte Suchmöglichkeiten eröffne und insbesondere keine Rasterung oder ähnliches erlaube.[255] Zum anderen stellt das Gericht auf die restriktive Datennutzungsregelung in § 6 Abs. 1 S. 1 ATDG a. F., die lediglich den Trefferabgleich und die Vorbereitung von Einzelermittlungsersuchen erlaube, ab.[256]

Insoweit ist § 6 Abs. 1 S. 1 RED-G weiter als es § 6 Abs. 1 S. 1 ATDG a. F. war. § 7 RED-G hebt die vom BVerfG betonten Einschränkungen der

251 Bundesregierung (2012), 17; *Arzt* (2014b), RED-G, § 5 (Rn. 6). Zu beachten ist insbesondere, dass § 5 Abs. 1 S. 3, 4 RED-G eine konventionelle Datenübermittlung aufgrund eines Ersuchens nach § 6 Abs. 1 S. 1 RED-G nicht ausschließen.

252 Vgl. hierzu die Ausführungen in der Gesetzesbegründung Bundesregierung (2012), 17.

253 BVerfG (2013), 1499 (Rn. 198 und 200).

254 Vgl. hierzu die Ausführungen in Kapitel 6.1.3.2.

255 BVerfG (2013), 1499 (Rn. 193 f.).

256 BVerfG (2013), 1499 (Rn. 195).

Suchmöglichkeiten in großem Umfang auf. Die Vorschrift ermöglicht insbesondere die Verwendung unvollständiger Daten (sog. „wildcards") (§ 7 Abs. 5 S. 2 Nr. 1), die Suche über eine Mehrzahl von Datenfeldern (§ 7 Abs. 5 S. 2 Nr. 2) sowie die Verknüpfung von Personen, Institutionen, Organisationen und Sachen (§ 7 Abs. 5 S. 2 Nr. 3). Auch eine Gewichtung der Suchkriterien wird möglich. Diese weitreichenden Verwendungsmöglichkeiten greifen deutlich in die Grundrechte der Betroffenen ein. Allerdings ist zu berücksichtigen, dass die Voraussetzungen für eine erweiterte projektbezogene Nutzung nach § 7 Abs. 1-3 RED-G hoch sind: Eine Nutzung von Daten nach § 3 RED-G (verdeckt gespeicherte Daten nach § 4 RED-G dürfen in keinem Fall genutzt werden), ist nur zulässig, soweit dies im Rahmen eines bestimmten einzelfallbezogenen Projekts unter den gesetzlich beschriebenen Maßgaben erfolgt. Damit legt § 7 RED-G qualifizierte Eingriffsschwellen für die erweiterte projektbezogene Verwendung der Daten fest und unterscheidet sich insofern eindeutig von §§ 5 Abs. 1, 6 Abs. 1 RED-G, die gerade keine solchen Schwellen vorsehen, sondern Nutzung, Zugriff und weitere Verwendung schon immer dann zulassen, wenn dies erforderlich ist. Aus diesen Gründen darf wohl davon ausgegangen werden, dass die Bezugnahme auf § 7 RED-G in § 6 Abs. 1 S. 1 RED-G nicht zu einer anderen Beurteilung der Verfassungsmäßigkeit des § 5 Abs. 1 RED-G führt.

Mit der Einfügung des Satzes 5 wird dem ATDG-Urteil zur Inverssuche Rechnung getragen[257]: Diese wurde als verfassungswidrig eingestuft, wenn sie ohne Angabe eines Namens in den erweiterten Grunddaten durchgeführt, im Trefferfall aber dennoch Zugriff auf sämtliche erweiterte Grunddaten gewährt wird. Satz 5 bestimmt nun ausdrücklich, dass in solchen Fällen alleine Angaben zur aktenführenden Behörde, zum Aktenzeichen und zur Einstufung als Verschlusssache, § 3 Abs. 1 Nr. 3 RED-G, zugänglich gemacht werden. Dies entspricht den diesbezüglichen Anforderungen des BVerfG.[258] Darüber hinausgehend bestimmt Satz 6 nunmehr, dass auch in den Fällen, in denen eine namensbezogene Suche mehrere Treffer ergibt, lediglich ein Fundstellennachweis erfolgt. Diese Änderung geht über die

257 So explizit Bundesregierung (2014b), 18, 20.

258 BVerfG (2013), 1499 (Rn. 200). So auch *Rossi* (2014), 11. *Voß* (2014), 8, weist darauf hin, dass die einfache Inverssuche, also die Suche ohne Namensbestandteile, in der Praxis keine große Rolle gespielt habe, da auf diese Weise ein hohes und evtl. fachlich unbrauchbares Trefferergebnis erzielt würde.

Anforderungen des BVerfG hinaus und ist aus Gründen des Grundrechtsschutzes der Betroffenen zu begrüßen. Allerdings wurden bereits im Innenausschuss Zweifel an der Praktikabilität der Regelung geäußert.[259]

6.2.5.2 § 5 Abs. 2 RED-G – Eilfallregelung

§ 5 Abs. 2 S. 1 RED-G definiert zunächst den sog. Eilfall und eröffnet bei Vorliegen der Voraussetzungen einen unmittelbaren Zugriff auch auf die erweiterten Grunddaten als Klarinformation. Die Sätze 2-8 der Norm enthalten Verfahrensvorschriften und die Verpflichtung, nachträglich die Zustimmung der speichernden Behörde einzuholen.

Nach Auffassung des BVerfG eröffnet die Eilfallregelung die weitestgehende Nutzungsmöglichkeit im Rahmen der ATD, weil sie eine Datennutzung zur Terrorismusabwehr selbst ermöglicht und deshalb wegen der Überwindung des informationellen Trennungsprinzips zwischen Polizei und Nachrichtendiensten einen besonders schweren Grundrechtseingriff darstellt.[260] Dennoch begegnet die Eilfallregelung der §§ 5 Abs. 2, 6 Abs. 2 ATDG nach Auffassung des BVerfG keinen verfassungsrechtlichen Bedenken – ausdrücklich auch nicht im Fall der Inverssuche.[261] § 5 Abs. 2 RED-G und ATDG entsprechen sich in weiten Teilen wörtlich. Soweit § 5 Abs. 2 RED-G von § 5 Abs. 2 ATDG abweicht, ist dies unter verfassungsrechtlichen Gesichtspunkten nicht zu beanstanden.

259 *Voß* (2014), 8, führte aus, dass die kombinierte Suche mit Namen und erweiterten Grunddaten in der Praxis eine wichtige Rolle spielt. Aufgrund der Einfügung des Satzes 6 sei nun mit einer merklichen Zunahme an Rechercheergebnissen, die ausschließlich in einem Fundstellennachweis bestehen, zu rechnen. Dies liege daran, dass häufig mehrere Behörden über Daten zu einer Person verfügten, oder die Daten auf unterschiedlichen Ermittlungsverfahren beruhten. Da in diesen Fällen nur noch Fundstellennachweise zugänglich werden, sei mit einer erheblichen Aufwandssteigerung sowohl für die anfragende als auch für die datenbesitzende Behörde zu rechnen, da mangels Kenntnis weiterer Daten keine Vorselektierung der Anfragen mehr möglich sei.

260 BVerfG (2013), 1499 (Rn. 202).

261 BVerfG (2013), 1499 (Rn. 201).

6.2.5.3 § 5 Abs. 3 und 4 RED-G – Zugriffsbeschränkung und Dokumentationspflichten

Die Vorschriften entsprechen wörtlich § 5 Abs. 3 und 4 ATDG, die vom BVerfG nicht erwähnt wurden und somit unbeanstandet geblieben sind. Insofern sind keine verfassungsrechtlichen Bedenken gegen § 5 Abs. 3 und 4 RED-G ersichtlich.

6.2.6 § 6 RED-G – Weitere Verwendung der Daten

§ 6 RED-G befasst sich mit der weiteren Verwendung der Daten. Damit ist jede Nutzung der Daten gemeint, die über den bloßen automatisierten Datenabgleich sowie das Sichtbarmachen weiterer in der RED gespeicherter Daten hinausgeht, die sich nach § 5 RED-G richten.

§ 6 ATDG ist vom BVerfG vollständig unbeanstandet geblieben.[262] Zu prüfen bleibt aber, ob § 6 RED-G auch in Bezug auf die Abweichungen gegenüber § 6 ATDG als verfassungsrechtlich unbedenklich bezeichnet werden kann. Abweichungen finden sich in den Absätzen 1, 2 und 4. Die Absätze 3 entsprechen sich wörtlich.

§ 6 Abs. 1 S. 1 RED-G erweitert dadurch, dass eine Datennutzung zu Zwecken des § 7 RED-G für im Regelfall zulässig erklärt wird, die Möglichkeiten der Datennutzung im Vergleich zu § 6 Abs. 1 S. 1 ATDG a. F. deutlich. Insoweit kann jedoch auf die Ausführungen in Kapitel 6.2.5.1 verwiesen werden: Im Gegensatz zu §§ 5 Abs. 1, 6 Abs. 1 RED-G legt § 7 RED-G qualifizierte Eingriffsschwellen für die erweiterte projektbezogene Nutzung der Daten fest und mildert insoweit das erhebliche Eingriffsgewicht, das mit der projektbezogenen Nutzung verbunden ist, ab. Hinzu kommt, dass selbst Zweckänderungen in erheblichem Umfang nach § 6 Abs. 1 S. 2 RED-G zulässig sind. Dies führt zu dem Ergebnis, dass die Bezugnahme auf § 7 RED-G in § 6 Abs. 1 S. 1 RED-G nicht die Unverhältnismäßigkeit des § 6 Abs. 1 S. 1 RED-G zur Folge hat.

Durch die Bezugnahme auf die Staatsanwaltschaft erweitert § 6 Abs. 4 RED-G die Übermittlungspflichten der genannten Behörden im Vergleich

262 Die teilweise Verfassungswidrigkeit des § 6 ATDG ergab sich lediglich insoweit, als auch Daten, die durch Eingriffe in Art. 10 Abs. 1 GG und Art. 13 Abs. 1 GG gewonnen wurden, von der Vorschrift erfasst waren, *Arzt* (2014b), RED-G, § 6 (Rn. 1). Durch die Anordnung der verdeckten Speicherung solcher Daten in § 4 Abs. 3 RED-G wurden die diesbezüglichen Vorgaben des BVerfG aber erfüllt (vgl. hierzu die Ausführungen in Kapitel 6.2.4).

zu § 6 Abs. 4 ATDG, der alleine die Übermittlung an den Generalbundesanwalt regelt, erheblich. Gleichzeitig wird der Kreis der zur Übermittlung verpflichteten Behörden im RED-G weiter gezogen als im ATDG, wenn nach dem RED-G auch die nach § 1 Abs. 2 RED-G an der RED beteiligten weiteren Polizeivollzugsbehörden neben dem BKA und den LKÄ zur Datenübermittlung verpflichtet werden. Nach § 6 Abs. 4 ATDG trifft diese Verpflichtung alleine das BKA und die LKÄ. In diesem Zusammenhang kann die Gesetzesbegründung zu § 6 Abs. 4 ATDG, die sich im Gegensatz zur Begründung des RED-G etwas ausführlicher mit der Datenübermittlungspflicht befasst, fruchtbar gemacht werden. Die entsprechenden Ausführungen lassen sich so interpretieren, dass die Beschränkung der Übermittlungspflicht auf Aufträge und Ersuchen des Generalbundesanwalts einerseits und auf BKA und LKÄ andererseits dem Grundrechtsschutz zu dienen bestimmt ist. Ausdrücklich nimmt die Gesetzesbegründung zum ATDG ausschließlich Bezug auf Ermittlungsverfahren nach §§ 129a, b StGB, bei denen der Generalbundesanwalt die Sachleitungsbefugnis besitzt.[263] Die lässt sich vor allem vor dem Hintergrund, dass alleine BKA und LKÄ zur Datenübermittlung verpflichtet werden, obwohl der Generalbundesanwalt grundsätzlich auch auf sonstige Polizeibehörden zurückgreifen könnte, § 142a Abs. 1 S. 1 GVG in Verbindung mit § 161 StPO, so verstehen, dass alleine in besonders bedeutenden Verfahren eine erheblich in die Grundrechte eingreifende Datenübermittlungsverpflichtung statuiert werden soll.

Derartige Einschränkungen fehlen im RED-G. Angesichts der Intensität der mit der Datenübermittlung verbundenen Grundrechtseingriffe erscheint die durch § 6 Abs. 4 RED-G angeordnete umfangreiche Datenübermittlungsverpflichtung unter verfassungsrechtlichen Aspekten potenziell problembehaftet. Es sollte erwogen werden, eine dem ATDG entsprechende Beschränkung der Übermittlungspflicht auf besonders bedeutsame Straftaten bzw. nach dem Vorbild des ATDG eine Einschränkung der empfangenden Behörde auf den Generalbundesanwalt sowie auf Seiten der übermittelnden Behörden auf BKA und LKÄ vorzunehmen.

263 Bundesregierung (2006), 21.

6.2.7 § 7 RED-G – Erweiterte Datennutzung

6.2.7.1 § 7 RED-G n. F. – Erweiterte Datennutzung

Bei § 7 RED-G n. F. handelt es sich um eine originäre Norm des RED-G, d. h. sie wurde nicht auf der Blaupause einer entsprechenden ATDG-Norm konzipiert.[264] Das bedeutet, dass das ATDG-Urteil des BVerfG keine direkten Aussagen zur Verfassungskonformität der durch § 7 RED-G n. F. zugelassenen erweiterten Datennutzung enthält. Folgerichtig lassen sich die im Rahmen der Reformgesetzgebung vorgenommenen Änderungen an § 7 RED-G a. F. allenfalls mittelbar auf das ATDG-Urteil zurückführen.[265]

Funktionsweise der Norm

Seiner Überschrift gemäß ermöglicht § 7 RED-G die erweiterte Nutzung der in der RED gespeicherten Daten. Konkret bedeutet dies, dass die Daten zu dem Zweck genutzt werden dürfen, um Zusammenhänge zwischen Personen, Orten und Sachen herzustellen, Daten zu aggregieren und zu verknüpfen sowie sie statistisch auszuwerten. Um dies zu ermöglichen, werden bestimmte, über die gewöhnliche Nutzung hinausgehende technische Mittel und Suchfunktionen ausdrücklich zugelassen, § 7 Abs. 5 RED-G n. F. Als Beispiele für die erweiterte Nutzung nennt die Gesetzesbegründung „die kartenmäßige, grafische oder sonstige Darstellung von Tatorten sowie Aufenthaltsorten der Verdächtigen, die Darstellung von Beziehungsgeflechten der Verdächtigen, der räumlichen Verteilung sowie von Reiseaktivitäten des rechtsextremistischen Personenpotenzials."[266]

Dabei ist zunächst darauf hinzuweisen, dass sich aus dem Text des § 7 RED-G zumindest nicht unmittelbar ergibt, welcher Datenbestand konkret Bestandteil des jeweiligen Projekts ist. Denkbar wäre beispielsweise, dass der gesamte Datenbestand der RED projektbezogen erweitert genutzt werden darf; eine etwaige Einschränkung ist § 7 RED-G selbst jedenfalls nicht zu entnehmen.

---

264 Hier ist das Gegenteil der Fall und es wurde im Rahmen der Reformgesetzgebung § 6a in das ATDG eingefügt, der § 7 RED-G nachgebildet ist.

265 Soweit die Gesetzesbegründung auf das ATDG-Urteil Bezug nimmt, geschieht dies in erster Linie, um die Verfassungskonformität der durch § 6a ATDG, § 7 RED-G ermöglichten Inverssuche mit Verweis auf eine behauptete Parallelität der Vorschriften zu § 5 Abs. 2 ATDG, der vom BVerfG unbeanstandet geblieben ist, zu begründen, Bundesregierung (2014b), 19, 20.

266 Bundesregierung (2012), 19.

Gegen diese Interpretation könnte allerdings § 6 Abs. 1 S. 1 RED-G sprechen: Danach dürfen Daten, auf die eine beteiligte Behörde Zugriff erhalten hat, explizit zu den Zwecken nach § 7 RED-G genutzt werden. Diese Vorschrift könnte zwar theoretisch als Beschränkung des Datenbestands der erweiterten Nutzung nach § 7 RED-G aufgefasst werden; richtigerweise dürfte die Erwähnung des § 7 RED-G in § 6 Abs. 1 S. 1 RED-G aber keine Beschränkung des § 7 RED-G bewirken, sondern ausschließlich die Verwendungszwecke für Daten, auf die im Rahmen einer Einzelfallabfrage Zugriff gewährt wurde, limitieren und damit explizit darüber hinausgehende Verwendungsmöglichkeiten ausschließen. Eine Einschränkung des erweitert nutzbaren Datenbestandes ergibt sich daher aus § 6 Abs. 1 S. 1 RED-G nicht.[267] Bedeutsam ist in diesem Zusammenhang auch, dass § 7 RED-G die Einbeziehung sämtlicher nach § 3 RED-G gespeicherter Daten ermöglicht. Eine Unterscheidung zwischen einfachen und erweiterten Grunddaten findet gerade nicht mehr statt. Auch eine Inverssuche, die normalerweise nur noch im Eilfall zulässig ist, ist im Rahmen des § 7 RED-G möglich.[268]

Vergleich zwischen § 7 RED-G a. F. und n. F.

Im Rahmen der Reformgesetzgebung kam es zu umfangreichen Änderungen an § 7 RED-G.

Zunächst wurde Abs. 1 des § 7 RED-G a. F. in drei Absätze aufgegliedert. Inhaltlich wurde die Ermächtigung zur erweiterten Datennutzung grundsätzlich auf die beteiligten Behörden des Bundes verengt. Ursprünglich bezog § 7 Abs. 1 RED-G a. F. sämtliche beteiligte Behörden gleichermaßen ein. Zur Kompensation wurde gleichzeitig § 7 Abs. 11 RED-G n. F. eingefügt, der die beteiligten Landesbehörden zur erweiterten Datennutzung zulässt, sofern eine entsprechende landesrechtliche Regelung existiert, die den Anforderungen des § 7 Abs. 1-10 RED-G entspricht.[269]

In der Neufassung des § 7 RED-G wird zudem ausdrücklich die Einbeziehung verdeckt gespeicherter Daten in die erweiterte Datennutzung insgesamt ausgeschlossen; eine entsprechende Regelung fehlte zunächst.

Weitere Einschränkungen, die die erweiterte Datennutzung unabhängig vom konkreten Zweck betreffen, zu dem sie erfolgt, liegen darin, dass es

267 Von einer Nutzbarkeit des gesamten Datenbestandes der RED im Rahmen einer erweiterten Nutzung geht auch die Errichtungsanordnung in Zif. 7.1 aus. Auch die Äußerungen von *Arzt* (2014a), 11; ders. (2014b), § 7 (Rn. 8) und *Voß* (2014), 8 f. deuten in diese Richtung.

268 So ausdrücklich auch Bundesregierung (2014b), 19, 20.

269 Diese Änderung dürfte auf den auf § 6a ATDG bezogenen Hinweis von *Wolff* (2014a), 13, zur sog. Zwei-Türen-Theorie des BVerfG zurückzuführen sein.

sich jeweils um ein „einzelfallbezogenes" Projekt handeln muss und die erweiterte Nutzung der Daten zur Aufklärung weiterer Zusammenhänge „im Einzelfall" erforderlich ist. § 7 Abs. 1 S. 1 RED-G a. F. verlangte lediglich, dass die erweiterte Datennutzung „im Einzelfall erforderlich ist". Diese Formulierung wurde in der Neufassung des § 7 RED-G beibehalten, in den Absätzen 1-3 aber um den bereits skizzierten weiteren Einzelfallbezug ergänzt. Insofern lässt sich festhalten, dass § 7 Abs. 1-3 RED-G n. F. einen deutlich stärkeren Einzelfallbezug aufweist, als dies bei § 7 Abs. 1 RED-G a. F. der Fall war.

Soweit die erweiterte Nutzung zur Sammlung und Auswertung von Informationen über rechtsextremistische Bestrebungen zugelassen wird (§ 7 Abs. 1 RED-G n. F.), wurden auch die Tatbestandsvoraussetzungen verschärft: Nach der Neufassung muss sich das Projekt auf *eine* konkrete rechtsextremistische Bestrebung beziehen. Im Gegensatz zur Ursprungsfassung, die noch den Plural verwendete, wird nun nur noch im Singular von einer Bestrebung gesprochen. Zudem wird in der aktuell gültigen Fassung verlangt, dass „bestimmte Tatsachen die Annahme rechtfertigen", dass die Bestrebung auf Gewaltanwendung oder auf deren Vorbereitung gerichtet ist. In der Ursprungsfassung wurde hingegen nicht verlangt, dass die Bewertung der Bestrebung auf Tatsachen beruhen muss. Zudem fordert der neugefasste § 7 Abs. 1 RED-G, dass durch die Gewaltanwendung oder deren Vorbereitung „Gefahren für Leib, Leben oder Freiheit drohen". Auch diese Einschränkung sah § 7 Abs. S. 1 RED-G a. F. nicht vor.

Zumindest geringfügig modifiziert werden die Voraussetzungen, unter denen die erweiterte Datennutzung zur Verfolgung von Straftaten zulässig ist. So spricht § 7 Abs. 2 S. 1 RED-G n. F. nunmehr ausdrücklich von „qualifizierten" gewaltbezogenen rechtsextremistischen Straftaten. § 7 Abs. 1 S. 1 RED-G a. F. sprach lediglich allgemein von gewaltbezogenen rechtsextremistischen Straftaten. Ob hierin aber mehr als ein rein semantischer Unterschied liegt, erscheint insofern zweifelhaft, als der Katalog der Straftaten, zu deren Verfolgung eine erweiterte Datennutzung zulässig ist, unverändert geblieben ist. § 7 Abs. 1 S. 3 RED-G a. F. und § 7 Abs. 2 S. 2 RED-G n. F. entsprechen sich insoweit.

Abgesehen von den jegliche Form der erweiterten Datennutzung betreffenden Änderungen, ist § 7 Abs. 3 RED-G n. F. im Vergleich zu § 7 Abs. 1 S. 2 RED-G a. F. inhaltlich unverändert geblieben: Neben der Einschränkung der Nutzungsbefugnis auf Bundesbehörden und dem stärkeren Einzelfallbezug wurde lediglich das Adverb „qualifiziert" dem Begriff der gewaltbezogenen rechtsextremistischen Straftaten vorangestellt; dass es sich hierbei nur um eine rein semantische Änderung handeln dürfte, wurde bereits angedeutet.

Vollständig neu eingefügt wurde § 7 Abs. 4 RED-G n. F. Er enthält eine Legaldefinition des Projektbegriffs.

§ 7 Abs. 2 RED-G a. F. wurde aufgrund der gerade beschriebenen Neuerungen zu § 7 Abs. 5 RED-G n. F., ist im Übrigen aber unverändert geblieben.

§ 7 Abs. 6 S. 1 und 2 RED-G n. F. entsprechen wörtlich § 7 Abs. 3 S. 1 und 2 RED-G a. F. Zu Veränderungen kam es allerdings bei Satz 3. Hier wurden die Voraussetzungen, unter denen ein Projekt über einen Zeitraum von zwei Jahren hinaus verlängert werden kann, modifiziert. Nach der Ursprungsfassung war eine solche Verlängerung möglich, „wenn das Ziel der projektbezogenen erweiterten Nutzung bei Projektende noch nicht erreicht worden ist und diese weiterhin für die Erreichung des Ziels erforderlich ist." Nunmehr ist Voraussetzung einer Fristverlängerung, dass „die Voraussetzungen für die projektbezogene erweiterte Datennutzung fortbestehen und sich aus den mit dem Projekt gewonnenen Erkenntnissen das Bedürfnis für eine Fortführung des Projekts ergibt."

Weitgehend unverändert geblieben ist auch § 7 Abs. 4 RED-G a. F., der seinen Standort nunmehr in § 7 Abs. 7 RED-G gefunden hat. Ein Unterschied besteht zunächst bei Satz 1, wenn das eine Mal im Singular von der erweiterten projektbezogenen Nutzung gesprochen wird (§ 7 Abs. 4 S. 1 RED-G a. F.), das andere Mal dagegen im Plural von projektbezogenen Datennutzungen (§ 7 Abs. 7 S. 1 RED-G n. F.). Ähnlich wie bei der Einfügung des Adjektivs „qualifiziert" in § 7 Abs. 2 und 3 RED-G n. F. dürfte es sich dabei jedoch um eine rein semantische Modifikation handeln.

Ein weiterer Unterschied ist bei Satz 4 festzustellen: § 7 Abs. 4 RED-G a. F. nahm bei dieser Zuständigkeitsregelung noch Bezug auf bestimmte Landesbehörden; diese Bezugnahme fehlt in § 7 Abs. 7 RED-G n. F. Zu erklären ist dies mit der grundsätzlichen Verengung des § 7 Abs. 1-10 RED-G auf beteiligte Bundesbehörden. Insofern handelt es sich bei der Veränderung des Satzes 4 um eine notwendige Folgeänderung.

Der dritte und letzte Unterschied zwischen § 7 Abs. 4 RED-G a. F. und § 7 Abs. 7 RED-G n. F. besteht darin, dass § 7 Abs. 4 S. 11 RED-G a. F. zu dem eigenständigen Absatz 9 in § 7 RED-G n. F. wurde. Die Vorschrift ordnet an, dass die formellen Voraussetzungen, die bei einer erstmaligen erweiterten Datennutzung vorliegen müssen, auch dann gegeben sein müssen, wenn das Projekt über den Zeitraum von zwei Jahren hinaus verlängert werden soll. Diese Anordnung wird durch § 7 Abs. 9 RED-G n. F. im Vergleich zu § 7 Abs. 4 S. 11 RED-G a. F. insofern noch erweitert, als auch die zusätzlichen Anforderungen, die erstmalig in § 7 Abs. 8 RED-G n. F. normiert werden, bei einer Verlängerung des Projekts über den eigentlich maximal vorgesehenen Zeitraum von zwei Jahren hinaus, vorliegen müssen.

Vollständig neu ist § 7 Abs. 8 RED-G n. F., der die erweiterte Datennutzung grundsätzlich von der Zustimmung der G 10-Kommission abhängig macht.

Ohne Anknüpfungspunkt in § 7 RED-G a. F. ist auch § 7 Abs. 10 S. 1 und 2 RED-G n. F., während § 7 Abs. 10 S. 3 RED-G n. F. wörtlich § 7 Abs. 5 RED-G a. F. entspricht. § 7 Abs. 10 S. 1 und 2 RED-G n. F. weist ausdrücklich der antragstellenden Behörde die datenschutzrechtliche Verantwortung zu und hält fest, dass sich die Übermittlung für aus dem Projekt gewonnene Erkenntnisse nach den allgemeinen Übermittlungsvorschriften richtet.

Verfassungsmäßigkeit des § 7 RED-G n. F.

Festzuhalten ist, dass die Verfassungsmäßigkeit des § 7 RED-G sowohl bei seiner Einführung[270] als auch bei seiner Änderung[271] heftig umstritten war. Niedergeschlagen haben sich diese Diskrepanzen in der Beurteilung des § 7 RED-G nicht zuletzt in einer negativen Stellungnahme des Bundesrates[272] sowie in einer – dem letztlich in Kraft getretenen Normtext entsprechenden – Beschlussempfehlung des Innenausschusses, die auf Grundlage

270 *Wolff* (2011), 3, 5, 8 f. äußert erhebliche Zweifel, ob § 7 RED-G „einer verfassungsgerichtlichen Überprüfung standhalten würde“. Auch *Poscher* (2012a), 11 f. geht davon aus, dass § 7 RED-G den verfassungsrechtlichen Anforderungen nicht genügt; *Hilbrans* (2012a), 7 äußert Zweifel an der Erforderlichkeit der Regelung; ähnlich *Schaar* (2012a), 16. Zudem mahnt er auf S. 17 eine den §§ 22a BVerfSchG, 9a BNDG, 9a BKAG entsprechende Einschränkung der Datenverarbeitungsbefugnisse an; als mit dem Bestimmtheits- und mit dem Trennungsgebot unvereinbar bezeichnet *Roggan* (2012a), 7, § 7 RED-G. Lediglich *Eisvogel* (2012a), 2 und *Kugelmann* (2012a), 5, halten § 7 RED-G zumindest für grundsätzlich mit der Verfassung zu vereinbaren.

271 Allein *Schwarz* (2014), 8 f. und *Voß* (2014), 8 f. gehen davon aus, dass § 7 RED-G die verfassungsrechtlichen Anforderungen erfüllt. Erhebliche Zweifel an der Verfassungskonformität der Norm äußern Deutsches Institut für Menschenrechte (2014), 2 und *Wolff* (2014a), 5 ff., während *Arzt* (2014a), 10 ff.; *Bäcker* (2014), 7 ff.; *Voßhoff* (2014), 2 f. und *Rossi* (2014), 13 explizit von einer Verfassungswidrigkeit der Vorschrift ausgehen.

272 Der Ausschuss für Innere Angelegenheiten (federführend) sowie der Rechtsausschuss des Bundesrats empfahl ausdrücklich, § 6a ATDG zu streichen, Ausschuss für Innere Angelegenheiten (In) (Federführend) und der Rechtsausschuss (R) des Bundesrates (2014), 4. Die Begründung dieser Empfehlung lässt sich zwar nicht

der Expertenanhörung noch einmal zu substanziellen Veränderungen des § 7 RED-G geführt hat.[273]

Verfassungsrechtliche Bedenken sind gegenüber § 7 RED-G insbesondere im Hinblick auf

- seine Erforderlichkeit,[274]
- seine Vereinbarkeit mit den Anforderungen der Zweckbindung und dem Trennungsprinzip,[275]
- verfahrensrechtliche Absicherungen,[276]
- seine Vereinbarkeit mit dem Übermaßverbot[277] und
- seine Bestimmtheit[278]

---

vollständig auf § 7 RED-G übertragen, zumal eine solche ausdrückliche Empfehlung bezüglich § 7 RED-G unterblieben ist, zumindest die Kritikpunkte hinsichtlich der Aufweichung des Dateicharakters als Kontaktanbahnungsinstrument durch die erweiterte Datennutzung sowie der Problematik der Inverssuche lassen sich aber auf § 7 RED-G übertragen. Mit Blick auf § 7 RED-G wird kritisiert, dass eine Entfristung der Regelung vor ihrer Evaluation unterbleiben sollte, Ausschuss für Innere Angelegenheiten (In) (Federführend) und der Rechtsausschuss (R) des Bundesrates (2014), 6.

273 Innenausschuss (2014), 12. Diese dürfte zu großen Teilen auf dem Formulierungsvorschlag zu § 6a ATDG von *Wolff* (2014a), 14 f. beruhen.

274 Zu § 7 RED-G a. F.: *Hilbrans* (2012a), 6; *Schaar* (2012a), 16 f. Zu § 7 RED-G n. F.: *Arzt* (2014a), 11.

275 Zu § 7 RED-G a. F.: *Roggan* (2012a), 7; *Poscher*, Innenausschuss (2012a), 11; *Schaar* (2012a), 17; *Wolff* (2011), 9. Zu § 7 RED-G n. F.: *Arzt* (2014a), 11; *Bäcker* (2014), 8.

276 Kritisch zur Überprüfung der erweiterten Datennutzung durch die G 10-Kommission *Arzt* (2014a), 14 f.; *Wolff* (2014a), 11, mit Hinweis darauf, dass im ATDG-Urteil (BVerfG (2013), 1499 (Rn. 213)) alleine die Notwendigkeit eines Richtervorbehalts diskutiert – und im Ergebnis in Bezug auf § 5 Abs. 1 und 2 ATDG abgelehnt – wurde, die G 10-Kommission hingegen keine Erwähnung fand.

277 In diese Richtung sind wohl auch die Ausführungen von *Wolff* (2011), 9, zu § 7 RED-G a. F. zu verstehen. Zu § 7 RED-G n. F.: *Arzt* (2014a), 11 ff.; *Bäcker* (2014), 9 ff.; *Rossi* (2014), 13; Deutsches Institut für Menschenrechte (2014), 2.

278 Zu § 7 RED-G a. F.: *Roggan* (2012a), 7; *Wolff* (2011), 5. Zu § 7 RED-G n. F.: *Arzt* (2014a), 14; *Rossi* (2014), 13; *Wolff* (2014a), 10 ff. (zwar zu § 6a ATDG, die Argumentation lässt sich aber auf § 7 RED-G übertragen). In diesem Zusammenhang ist auch zu erwähnen, dass die Abweichung von eingeführten polizeirechtlichen Begrifflichkeiten moniert wurde, konkret die Verwendung des Begriffs der „Verhinderung“ von Straftaten statt der „Verhütung“, so *Kugelmann* (2012a), 2 zu RED-G a. F.; *Arzt* (2014a), 13 zu RED-G n. F.

formuliert worden. Die Erforderlichkeit der erweiterten Datennutzung wurde von der Bundesregierung damit begründet, dass die Bedrohungen durch den gewaltbereiten Rechtsextremismus nicht nur die weitere Verbesserung des Informationsaustausches zwischen Polizeien und Nachrichtendiensten notwendig machen würden, sondern auch die vorliegenden Daten in systematischer Weise nutzbar sein müssten. In der Vergangenheit habe sich erwiesen, dass Defizite oft nicht im Bereich der Informationsbeschaffung bestünden, sondern vielmehr im Bereich des Informationsflusses und der Informationsbewertung durch die jeweiligen Sicherheitsbehörden. Hinzu komme die unterschiedliche Ausgestaltung der sicherheitsbehördlichen Informationssysteme, die eine effiziente Nutzung der vorhandenen Daten erschweren würden.[279]

Im Innenausschuss wurde die Einschätzung der Bundesregierung mit Verweis auf die bereits bestehenden Möglichkeiten nach § 22a BVerfSchG und § 9a BKAG in Zweifel gezogen.[280] Insbesondere sei nicht dargetan, dass die vorhandenen Instrumente erfolglos genutzt worden seien und deshalb eine weitere Möglichkeit projektbezogener Zusammenarbeit erforderlich sei.[281]

Allerdings erscheint es aufgrund der Unterschiede zwischen § 22a BVerfSchG und § 9a BKAG einerseits und § 7 RED-G andererseits fraglich, ob mit Verweis auf die genannten Normen die Erforderlichkeit des § 7 RED-G ernsthaft in Zweifel gezogen werden kann. Dabei ist zunächst zu berücksichtigen, dass § 22a BVerfSchG, § 9a BKAG nicht nur einen abweichenden Behördenkreis als teilnahmeberechtigt benennen (in beiden Fällen sind BND und ZKA miteinbezogen), sondern auch eine grundsätzlich andere Struktur als § 7 RED-G aufweisen: Während § 7 RED-G die bereits in der RED gespeicherten Daten projektbezogen zur erweiterten Nutzung gewissermaßen „frei gibt“, ermöglichen die genannten Vorschriften des BVerfSchG und BKAG die Einrichtung einer eigenständigen projektbezogenen gemeinsamen Datei. In diese Datei dürfen dann die bei den jeweiligen Behörden vorliegenden Daten auf Grundlage der jeweils gültigen Übermittlungsvorschriften eingestellt werden.

Damit unterscheiden sich § 22a BVerfSchG und § 9a BKAG wesentlich von § 7 RED-G: § 7 RED-G macht die Daten, die unterschiedliche Sicherheitsbehörden aufgrund der Verpflichtung nach § 2 RED-G in die RED eingespeichert haben, einer systematischen Recherche zur Aufdeckung bislang verborgener Zusammenhänge zugänglich. Das heißt, der Datenbestand, der

279 Bundesregierung (2012a), 19.

280 *Schaar*, Innenausschuss (2012a), 16 f.; *Arzt* (2014a), 11.

281 *Hilbrans* (2012a), 7.

für die Recherche genutzt werden kann, ist sehr umfänglich, da er unabhängig von dem konkreten Projekt auf Basis einer objektiven Verpflichtung gespeichert wurde; mithin kann grundsätzlich auf den gesamten Datenbestand zu dem Phänomenbereich „gewaltbezogener Rechtsextremismus" zurückgegriffen werden. Dadurch ist die antragstellende Behörde nicht darauf angewiesen, dass andere beteiligte Behörden nach evtl. wegen unterschiedlicher technischer Voraussetzungen abweichenden Suchkriterien Daten zur Verfügung stellen. So wird auch eine Informationsbewertung und -auswertung durch die einzelnen Sicherheitsbehörden möglich.[282]

Dagegen werden die Daten, die nach § 22a BVerfSchG bzw. § 9a BKAG in die gemeinsamen Dateien eingespeichert werden, erst mit Blick auf das konkrete Projekt von der jeweiligen Behörde ausgewählt. Hinzu kommt, dass auch für die Einspeicherung in die Datei selbst insoweit Restriktionen gelten, als sie nur möglich ist, wenn dies auf Grundlage der fachrechtlichen Datenübermittlungsvorschriften zulässig ist. Daher ist davon auszugehen, dass der Datenbestand der gemeinsamen Dateien nach § 22a BVerfSchG und § 9a BKAG für den Phänomenbereich „gewaltbezogener Rechtsextremismus" deutlich hinter dem der RED zurückbleibt.

Im Ergebnis bedeutet dies, dass mangels gleich geeigneter Alternativen die Erforderlichkeit des § 7 RED-G nicht in Zweifel gezogen werden kann.

a) <u>Eingriffsgewicht</u>

Die Erwägungen, die das BVerfG in seinem ATDG-Urteil hinsichtlich der hohen Eingriffsintensität der ATD anstellte und die entsprechend auf die RED insgesamt übertragen werden konnten, treffen in noch stärkerem Maße auf § 7 RED-G zu: Zusammenwirken der mit Datenspeicherung und -verwendung jeweils verbundenen Grundrechtseingriffe, Beteiligung zahlreicher Sicherheitsbehörden, Informationsaustausch zwischen Polizeibehörden und Nachrichtendiensten.[283]

Bei der Beantwortung der Frage, ob § 7 RED-G den Anforderungen des Übermaßverbots gerecht wird, wurde zunächst ganz allgemein darauf hingewiesen, dass es einen Unterschied mache, ob Daten operativ durch Polizeibehörden genutzt werden oder ob Nachrichtendienste die erweiterte Nutzung in Anspruch nehmen. Bei einer Nutzung zu operativen Zwecken durch Polizeibehörden seien die Anforderungen deutlich höher als im Falle der

282 *Voß* (2014), 9.

283 BVerfG (2013), 1499 (Rn. 111 f.); vgl. hierzu auch die Ausführungen unter Kapitel 6.1.3.2.

Nutzung durch Nachrichtendienste.[284] Auch ganz pauschal wurde angezweifelt, dass die vorgesehenen Eingriffsschwellen ausreichend seien. Es sei *„nicht sehr wahrscheinlich, dass § 7 einer verfassungsgerichtlichen Überprüfung standhalten würde."*[285]

Demgegenüber geht die Bundesregierung davon aus, dass das Übermaßverbot, insbesondere mit Blick auf Abs. 7 S. 7 im Hinblick auf den Funktionsumfang ausreichend konkretisiert wurde.[286]

Trotz der oben skizzierten Bedenken gegen die Verfassungskonformität des § 7 RED-G n. F. dürfte davon auszugehen sein, dass eine solche Regelung verfassungsrechtlich nicht von vornherein ausgeschlossen ist. Entscheidend ist, dass die starke Eingriffsintensität durch entsprechende prozedurale Vorgaben abgemildert wird und im Übrigen durch entsprechend gewichtige Belange, die es zu schützen gilt, gerechtfertigt wird.

b) Prozedurale Anforderungen

Was die prozedurale Absicherung der erweiterten Datennutzung anbelangt, ist zunächst positiv die Verschärfung der Voraussetzungen für eine Verlängerung der erweiterten Datennutzung durch § 7 Abs. 6 S. 3 RED-G n. F. zu nennen. Eine Verlängerung über den eigentlichen maximal zulässigen Zeitraum hinaus ist nun nur noch möglich, wenn sich – zusätzlich zu weiteren Voraussetzungen – die Notwendigkeit der Fortführung aus durch das Projekt gewonnenen Erkenntnissen ergibt. Damit wird verhindert, dass eine Fortsetzung auch in solchen Fällen in Betracht kommt, in denen im regulären Projektzeitraum noch keine Erkenntnisse generiert wurden. In solchen Fällen dürfte die Notwendigkeit einer Fortführung auch fraglich sein.

Was den Kritikpunkt anbelangt, dass eine § 22a BVerfSchG bzw. § 9a BKAG vergleichbare Regelung fehlt, wonach die Einbeziehung personenbezogener Daten nur zulässig ist, wenn sie nach den fachrechtlichen Übermittlungsvorschriften an alle beteiligten Behörden weitergegeben werden dürfen, ist Folgendes in Rechnung zu stellen: Eine solche Beschränkung erscheint angesichts der Unterschiede zwischen Projektdateien nach § 22a BVerfSchG und § 9a BKAG einerseits und der erweiterten Datennutzung nach § 7 RED-G andererseits nicht zwingend erforderlich. Denn während die genannten Normen des BVerfSchG und BKAG gerade erst die Einrichtung einer gemeinsamen Projektdatei erlauben, mithin zunächst Daten aus anderen Datenbeständen zur gemeinsamen Nutzung eingepflegt werden

284 *Bäcker* (2014), 8 f.
285 *Wolff* (2014a), 9 und 11.
286 Bundesregierung (2012), 19.

müssen, wird bei der erweiterten Datennutzung alleine auf Daten zurückgegriffen, die bereits zulässigerweise für eine gemeinsame Verwendung durch unterschiedliche Behörden in der RED gespeichert wurden. Die Einspeicherung der Daten selbst ist im Grundsatz nicht zu beanstanden, so dass weitere diesbezügliche Beschränkungen nicht erforderlich sein dürften.

Kritisch zu beurteilen ist hingegen das Fehlen einer Kennzeichnungspflicht für Daten, die im Rahmen einer erweiterten Nutzung gewonnen wurden und ihrerseits wieder in die RED eingespeichert werden. Auch die relativ kurzen Aufbewahrungsfristen des letzten Satzes des § 7 Abs. 7 RED-G n. F. sind kritisch zu beurteilen, weil sie je nach Projektdauer eine Vernichtung der Unterlagen unmittelbar nach Beendigung des Projekts ermöglichen; eine datenschutzrechtliche oder gerichtliche Kontrolle der erweiterten Datennutzung wird so erschwert. Angesichts der vom BVerfG im ATDG-Urteil angemahnten Ausweitung datenschutzrechtlicher Sicherungen[287] steht zu befürchten, dass die derzeitige Ausgestaltung der Norm einer eventuellen Überprüfung nicht standhalten würde. Zu empfehlen ist daher, die Aufbewahrungspflicht auf zwei Jahre nach Beendigung des Projekts zu verlängern. Auf diese Weise steht auch nach Abschluss eines Projekts noch ein ausreichender Zeitraum für eine mögliche Kontrolle zur Verfügung.

c) Übermaßverbot

Der in der Gesetzesbegründung angenommenen Parallelität von Eilfall und erweiterter Datennutzung kann wohl nicht ohne weiteres gefolgt werden. Bei einer Datenübermittlung im Eilfall geht es um die Abwendung einer bereits gegenwärtigen Gefahr für ein hochrangiges Rechtsgut, der anders nicht begegnet werden kann. Eine solche stark verdichtete Gefährdungssituation setzt § 7 RED-G gerade nicht voraus. Auch wenn eine Rechtfertigung der Regelung des § 7 RED-G wegen der vorgesehenen qualifizierten Eingriffsschwellen grundsätzlich möglich erscheint, dürfte die Bezugnahme auf die Ausführungen des BVerfG im ATDG-Urteil zum Eilfall wegen der bestehenden Unterschiede ausscheiden.

Die Frage, ob die jeweils geschützten öffentlichen Belange die hohe Eingriffsintensität der einzelnen Ermächtigungsgrundlagen zu rechtfertigen vermögen, bedarf einer differenzierten Betrachtung:

287 BVerfG (2013), 1499 (Rn. 214 ff.).

6.2.7.2 § 7 Abs. 1 RED-G n. F.

Nach § 7 Abs. 1 RED-G ist es nicht erforderlich, dass eine gegenwärtige Gefahr vorliegt; zwar muss sich die Gefahrenlage in gewissem Maße bereits konkretisiert haben, aber die Ermittlungsbefugnisse werden damit weit ins Vorfeld einer tatsächlichen Straftatbegehung verlegt. Diese Art der Vorfeldaufklärung ist der genuine Tätigkeitsbereich der Nachrichtendienste, deren umfangreiche Ermittlungsbefugnisse durch fehlende operative Ermächtigungen kompensiert werden.

Vor diesem Hintergrund ist die Erstreckung der Ermächtigung des § 7 Abs. 1 RED-G n. F. auf die Polizeibehörden des Bundes unter verfassungsrechtlichen Aspekten durchaus als problematisch zu bezeichnen. Der Vorschlag, die durch § 7 Abs. 1 RED-G n. F. eingeräumten Möglichkeiten alleine den Nachrichtendiensten vorzubehalten, sollte insoweit in Betracht gezogen werden. Bei entsprechender einschränkender Auslegung mit Blick auf die Verdichtung der Gefahrenlage bei erweiterter Nutzung durch eine Polizeibehörde des Bundes wird man allerdings nicht von einer Verfassungswidrigkeit der Norm ausgehen können.

6.2.7.3 § 7 Abs. 2 RED-G n. F.

Bezüglich der möglichen verfassungsrechtlichen Rechtfertigung des § 7 Abs. 2 RED-G n. F. wurde darauf hingewiesen, dass der Katalog der qualifizierten Straftaten zu weit gefasst ist, um eine Rechtfertigung der Vorschrift bewirken zu können.

Aus der Rechtsprechung des BVerfG zur Rechtfertigung der akustischen Wohnraumüberwachung[288] wurde geschlossen, dass nur besonders schwere Straftaten, die den Bereich der mittleren Kriminalität verlassen, derartige Eingriffe rechtfertigen können.

Dem ist allerdings zu entgegnen, dass das BVerfG in der genannten Entscheidung ausdrücklich darauf hinwies, dass es sich bei der akustischen Wohnraumüberwachung um eine besonders eingriffsintensive Maßnahme handelt, die nicht nur heimlich erfolgt, sondern zudem in erheblichem Maß in die Privatsphäre eingreift. Für Datenerhebungsmaßnahmen, die nicht ebenso eingriffsintensiv sind (genannt werden genetischer Fingerabdruck, Rasterfahndung, Auskunft über Verbindungsdaten der Telekommunikation

288 Eine besonders schwere Straftat wird beispielsweise für die Rechtfertigung der akustischen Wohnraumüberwachung verlangt, BVerfG (2004), 999 (1010 f.).

und Einsatz verdeckter Ermittler), wird es als ausreichend angesehen, wenn mindestens die Aufklärung einer Straftat aus dem mittleren Kriminalitätsbereich in Rede steht, die den Rechtsfrieden empfindlich stört und geeignet ist, das Gefühl der Rechtssicherheit in der Bevölkerung erheblich zu beeinträchtigen.[289] Eine Straftat von erheblicher Bedeutung, die dem mittleren Kriminalitätsbereich zuzuordnen ist, dürfte grundsätzlich dann anzunehmen sein, wenn das Strafmaß eine Strafe von im Höchstmaß mehr als fünf Jahren vorsieht. Jedenfalls sind Straftaten, deren Strafdrohung darunter bleibt, „nicht mehr ohne weiteres dem Bereich der Straftaten von erheblicher Bedeutung zuzurechnen".[290] In der Literatur wird dagegen die erhebliche Bedeutung und damit die Zugehörigkeit zum mittleren Kriminalitätsbereich bereits bei einer Strafrahmenobergrenze von über 2 Jahren bejaht.[291] Allerdings hat auch die Rechtsprechung bereits betont, dass es beispielsweise für die Beschlagnahme von E-Mails bei Providern keine zwingende Voraussetzung ist, dass eine Straftat vorliegt, die dem mittleren Kriminalitätsbereich zuzuordnen ist, der nach der Rechtsprechung regelmäßig bei einer Strafrahmenobergrenze von über fünf Jahren liegt.[292]

Wendet man diese Grundsätze auf die erweiterte Datennutzung nach § 7 Abs. 2 RED-G an, so ist einerseits zu beachten, dass die Maßnahmen, zu denen ermächtigt wird, keine originäre Datenerhebung darstellen und wohl auch nicht dieselbe Persönlichkeitsrelevanz haben wie beispielsweise eine akustische Wohnraumüberwachung. Nichtsdestoweniger ist die Eingriffsintensität hoch und es handelt sich um eine heimliche Maßnahme der Datennutzung. Insofern erscheint es unter verfassungsrechtlichen Aspekten durchaus geboten, zur Rechtfertigung strenge Anforderungen an die im Einzelfall zu prüfende Erforderlichkeit zur Verfolgung qualifizierter gewaltbezogener rechtsextremistischer Straftaten zu stellen.

Im Rahmen des § 7 Abs. 2 RED-G n. F. wurde zudem darauf hingewiesen, dass lediglich eine konkrete Gefahr verlangt werde, nach der Eilfall-Rechtsprechung des BVerfG im ATDG-Urteil aber eine gegenwärtige Gefahr Mindestvoraussetzung sei. Diese Kritik kann nicht geteilt werden. Wie bereits dargelegt, sind der Eilfall und die erweiterte Datennutzung nicht vergleichbar, weshalb sich die Ausführungen des BVerfG hierzu nur sehr eingeschränkt übertragen lassen. Da § 7 Abs. 2 RED-G im Gegensatz zu § 5 Abs. 2 RED-G deutlich höhere Anforderungen an die Datennutzung stellt, dürfte es unschädlich sein, dass keine gegenwärtige Gefahrenlage verlangt

289 BVerfG (2004), 999 (1010); BVerfG (2001), 879 (880 f.).
290 BVerfG (2009b), 2431 (Rn. 73).
291 *Ritzert* (2015), § 98a (Rn. 1) mit weiteren Nachweisen.
292 BVerfG (2009b), 2431 (Rn. 74 ff.).

wird, da die übrigen Tatbestandsvoraussetzungen diese Absenkung der Eingriffsschwelle kompensieren können. Außerdem würde jegliche Form gemeinsamer Analysewerkzeuge unmöglich, wenn das Vorliegen einer gegenwärtigen Gefahr Voraussetzung wäre. Die Analyse setzt gerade im Vorfeld an, wohingegen bei einer gegenwärtigen Gefahr eine akute Gefährdung eines Rechtsguts vorliegt. In einer solchen Situation ist gerade kein Raum mehr für umfangreiche Analysetätigkeiten.

6.2.7.4 § 7 Abs. 3 RED-G n. F.

Die Aussagen zu § 7 Abs. 2 RED-G n. F. lassen sich grundsätzlich auf § 7 Abs. 3 RED-G n. F. übertragen.

Als zusätzlicher Kritikpunkt wurde aufgeführt, dass durch die Bezugnahme auf Straftatbestände, die Handlungen im Vorfeld der eigentlichen Straftat unter Strafe stellen, die Befugnisse insgesamt sehr weit ins Vorfeld der Straftatbegehung verlagert werden. Insoweit dürfe die erweiterte Datennutzung nach § 7 Abs. 3 RED-G n. F. zusätzlich zu den Fällen der §§ 89b, 91, 126 und 127 StGB auch nicht in den Fällen der §§ 89, 89a, 129, 129a und 310 StGB erfolgen.

Gleichwohl ist auch diese Vorschrift verfassungsrechtlich nicht zu beanstanden, wenn erstens an die Erforderlichkeit der erweiterten Nutzung zur weiteren Aufklärung und zweitens an den Grad der Verdichtung der Gefahr der Begehung einer qualifizierten gewaltbezogenen rechtsextremistischen Straftat hohe Anforderungen gestellt werden.

Abschließende Bewertung

Die erweiterte Datennutzung kann grundsätzlich gerechtfertigt werden. Hinsichtlich der konkreten Ausgestaltung des § 7 RED-G n. F. formulierte Zweifel bezüglich der Verfassungsmäßigkeit können ausgeräumt werden, wenn hohe Anforderungen an die Erfüllung der tatbestandlichen Voraussetzungen gestellt werden. Eine Kennzeichnungspflicht für Daten, die durch die erweiterte Datennutzung generiert wurden, wäre ebenso zu empfehlen wie die Ausdehnung der Aufbewahrungsfrist für die Antragsunterlagen auf zwei Jahre nach Beendigung des Projekts.

a) Grundsatz der Normenklarheit und -bestimmtheit

Die ursprüngliche Fassung des § 7 Abs. 1 RED-G a. F. begegnete insbesondere im Hinblick auf seine Bestimmtheit erheblichen Zweifeln. Einige Kritikpunkte wurden im Rahmen des Novellierungsverfahrens aufgegriffen und erledigt. Dies gilt insbesondere für die Auffächerung des § 7 Abs. 1 RED-G a. F. in § 7 Abs. 1-3 RED-G n. F. Durch die auch räumliche Trennung der drei verschiedenen Ermächtigungsgrundlagen wird die Verständlichkeit der Norm deutlich erhöht.[293]

Kritik begegnete auch die Tatsache, dass zunächst eine Definition des Projektbegriffs fehlte.[294] Im Laufe des Gesetzgebungsverfahrens wurde daraufhin eine Definition des Projektbegriffs als § 7 Abs. 4 RED-G n. F. eingefügt. Zwar ist auch diese Definition verhältnismäßig abstrakt und allgemein gefasst, dies dürfte jedoch auch der zugrunde liegenden Materie geschuldet sein. Unter dem Aspekt der Klarheit und Bestimmtheit ist diese Definition jedenfalls zu begrüßen. Angesichts der enthaltenen Abgrenzungskriterien dürfte diesbezüglich auch von der Verfassungskonformität der Vorschrift auszugehen sein.[295]

6.2.8 § 8 RED-G – Übermittlung von Erkenntnissen

§ 8 RED-G ordnet an, dass Erkenntnisse, die auf Ersuchen nach § 6 Abs. 1 S. 1 RED-G oder der erweiterten Datennutzung nach § 7 RED-G beruhen, zwischen den beteiligten Behörden nach den jeweils gültigen Übermittlungsvorschriften übermittelt werden. Die Norm entspricht – abgesehen von der Bezugnahme auf § 7 RED-G – § 7 ATDG, der vom BVerfG unbeanstandet geblieben ist.

Da § 8 RED-G die Produkte, die durch die Nutzung der in die RED eingestellten Daten generiert werden, wieder dem Regime der allgemeinen

293 Vgl. hierzu *Wolff* (2014a), 11 f.

294 *Bäcker* (2014a), 10; *Roggan* (2012a), 7; *Wolff* (2014a), 10; 11 und 12 f.

295 Die Formulierung entspricht weitgehend der von *Wolff* (2014a), 13, als verfassungskonform vorgeschlagenen Formulierung. Dagegen dürfte die Äußerung von *Bäcker* (2014), 10, wohl dahingehend zu interpretieren sein, dass auch die gewählte Formulierung verfassungsrechtlichen Anforderungen nicht genügt. So ging er davon aus, dass ein Verständnis des Projekts lediglich als behördlicher Arbeitszusammenhang, der sachlich durch die Zielstruktur als Analysegegenstand und zeitlich durch die Befristungsregelungen begrenzt wird, nicht ausreicht, um eine Einschränkung der Ermächtigung zu bewirken.

Übermittlungsvorschriften überantwortet, erscheint die Bezugnahme auf § 7 RED-G in diesem Zusammenhang verfassungsrechtlich unproblematisch. Denn es werden gerade keine neuen Übermittlungsbefugnisse geschaffen,[296] sondern diese werden vielmehr vorausgesetzt. Insofern dürfte die bundesverfassungsrichterliche Beurteilung des § 7 ATDG als verfassungskonform auf § 8 RED-G übertragbar sein.

6.2.9 § 9 RED-G – Datenschutzrechtliche Verantwortung

§ 9 Abs. 1 RED-G regelt die datenschutzrechtliche Verantwortungszuordnung. Die Vorschrift hat den gleichen Wortlaut wie die vom BVerfG überprüfte entsprechende Regelung in § 8 ATDG mit einem Zusatz in § 9 Abs. 1 S. 4 RED-G zur Projektdatei. Das BVerfG hat § 8 ATDG nicht beanstandet und auch im Verfahren zum Erlass des RED-G war keine spezielle Kritik dagegen ersichtlich. Insoweit ist auch von der Verfassungskonformität des § 9 RED-G auszugehen. Die Zuweisung der datenschutzrechtlichen Verantwortung nach § 9 Abs. 1 S. 4 RED-G bei der Projektdatei allein auf die die Daten nutzende Stelle ist sachgerecht und verfassungsgemäß.[297]

6.2.10 § 10 RED-G – Protokollierung, technische und organisatorische Maßnahmen

6.2.10.1 § 10 Abs. 1 RED-G – Protokollierung

Als prozedurale Anforderung aufgrund der Verfassung (siehe dazu allgemein Kapitel 6.1.2.3) folgt aus dem Recht auf informationelle Selbstbestimmung und der Rechtsweggarantie des Art. 19 Abs. 4 GG die Verpflichtung aller staatlichen Stellen, die Informationseingriffe, insbesondere Zugriff und Übermittlung personenbezogener Daten, zu protokollieren und zu dokumentieren.[298] Die Protokollierung ist Voraussetzung für eine verfassungsrechtlich gebotene Datenschutzkontrolle (dazu unten bei § 11 RED-G). Dazu legt § 10 Abs. 1 S. 1 RED-G dem BKA als derjenigen Behörde, die die Verbunddatei führt, die Pflicht zur Protokollierung des Dateizugriffs

296 So ausdrücklich Bundesregierung (2012), 20.

297 In diesem Sinne *Arzt* (2014b), RED-G, § 9 (Rn. 4).

298 BVerfG (1984b), 1 (46, 70); *Stubenrauch* (2009), 143.

auf. Das Protokoll darf nach S. 2 nur eingeschränkt verwendet werden. S. 3 statuiert eine Pflicht zur Löschung der Protokolldaten.

§ 10 RED-G a. F. hatte den gleichen Wortlaut wie die vom BVerfG unbeanstandete entsprechende Regelung in § 9 ATDG a. F. mit einem Zusatz in § 10 Abs. 1 S. 1 RED-G a. F. zur Projektdatei. Eine andere verfassungsrechtliche Bewertung ergibt sich hieraus nicht.

Der Protokollierungspflicht unterliegen nach Ansicht des BfDI und der Literatur auch verdeckte Speicherungen im Sinne des § 4 Abs. 1 S. 1 RED-G sowie die durch eine Anfrage ausgelösten Treffer auf verdeckt gespeicherte Daten.[299] Da das Gesetz bei der Protokollierung keine Unterschiede zwischen Zugriffen auf verdeckte und nicht verdeckte Daten macht, ist davon auszugehen, dass bei beiden Kategorien eine Protokollierung zu erfolgen hat.

Für das RED-G gehen die Gesetzesbegründung[300] und die Literatur[301] außerdem davon aus, dass dabei auch die abfragende Person zu protokollieren ist. Die Protokollierungspflicht für Treffer bei verdeckt gespeicherten Daten, auf die kein Zugriff gewährt wird, und der abfragenden Personen ergibt sich allerdings nicht ausdrücklich aus dem Wortlaut des § 10 Abs. 1 RED-G. Ausweislich des § 10 Abs. 1 RED-G erfolgt eine Protokollierung nur bei einem Zugriff, der auf verdeckt gespeicherte Daten gemäß § 4 Abs. 1 S. 1 Hs. 2 RED-G gerade nicht eröffnet ist. Nur dann, wenn ein solcher Zugriff auf verdeckt gespeicherte Daten im Einzelfall doch eröffnet wird, ist auch der Zweck der Protokollierung, die Datenschutzkontrolle, berührt. Entsprechendes gilt für einen Zugriff auf die erweiterten Grunddaten, der – sofern kein Fall des § 5 Abs. 2 RED-G vorliegt – nur bei Zugriffsgewährung durch die Behörde, die die Daten eingegeben hat, nach § 5 Abs. 1 S. 3 RED-G erfolgen kann. Da sich auch eine abfragende Person im Rahmen ihrer Amtstätigkeit auf ihr Recht auf informationelle Selbstbestimmung berufen kann,[302] ist für den mit der Protokollierung einhergehenden Eingriff eine Rechtsgrundlage erforderlich. Dies sollte in § 10 Abs. 1 RED-G deutlicher zum Ausdruck gebracht werden.

Nach § 10 Abs. 1 S. 2 RED-G n. F. beträgt die Frist für die Löschung der Protokolldaten zwei Jahre statt wie bisher 18 Monate. Dabei ist zu berücksichtigen, dass der aus dem Grundrecht auf informationelle Selbstbestim-

299 *Schaar* (2012a), 5; zustimmend *Arzt* (2014b), RED-G, § 10 (Rn. 2).

300 Bundesregierung (2012), 20.

301 In diesem Sinne *Albrecht/Knabe* (2012), Abs. 35.

302 Dazu bspw. *Debus* (2015), 982 m. w. N.

mung abzuleitende Grundsatz der Datensparsamkeit auch für die Protokolldaten gilt. Die Erhöhung auf zwei Jahre wird als noch angemessen bewertet.[303] Vom BVerfG war die Erhöhung der Speicherung für die ATD nicht gefordert worden, vielmehr wurden lediglich Kontrollen in angemessenen Abständen – deren Dauer ein gewisses Höchstmaß, etwa zwei Jahre, nicht überschreiten darf – verlangt.[304] Darüber hinaus dient die Speicherung der Protokolldaten der Gewährleistung eines effektiven Rechtsschutzes gem. Art. 19 Abs. 4 GG. Die Verlängerung der Frist trägt dem Rechnung. Vor allem diente die Verlängerung der Harmonisierung mit dem gleichzeitig eingefügten Kontrollintervall durch die Datenschutzbeauftragten in § 11 Abs. 2 RED-G n. F., damit sichergestellt ist, dass auch bei dem längst möglichen Abstand zwischen zwei Kontrollen noch alle Protokolldaten seit der letzten Kontrolle den Datenschutzbeauftragten zur Verfügung stehen.[305]

6.2.10.2 § 10 Abs. 2 RED-G – Technische und organisatorische Maßnahmen

Zur Sicherung eines effektiven Grundrechtsschutzes ebenso wichtig wie verfahrensrechtliche Vorkehrungen sind technische und organisatorische Maßnahmen[306]. Gem. § 10 Abs. 2 RED-G sind die technischen und organisatorischen Maßnahmen durch das BKA nach Maßgabe des § 9 BDSG zu treffen. § 9 S. 1 BDSG verpflichtet öffentliche Stellen, die selbst oder im Auftrag personenbezogene Daten erheben, verarbeiten oder nutzen, die technischen und organisatorischen Maßnahmen zu treffen, die erforderlich sind, um die Ausführung der Vorschriften dieses Gesetzes, insbesondere die in der Anlage zum BDSG genannten Anforderungen, zu gewährleisten. Erforderlich sind Maßnahmen nach § 9 S. 2 BDSG nur, wenn ihr Aufwand in einem angemessenen Verhältnis zu dem angestrebten Schutzzweck steht. Dabei ist die Verweisungsregelung aus § 10 Abs. 2 RED-G i. V. m. § 9 S. 2 BDSG so zu interpretieren, dass die Angemessenheit auch voraussetzt, dass zumindest solche technischen und organisatorischen Maßnahmen zu treffen

303 In diesem Sinne *Rossi* (2014), 12: keine verfassungsrechtlichen Bedenken dagegen. In der Praxis werden die Protokolldaten jedoch deutlich länger gespeichert, da sie gemäß § 10 Abs. 1 S. 2 RED-G n. F. auch zur VS-Nachweisführung genutzt werden.

304 BVerfG (2013), 1499 (Rn. 217).

305 Bundesregierung (2014a), 26 f.

306 *Stubenrauch* (2009), 145.

sind, welche für dieselben Daten in den übermittelnden Bundes- oder Landesbehörden nach dem jeweiligen Fachrecht anzuwenden sind. Bei dieser Interpretation ist diese Regelung verfassungsrechtlich und rechtspolitisch nicht zu beanstanden.

6.2.10.3 § 10 Abs. 3 RED-G n. F. – Berichtspflicht nach RED-G-Reform

Nach § 10 Abs. 3 RED-G n. F. berichtet das BKA dem Bundestag alle drei Jahre über den Datenbestand und die Nutzung der RED. Der Bericht ist dann auch im Internet zu veröffentlichen. Da sich die Speicherung und Nutzung der Daten der Wahrnehmung der Betroffenen und der Öffentlichkeit weitgehend entzieht, dem auch die Auskunftsrechte nur begrenzt entgegenwirken und weil eine effektive gerichtliche Kontrolle nicht ausreichend möglich ist, sind hinsichtlich Datenbestand und Nutzung der Datei regelmäßige Berichte des BKA gegenüber Parlament und Öffentlichkeit gesetzlich sicherzustellen. Sie sind erforderlich und müssen hinreichend gehaltvoll sein, um eine öffentliche Diskussion über den mit der Datei ins Werk gesetzten Datenaustausch zu ermöglichen und diesen einer demokratischen Kontrolle und Überprüfung zu unterwerfen.[307] Die Neuregelung entspricht den ausdrücklichen Vorgaben des BVerfG[308] zur ATD und wird positiv bewertet.[309]

6.2.11 § 11 RED-G – Datenschutzrechtliche Kontrolle und Auskunft an den Betroffenen

§ 11 RED-G a. F. entsprach – mit Ausnahme der unterschiedlichen Paragrafenzählung bei den Verweisungen in den beiden Gesetzen – wortlautgleich dem § 10 ATDG a. F. Die Ausführungen des BVerfG zu § 10 ATDG a. F. gelten daher entsprechend.

Bei der Prüfung des ATDG betonte das BVerfG, dass auch Anforderungen an die aufsichtliche Kontrolle zu den Voraussetzungen einer verhältnismäßigen Ausgestaltung der Datenverarbeitung gehören können, weil es sich bei der Speicherung und Verarbeitung von Daten um Eingriffe handelt, die für die Betreffenden oftmals nicht unmittelbar wahrnehmbar sind und deren

307 BVerfG (2013), 1499 (Rn. 222).
308 Dazu BVerfG (2013), 1499 (Rn. 221 f).
309 *Wolff* (2014b), 33.

freiheitsgefährdende Bedeutung vielfach nur mittelbar oder erst später im Zusammenwirken mit weiteren Maßnahmen zum Tragen kommt.[310] Der Verhältnismäßigkeitsgrundsatz stellt deshalb an eine wirksame Ausgestaltung dieser Kontrolle sowohl auf der Ebene des Gesetzes als auch der Verwaltungspraxis gesteigerte Anforderungen.[311] Den Datenschutzbeauftragten müssen Protokollierungen (siehe Kapitel 6.2.10.2) in praktikabel auswertbarer Weise zur Verfügung stehen, die – durch technische und organisatorische Maßnahmen sichergestellt – hinreichende Angaben für die Zuordnung zu dem zu kontrollierenden Vorgang enthalten.[312]

Der Gesetzgeber hat(te) in § 5 Abs. 4 ATDG, § 9 ATDG a. F. (entspricht bzw. entsprach § 6 Abs. 4 RED-G bzw. § 10 RED-G a. F.) eine differenzierte und umfassende Protokollierung aller Zugriffe auf die Datenbank angeordnet und sah in § 10 Abs. 1 ATDG a. F. (entsprach § 11 Abs. 1 RED-G a. F.) eine an die föderale Kompetenzverteilung anknüpfende, sachlich nicht eingeschränkte Aufsicht durch die Datenschutzbeauftragten des Bundes und der Länder vor. Diese Regelungen waren Grundlage für eine wirksame Kontrolle, die im Wesentlichen den verfassungsrechtlichen Anforderungen genügte. An einer hinreichenden gesetzlichen Vorgabe fehlte es allerdings hinsichtlich des Erfordernisses turnusmäßig festgelegter Pflichtkontrollen, so dass den Gesetzgeber insoweit eine Nachbesserungspflicht traf.[313] Im Übrigen durfte der Gesetzgeber zunächst darauf vertrauen, dass die Bestimmungen in einer kooperationsbereiten Behördenpraxis wirksam umgesetzt werden. Er hat insoweit aber zu beobachten, ob hierbei Konflikte auftreten, die gesetzlicher Klarstellungen oder der Einführung etwa von Streitlösungsmechanismen wie dem Ausbau von Klagebefugnissen bedürfen.[314]

Dementsprechend bedurfte es im Bereich der Transparenz und Kontrolle der RED lediglich der Regelung der verbesserten Zusammenarbeit von Datenschutzbeauftragten in Bund und Ländern (Abs. 1 n. F.) und der Einführung von turnusmäßig festgelegten Pflichtkontrollen, um den vom BVerfG zur ATD festgestellten verfassungsrechtlichen Anforderungen zu genügen. Diesen Anforderungen wurde durch die RED-Reform genügt.

Die Auskunft an den Betroffenen gem. § 11 Abs. 2 RED-G a. F. bzw. dem wortgleichen Abs. 3 n. F. unterscheidet zwischen verdeckt und nicht verdeckt gespeicherten Daten. Zu letzteren erteilt das BKA die Auskunft

310 BVerfG (2013), 1499 (Rn. 207).
311 BVerfG (2013), 1499 (Rn. 214).
312 BVerfG (2013), 1499 (Rn. 215).
313 BVerfG (2013), 1499 (Rn. 219).
314 BVerfG (2013), 1499 (Rn. 220).

nach § 19 BDSG, nachdem es das Einvernehmen mit der nach § 9 RED-G verantwortlichen Stelle hergestellt hat; das BKA ist insoweit zentrale Auskunftsstelle für die Datei. Zu verdeckt gespeicherten Daten erteilt die speichernde Behörde die Auskunft ohne die Beteiligung des BKA.

Das BVerfG hielt die entsprechende Regelung im ATDG für mit der Verfassung vereinbar: Die Auskunftsansprüche ermöglichen nur ein Mindestmaß an Transparenz. Die Auskunft kann unter bestimmten Voraussetzungen von der Behörde verweigert werden, falls Belange von höherem Gewicht dies rechtfertigen (vgl. nur § 19 Abs. 4 BDSG, § 15 Abs. 2 BVerfSchG).[315] Angesichts des Zwecks und der Wirkweise der RED ist dieses jedoch verfassungsrechtlich hinzunehmen.[316]

Zum ATDG führte das BVerfG aus, dass es zwar auf eigene nachträgliche Benachrichtigungspflichten, die über die Benachrichtigungspflichten aus anderen Vorschriften hinausgehen, verzichte und damit auch auf wichtige Instrumentarien zur Gewährleistung der Verhältnismäßigkeit der Datennutzungsregelungen. Angesichts des Zwecks der ATD sei dies jedoch verfassungsrechtlich gerechtfertigt. Das Absehen von spezifischen Benachrichtigungspflichten sei verfassungsrechtlich vertretbar. Eine Benachrichtigungspflicht käme ohne substanzielle Beeinträchtigung der Funktionsweise der Datei nur für die Fälle in Betracht, in denen Personen endgültig aus der Datei herausgenommen werden. Der Nutzen einer derart beschränkten Benachrichtigungspflicht sei im Vergleich zum damit verbundenen Aufwand jedoch zu gering, als dass sie unter Verhältnismäßigkeitsgesichtspunkten geboten wäre.[317]

6.2.12 § 12 RED-G – Berichtigung, Löschung und Sperrung von Daten

§ 12 RED-G entspricht im Wesentlichen dem § 11 ATDG. Neben Anpassungen an die andere Zielsetzung finden sich Unterschiede insbesondere hinsichtlich des Abrufs und der Nutzung gesperrter Daten in Abs. 3 S. 2.[318] Das BVerfG ist auf § 11 Abs. 1, 3 ATDG nicht eingegangen. § 11 Abs. 2, 4 ATDG bewertete es als mit der Verfassung vereinbar. Insbesondere dass die Höchstgrenze der Löschungsfristen sich nach den Fachgesetzen richte,

315 BVerfG (2013), 1499 (Rn. 208 ff.).
316 In diesem Sinne BVerfG (2013), 1499 (Rn. 212 zur ATD).
317 BVerfG (2013), 1499 (Rn. 213).
318 *Arzt* (2014b), RED-G, § 12 (Rn. 1).

sei nach der Konzeption der Datei als Verbunddatei naheliegend und jedenfalls verfassungsrechtlich vertretbar.[319]

6.2.13 § 13 RED-G – Errichtungsanordnung

§ 13 RED-G ermöglicht dem BKA die Festlegung bestimmter Einzelheiten der Verbunddatei in einer Errichtungsanordnung, deren Festlegung im Einvernehmen mit den beteiligten Behörden erfolgt und der Zustimmung des BMI, des BMVg und der zuständigen obersten Landesbehörden bedarf. Die Errichtungsanordnung dient der Selbstkontrolle der speichernden Stellen wie auch der Durchführung der datenschutzrechtlichen Kontrolle durch die hierzu berufenen Behörden, so dass die verantwortliche Stelle durch die Errichtungsanordnung gezwungen wird, vor Inbetriebnahme einer automatisierten Datei die Zulässigkeit der Datenverarbeitung, die Struktur und Nutzung der Datei sowie wesentliche Fragen der Datensicherheit zu prüfen.[320]

§ 13 RED-G entspricht im Wesentlichen § 12 ATDG. Die Errichtungsanordnung in § 12 ATDG als solche hat das BVerfG nicht beanstandet. Eine maßgebende grundrechtssichernde oder dem Bestimmtheitsgebot Rechnung tragende Bedeutung kommt der Errichtungsanordnung nicht zu. So hat das BVerfG die Konkretisierung der nach § 1 Abs. 2 ATDG beteiligten Behörden in der Anordnung nicht genügen lassen: „Für eine solche Festlegung reicht angesichts der spezifischen Grundrechtsrelevanz der Bestimmung der an der Antiterrordatei teilnehmenden Behörden jedoch nicht eine Errichtungsanordnung als bloße Verwaltungsvorschrift, die weder gegenüber den in ihren Daten Betroffenen noch gegenüber den Gerichten rechtlich bindende Wirkung hat und die auch nicht rechtsförmlich ausgefertigt und verkündet wird.“[321]

319 BVerfG (2013), 1499 (Rn. 223).
320 *Arzt* (2014b), RED-G, § 13 (Rn. 1).
321 BVerfG (2013), 1499 (Rn. 144).

7. Zusammenfassende Betrachtung

7.1 Zentrale Ergebnisse der empirischen Untersuchung

Im Rahmen der Evaluation des RED-G sind verschiedene Erhebungsinstrumente zum Einsatz gekommen, um die für die Bewertung des Gesetzes erforderlichen Daten zu gewinnen. Im Folgenden werden die zentralen Ergebnisse zusammengefasst (für eine ausführliche Darstellung der Ergebnisse und Methoden siehe Kapitel 4 und 5)

(1) *Zentrale Ergebnisse der Protokolldatenauswertung*

Das BKA hat gemäß § 10 RED-G jeden Zugriff auf die RED zu protokollieren. Diese Protokolldaten wurden im Rahmen der Evaluation genutzt, um quantitative Aussagen über die RED und deren Nutzung treffen zu können.

Die Auswertung der Protokolldaten zeigte, dass die RED von den Sicherheitsbehörden im Evaluationszeitraum regelmäßig genutzt wurde. Zwischen dem 15. Dezember 2012 und dem 30. September 2014 wurden insgesamt 67.320 Objekte in der Datei erfasst, wobei es sich überwiegend um nachgeordnete Objekte (58.817) und in geringerem Maße um Hauptobjekte (8.503) handelte. Rund 90 Prozent der erfassten Daten stammten dabei von den Sicherheitsbehörden der Länder (Verfassungsschutzbehörden: 42.601 und Polizeibehörden: 18.100). Mehr als die Hälfte der im Untersuchungszeitraum erfassten Daten war als offen oder VS-NfD eingestuft. Rund acht Prozent der Daten waren dagegen als GEHEIM bzw. GEHEIM (Quellenschutz) klassifiziert.

Die Löschung von Daten erfolgte in einem geringeren Umfang als die Erfassung von Daten. Im Untersuchungszeitraum wurden insgesamt 52.969 Objekte gelöscht. Mehr als 93 Prozent dieser Objekte wurden von den Sicherheitsbehörden der Länder gelöscht (Verfassungsschutzbehörden: 39.249 und Polizeibehörden: 10.422). In diesem Zusammenhang fällt jedoch auf, dass die Nachrichtendienste von Bund und Ländern fast genauso viele Objekte gelöscht wie gespeichert haben, während die Polizeibehörden von Bund und Ländern deutlich weniger Objekte gelöscht als erfasst haben.

Mit Blick auf die am 1. Oktober 2014 in der RED gespeicherten Hauptobjekte ist festzuhalten, dass es sich zum Großteil um Hauptpersonen (9.012), gefolgt von dolosen Kontaktpersonen (1.723), undolosen Kontaktpersonen (601), rechtsextremistischen Gruppierungen und Vereinigungen

(599) und sonstigen unabhängigen Hauptobjekten (464) handelte. Die Zahl der in der RED gespeicherten Personen blieb – nach einem kurzen Anstieg zu Beginn des Untersuchungszeitraums – vergleichsweise konstant, während bei den rechtsextremistischen Organisationen und Gruppierungen ein starker Anstieg – wenn auch auf einem insgesamt niedrigeren Niveau – zu verzeichnen war. Bei den sonstigen unabhängigen Hauptobjekten zeigte sich über den gesamten Untersuchungszeitraum ein relativ konstanter Verlauf des Datenbestands mit nur leichten Schwankungen.

Nur zu knapp der Hälfte der am 1. Oktober 2014 in der RED vorhandenen Personen lagen erweiterte Grunddaten vor.

Verdeckt gespeicherte Daten spielten in der RED bislang lediglich eine untergeordnete Rolle. Im Untersuchungszeitraum wurden lediglich 1,4 Prozent der erfassten Objekte verdeckt gespeichert. Hierbei handelte es sich vor allem um weitere Personenangaben. Der Großteil dieser Daten stammte von einer Landesverfassungsschutzbehörde. Der Bestand der zwischen Dezember 2012 und Oktober 2014 verdeckt gespeicherten Daten blieb relativ konstant und schwankte zwischen 60 und 76 Daten. Daten, die im Rahmen von G 10-Maßnahmen gewonnen wurden, spielten in der RED eine noch geringere Rolle. So waren im Untersuchungszeitraum zwischen ein bis vier „G 10-Daten" in der Datei gespeichert.

Neben den Speicherungen und Löschungen wurden im Evaluationszeitraum 40.223 Suchanfragen in der RED durchgeführt, wobei zu Beginn ein Anstieg und seit August 2013 ein Rückgang der Anfragen zu verzeichnen war. Der größte Teil der Suchanfragen bezog sich auf Personen. Die Hauptgründe für die Suchanfragen waren (1) sonstiger Abfragegrund bzw. Datenpflege, (2) die Überprüfung eines konkreten Hinweises zu einer Person zum Zwecke der Erkenntnisverdichtung und (3) die Überprüfung im Zusammenhang mit einem abstrakten Gefährdungssachverhalt. Dabei wurde die RED fast ausschließlich von den Polizeibehörden des Bundes und der Länder für Suchanfragen genutzt. Insgesamt führten die 40.223 Suchanfragen zu 393.955 technischen Treffern (9,8 Treffer pro Suchanfrage). In über 99 Prozent der Fälle handelte es sich dabei um Treffer im nicht verdeckt gespeicherten Datenbestand. Etwas mehr als jede zweite Suchanfrage führte zu keinem Treffer. Einen Eilfall hat es im Untersuchungszeitraum nicht gegeben.

Zwischen dem 15. Dezember 2012 und dem 30. September 2014 wurden insgesamt 120 Anfragen zur Freischaltung erweiterter Grunddaten gestellt, denen in 84 Prozent der Fälle stattgegeben wurde. Die Möglichkeit, eine

Anfrage zur Freischaltung erweiterter Grunddaten zu stellen, wurde hauptsächlich von den Landespolizeibehörden genutzt. Im Durchschnitt reagierten die angefragten Behörden nach vier Tagen auf das Ersuchen.

(2) *Zentrale Ergebnisse der begleitenden Erhebung*

Darüber hinaus wurde zwischen dem 15. August und dem 30. November 2014 eine begleitende Erhebung bei allen an der RED beteiligten Sicherheitsbehörden durchgeführt, um den Kontext einzelner Suchanfragen erfassen zu können. Insgesamt wurden 984 Erhebungsbögen von elf Sicherheitsbehörden übermittelt. Ein wesentliches Ergebnis der begleitenden Erhebung ist, dass Behörden, die im Rahmen der Suchanfrage das gesuchte Objekt fanden, in nur 30 Prozent der Fälle Kontakt zur datenbesitzenden Behörde aufnahmen. Bei der datenbesitzenden Behörde handelte es sich in der Regel um eine Polizeibehörde.

90 Prozent der Suchanfragen lieferten nach Einschätzung der befragten Sicherheitsbehörden keine weiterführenden Erkenntnisse für ihre Arbeit. Dies war lediglich bei sechs Prozent der Suchanfragen der Fall. Die Sicherheitsbehörden gaben an, dass sie in den Fällen, in denen das Objekt gefunden wurde, die mit Hilfe der RED gewonnenen Daten auch aus eigenen Datenbanken oder Informationssystemen hätten erhalten können.

(3) *Zentrale Ergebnisse der Nutzerbefragung*

Zusätzlich zur Auswertung der Protokolldaten und der begleitenden Erhebung wurde im November/Dezember 2014 eine teilstandardisierte Befragung durchgeführt, die sich an alle an der RED beteiligten Behörden richtete, um vor allem allgemeine Einschätzungen zur Funktion, zum Nutzen und zum Umgang mit der Datei zu erhalten. Die Rücklaufquote lag insgesamt bei 80 Prozent.

Im Rahmen der Nutzerbefragung wurde deutlich, dass die RED gleichermaßen zur Gewinnung neuer Informationen als auch zur Verifikation vorhandener Daten von den Sicherheitsbehörden genutzt wurde. Das RED-G wurde vom Großteil der Sicherheitsbehörden als klar und eindeutig bewertet. Während rund die Hälfte der Sicherheitsbehörden die Relevanz der in den Grunddaten vorhandenen Datenfelder als sehr hoch bzw. hoch einstufte, kam bei den erweiterten Grunddaten nur jede vierte Behörde zu dieser Einschätzung. Wenig Handlungsbedarf scheint es mit Blick auf die Anzahl der Datenfelder in der RED zu geben, da nur drei Sicherheitsbehörden Datenfelder vermissten bzw. zwei Behörden der Meinung waren, dass Datenfelder entfallen könnten.

Die beschränkte Speicherung von Daten spielte im Evaluationszeitraum nur eine untergeordnete Rolle. Lediglich in drei Behörden erfolgte eine beschränkte Speicherung von Daten gelegentlich bzw. in einem Fall selten. Folglich war der Großteil der Sicherheitsbehörden nicht in der Lage, die Möglichkeit der beschränkten Speicherung zu bewerten.

Zu der mit § 7 RED-G a. F. geschaffenen – aber technisch noch nicht umgesetzten – Möglichkeit der erweiterten Datennutzung konnte fast die Hälfte der Sicherheitsbehörden keine Einschätzung abgeben. Insgesamt vier Behörden hielten diese für wichtig bzw. eher wichtig.

Lediglich drei Behörden gaben an, dass sie bei Suchanfragen in der Datei sehr oft bzw. oft auf Dubletten gestoßen seien. Darüber hinaus traten technische und sonstige Probleme bei der Nutzung der Datei eher selten auf.

Hinsichtlich des Funktionsumfangs der RED waren die Sicherheitsbehörden ebenfalls weitgehend zufrieden. Lediglich sechs Behörden wiesen darauf hin, dass sie Funktionen in der RED vermissen würden. Die Nutzerfreundlichkeit der Datei wurde von den Sicherheitsbehörden sehr unterschiedlich bewertet. Während 20 Prozent diese als sehr gut bzw. gut bewerteten, waren 40 Prozent der Behörden der Auffassung, dass die Nutzerfreundlichkeit schlecht bzw. sehr schlecht sei.

Knapp die Hälfte der Sicherheitsbehörden gab an, dass die RED nicht zu einer Verbesserung des Informationsaustausches zwischen den Sicherheitsbehörden geführt habe. Hingegen konnte ein Viertel der Behörden eine solche Verbesserung feststellen. Erklären lässt sich dies dadurch, dass der Großteil der Behörden angab, neben NADIS WN und INPOL-Fall eine Reihe weiterer Formen des Informationsaustausches zu nutzen (v. a. persönliche Kontakte bzw. regelmäßige Besprechungen und die Gemeinsamen Zentren (GETZ/GAR). Zudem wies der überwiegende Teil der Sicherheitsbehörden darauf hin, dass aufgrund des Informationsaustausches durch die RED noch nie auf die Durchführung anderer Datenerhebungsmaßnahmen verzichtet worden sei. Für den Fall, dass die RED nicht zur Verfügung stände, nannten fast alle Sicherheitsbehörden andere Informationssysteme/-quellen (z. B. NADIS WN, INPOL-Fall), die sie stattdessen nutzen würden.

Knapp 70 Prozent der Behörden, die an der Befragung teilnahmen, schätzten den Nutzen der mit Hilfe der RED gewonnenen Daten für ihre tägliche Arbeit als gering bzw. sehr gering ein. Trotzdem waren 30 Prozent der Behörden der Meinung, dass die RED sehr wichtig bzw. wichtig für die Bekämpfung des gewaltbezogenen Rechtsextremismus sei, während knapp die Hälfte die Datei als eher unwichtig bzw. unwichtig einstufte.

(4) *Zentrale Ergebnisse der leitfadengestützten Interviews*

Zum Abschluss der empirischen Erhebungsphase wurden mit insgesamt elf Behörden leitfadengestützte Interviews durchgeführt, um Informationen zu den bisherigen Erfahrungen mit der Anwendung der RED und des RED-G im Detail, zusätzliche Informationen über die Wirksamkeit des Instruments und Hinweise auf weitere im Rahmen der Evaluation zu berücksichtigende Aspekte zu erhalten.

Hinsichtlich der Verständlichkeit des RED-G a. F. wurde in den Interviews auf Probleme bei der Bestimmung des relevanten Personenkreises hingewiesen. Diese Unsicherheit habe nach Aussagen einiger Behörden dazu geführt, dass zunächst zu viele Personen in der RED gespeichert worden seien. Weiterhin seien nach Behördenangaben aufgrund mangelnder Vorgaben zunächst häufig Informationen gespeichert worden, die ursprünglich von anderen Behörden stammten und nicht auf eigenen Erkenntnissen beruhten, was zu Redundanzen geführt habe. Ein Nachrichtendienst des Bundes sah durch die mangelnde Bestimmtheit des RED-G a. F. die datenschutzrechtlichen Vorgaben beschränkt.

Bis auf eine Landespolizeibehörde bewerteten alle interviewten Behörden den Nutzen der mit § 7 RED-G a. F. geschaffenen Möglichkeiten aufgrund der unzureichenden Datenbasis der Datei als gering bis nicht vorhanden, auch wenn die dem § 7 RED-G zugrundeliegende Idee prinzipiell befürwortet wurde.

In Ergänzung zum RED-G wurden von verschiedenen Behörden parallel zueinander eigene Handreichungen entwickelt. Die technische Ausgestaltung der Datei wurde von den interviewten Behörden sehr unterschiedlich bewertet. Während mehrere Behörden die RED als grundsätzlich anwenderfreundlich einstuften, wurden von anderen Behörden zahlreiche Aspekte wie z. B. die Nutzeroberfläche, das Arbeiten mit Dubletten, eine mangelnde Benutzerführung, Schwierigkeiten beim Datenmapping sowie eine mangelnde Verknüpfung der Informationen in der RED kritisiert. In datenschutzrechtlicher Hinsicht verwiesen zahlreiche Behörden darauf, dass die Richtigkeit und Aktualität der eingespeicherten Daten durch die Einspeisung über die Schnittstelle sichergestellt werde. Durch die Quelldatei seien genauso die Lösch- und Speicherfristen vorgegeben. Einige Behörden gaben an, die Datensätze in der RED darüber hinaus regelmäßig zu überprüfen. Insgesamt konnten drei Behörden von einer Kontaktaufnahme durch den BfDI bzw. LfDI berichten. Fast alle interviewten Behörden gaben an, bislang keine Daten verdeckt gespeichert zu haben. Auch die beschränkte Speicherung nutzte die Mehrheit der befragten Behörden bisher nicht. An die befragten Sicherheitsbehörden sind bislang insgesamt nur sehr wenige Anfragen von Petenten mit der Bitte um Auskunftserteilung gerichtet worden.

Als Gründe für die geringe Anzahl von Anfragen zur Freischaltung erweiterter Grunddaten wurden von den interviewten Behörden das Vorhandensein anderer Instrumente, eine direkte Kontaktaufnahme zu anderen Behörden, eine verzögerte Freischaltung der Daten, die mit den Dubletten verbundene Unübersichtlichkeit und Akzeptanzprobleme der Datei genannt. Wie in den Interviews deutlich wurde, hat die RED ihre Hauptfunktion als Indexdatei, wobei die anschließende Kontaktaufnahme in erster Linie auf individuellem Weg erfolgt.

Ein direkter positiver Effekt der RED auf die Zusammenarbeit von Polizeibehörden und Nachrichtendiensten wurde von praktisch allen interviewten Behörden angezweifelt. Sowohl von polizeilicher als auch nachrichtendienstlicher Seite wurde als ein Grund für die geringe Wirksamkeit benannt, dass der relevante Personenkreis mit der derzeitigen Ausgestaltung der RED nicht vollständig abgebildet werden könne. Personen, die mit Blick auf einen weiteren möglichen NSU relevantere, aber „weichere" Fälle seien, könnten mit dem derzeit verwendeten Gewaltbegriff nicht gespeichert werden. Der geringen Nutzung der Datei stehe nach Angaben der Behörden ein hoher Zeitaufwand für die Betreuung der Datei gegenüber. In den Interviews wurde jedoch darauf hingewiesen, dass die Datei durch gemeinsame Schulungen von Polizei und Nachrichtendiensten und die Ermöglichung gezielterer Anfragen indirekt zu einer Verbesserung der Zusammenarbeit beigetragen habe.

7.2 Zentrale Ergebnisse der staatsrechtswissenschaftlichen Analyse

Durchgreifende verfassungsrechtliche Bedenken gegen das RED-G bzw. gegen die auf seiner Grundlage errichtete RED bestehen nicht. Festzuhalten ist zunächst, dass sich das RED-G mit dem öffentlichen Interesse an einer Verbesserung des Informationsaustausches zwischen den zahlreichen, zur Aufklärung und Bekämpfung des gewaltbezogenen Rechtsextremismus berufenen Sicherheitsbehörden auf die Verfolgung eines legitimen Zwecks stützen kann. Wegen des hohen Stellenwerts, der einer reibungslos funktionierenden Bekämpfung des gewaltbezogenen Rechtsextremismus für den Schutz der demokratischen und freiheitlichen Ordnung zukommt, stellt die Effektivierung des Datenaustausches im Rahmen einer Verbunddatei als sinnvolle Ergänzung bereits existierender Formen der Zusammenarbeit in diesem Bereich ein gewichtiges öffentliches Interesse dar.

Ebenso ist von der grundsätzlichen Geeignetheit der Verbunddatei zur Effektivierung des Datenaustausches auszugehen; auch wenn grundsätzlich Entsprechendes bezüglich der Erforderlichkeit der RED gilt, müssen diesbezüglich doch die zahlreichen, bereits existierenden Instrumente zur Verbesserung des Datenaustausches zwischen verschiedenen Sicherheitsbehörden in den Blick genommen werden. Insoweit ist allerdings bezüglich sämtlicher bereits existierender Kooperationsformen festzustellen, dass deren Eignung zur Effektivierung eines Datenaustausches zwischen verschiedenen Sicherheitsbehörden zur Verbesserung der Bekämpfung des gewaltbezogenen Rechtsextremismus nicht mit der Eignung der RED hierzu vergleichbar ist. Insbesondere soweit rein polizeiliche oder rein nachrichtendienstliche Verbunddateien existieren, können diese keinen anlassbezogenen Austausch gerade zwischen Polizeibehörden und Nachrichtendiensten bewirken. Ein solcher Austausch ist zwar bereits auf Grundlage bestehender fachrechtlicher Übermittlungsvorschriften in gewissem Umfang vorgesehen; diese Vorschriften richten sich aber an die datenbesitzende Behörde und ermöglichen gerade keinen unmittelbaren Datenabgleich durch die suchende Behörde. Diese bleibt vielmehr auf die Initiative der datenbesitzenden Behörde angewiesen. Schlussendlich sind in diesem Zusammenhang auch die gemeinsamen Zentren (GAR/GETZ) zu nennen, die grundsätzlich einen umfangreichen Datenaustausch zwischen Polizeibehörden und Nachrichtendiensten ermöglichen. Dabei ist aber zum einen zu berücksichtigen, dass sich der Datenaustausch auf dieser Ebene eher auf konkret abgegrenzte spezifische Informationen bezieht, während mittels der RED sehr große Datenmengen abgeglichen werden können. Andererseits ist zu berücksichtigen, dass angesichts der in den Zentren praktizierten engen persönlichen Zusammenarbeit und der Tatsache, dass ein Informationsaustausch ebenfalls regelmäßig in diesem persönlichen Rahmen – häufig auch mündlich – erfolgt, wohl davon auszugehen ist, dass der wesentlich stärker formalisierte und rechtlich explizit eingehegte Datenabgleich über die RED einen milderen Eingriff in die Grundrechte des Betroffenen darstellen dürfte.[322]

Im Hinblick auf die Verhältnismäßigkeit des RED-G ist zunächst zu berücksichtigen, dass dieses Gesetz schwerwiegende Eingriffe in Grundrechte durch die Anordnung der Speicherungspflicht, die eine Verknüpfung von

322 Vgl. hierzu, insbesondere zu der streitigen Frage, ob die derzeitige Praxis (Errichtung der Zentren durch behördeninterne Organisationsakte und Datenaustausch auf Grundlage der allgemeinen Übermittlungsvorschriften ohne explizite eigenständige, zentrenspezifische Rechtsgrundlage) den verfassungsrechtlichen Anforderungen genügt, *Bäcker et al.* (2013), 171 ff.

Daten aus verschiedenen Quellen bewirkt, ins Werk setzt. Gleiches gilt daneben für die durch §§ 5, 6 RED-G eröffneten Recherche- und Zugriffsmöglichkeiten. Schwer wiegt zudem die Beteiligung unterschiedlicher Sicherheitsbehörden an der Datei. Dies gilt insbesondere für sog. Eilfälle, in denen die in der Datei gespeicherten Daten direkt zur Grundlage operativer Maßnahmen gemacht werden können, ohne dass es im Rahmen des fachrechtlichen Datenaustausches zu einer intensiven Prüfung der Datenübermittlung kommen würde. Dabei ist aber auch zu betonen, dass das RED-G dem Grundsatz der Zweckbindung genügt und gerade kein unzulässiger allgemeiner Datenaustausch aller Sicherheitsbehörden oder der Abbau jeglicher Informationsgrenzen bewirkt wird. Eingriffsmindernd wirkt zudem die grundsätzliche Beschränkung der RED auf eine Informationsanbahnung zwischen den beteiligten Behörden; die Datennutzung zu operativen Zwecken wird nur in dringenden Ausnahmefällen zugelassen, im Wesentlichen handelt es sich bei der RED um eine sog. Indexdatei.

Setzt man all diese Erwägungen zueinander ins Verhältnis, gelangt man zu dem Ergebnis, dass das RED-G den verfassungsrechtlichen Anforderungen insgesamt entspricht und grundsätzlich einen verhältnismäßigen Ausgleich der kollidierenden Verfassungsrechtsgüter bewirkt. Dies gilt auch, wenn in Rechnung gestellt wird, dass die Speicherung in der RED wohl grundsätzlich als Addition von Grundrechtseingriffen zu qualifizieren ist, da die RED größtenteils aus anderen polizeilichen oder nachrichtendienstlichen Verbunddateien gespeist wird. Die RED bewirkt aber lediglich insoweit eine Verschärfung der Eingriffsintensität, als die bereits bei Polizei oder Nachrichtendienst gespeicherten Daten zusätzlich der jeweils anderen Behörde zugänglich gemacht werden. Dies ist wegen der überragend wichtigen Rechtsgüter, deren Schutz die Speicherung dient, hinzunehmen. Selbst wenn es in Einzelfällen zur Doppelspeicherung in übergreifenden Verbunddateien mit unterschiedlichen Zielsetzungen kommen sollte (RED und ATD; Projektdateien auf Grundlage von RED-G, BKAG und BVerfSchG), ändert sich an dieser Einschätzung nichts.

Trotz der soeben festgehaltenen grundsätzlichen Verfassungskonformität des RED-G, bestehen bezüglich der konkreten Ausgestaltung einzelner Normen dieses Gesetzeswerkes doch gewisse Bedenken. Dies betrifft zunächst den Begriff des Gewaltbezugs, der das Leitbild des RED-G insgesamt definiert, gleichzeitig aber auch für die Festlegung des zu speichernden Personenkreises ausschlaggebende Bedeutung hat. Dabei könnten Defizite dadurch auftreten, dass es sich bei dem Begriff des Gewaltbezugs bzw. der Gewalt um relativ offene Begrifflichkeiten handelt, was zunächst mehrere Interpretationsmöglichkeiten eröffnet, die jedoch unter dem Aspekt der Verhältnismäßigkeit zwingend restriktiv zu handhaben sind. Konsequenz könnte sein, dass eine nicht unerhebliche Anzahl potenzieller rechtsextremistischer Gewalttäter nicht erfasst werden kann, weil die von ihnen bislang verübten Delikte (noch) keinen, für eine Speicherung in der RED erforderlichen, direkten, nachweislich rechtsextremistisch motivierten Gewaltbezug aufweisen, sondern beispielsweise lediglich der Beschaffung notwendiger Tatmittel (Geld, Waffen, etc.) gedient haben.

Die unter grundrechtlichen Aspekten hochsensible Eilfallregelung hat durch das RED-G eine verfassungskonforme Ausgestaltung gefunden.

Zur Absicherung der Verfassungskonformität des § 7 RED-G wäre der Ausbau verfahrensrechtlicher Sicherungen (zum Umfang der nutzbaren Daten, zur Kennzeichnungspflicht, zur Aufbewahrungsfrist und zu den jeweils konkret nutzbaren Datenkategorien) hilfreich. Zudem ist zum Zwecke der endgültigen Zerstreuung bestehender verfassungsrechtlicher Probleme eine maßvolle Einschränkung der in Abs. 1 bis 3 vorgesehenen Ermächtigungen anzuregen. Konkret handelt es sich um eine Begrenzung des Abs. 1 auf Nachrichtendienste, um eine Einschränkung des Straftatenkatalogs des Abs. 2 S. 2 sowie um eine weitergehende Einschränkung der Verweisung in Abs. 3 S. 2 auf einzelne Taten des Katalogs des Abs. 2 S. 2.

Unter dem Aspekt der Verfassungskonformität als im Ergebnis unproblematisch erwiesen haben sich die Regelungen zum Datenschutz.

7.3 Staatsrechtswissenschaftliche Folgerungen aus den empirischen Erhebungen

Die Tatsache, dass die Anzahl der gespeicherten Hauptpersonen/-objekte über den Untersuchungszeitraum relativ konstant geblieben ist (mit Ausnahme der Objekte nach § 2 S. 1 Nr. 3 b) RED-G n. F.), spricht für eine sensible Handhabung der Datei durch die beteiligten Behörden. Insbesondere die Nachrichtendienste des Bundes und der Länder löschten annähernd so viele Daten, wie sie auch speicherten.

Ebenso lässt sich aus den Ergebnissen der empirischen Untersuchung ablesen, dass sowohl Speicherung als auch Nutzung der erweiterten Grunddaten nur sehr zurückhaltend erfolgen: Erweiterte Grunddaten wurden nicht einmal bezüglich der Hälfte aller erfassten Hauptpersonen gespeichert. Sofern erweiterte Grunddaten tatsächlich gespeichert wurden, geschah dies nur rudimentär. Von 23 möglichen Hauptdatenfeldern wurde im Durchschnitt nur ein mögliches Hauptdatenfeld pro Person erfasst. Demgegenüber wurden bei den einfachen Grunddaten durchschnittlich 14 von 19 möglichen Hauptdatenfeldern gespeichert. Auffallend ist dabei, dass sowohl bei den einfachen als auch bei den erweiterten Grunddaten die Speicherungsquote von Datenarten, die zur Identifizierung der gesuchten Person herangezogen werden können (z. B. Name, Geburtsdatum und -ort sowie speichernde Behörde, aber auch Angaben über Telefon-/Faxanschlüsse), tendenziell höher war, als die Quote bei Daten, die lediglich weiterführende Informationen geben können (z. B. „besondere körperliche Merkmale" oder „Schließfächer").

Trotz der potenziell hohen Aussagekraft der erweiterten Grunddaten wurde im Evaluationszeitraum nur in 120 Fällen ein Antrag auf Freischaltung der erweiterten Grunddaten gestellt. Setzt man diese Zahl ins Verhältnis mit den in diesem Zeitraum durchgeführten über 40.000 Suchanfragen, die insgesamt knapp 400.000 technische Treffer erbrachten, wird deutlich, dass es sich bei der Übermittlung von erweiterten Grunddaten im Rahmen der RED um ein Randphänomen handelt. In dieses Bild passt auch das Ergebnis, dass die Eilfallregelung im Evaluationszeitraum in keinem Fall zur Anwendung gelangt ist.

Sowohl die Tatsache der Nicht-Nutzung der Eilfallregelung im Evaluationszeitraum als auch die sehr geringe Anzahl an Anträgen auf Freischaltung der erweiterten Grunddaten könnten dabei allerdings auf unterschiedliche Ursachen zurückgeführt werden: Konstatierbar ist wiederum ein äußerst sensibler Umgang mit diesen Instrumenten; denkbar ist aber auch, dass der Nutzen der Freischaltung sowie der Eilfallregelung wegen der nur rudimentären Speicherung erweiterter Grunddaten als gering zu bewerten ist; aber auch die Tatsache, dass die auf persönlichen Kontakten beruhende Zusammenarbeit in den gemeinsamen Zentren, insbesondere im GETZ, als deutlich positiver bewertet wurde als die durch die RED eröffneten Möglichkeiten, könnte für den zurückhaltenden Umgang mit diesen Instrumenten als Erklärung herangezogen werden.

Unter verfassungsrechtlichen Aspekten sind mit der RED in Bezug auf den Grundrechtsschutz der Betroffenen, insbesondere mit Blick auf den erforderlichen Datenschutz, möglicherweise Vorteile verbunden. So führt die hohe Standardisierung und Technisierung, die der RED zugrundeliegt, dazu, dass die Datenströme gut protokollierbar und nachverfolgbar sind, auch wenn der Nutzen der durch die RED eröffneten rein technischen Möglichkeiten eher gering bewertet wird. Während die in der RED gespeicherten Daten zu mehr als 2/3 von Nachrichtendiensten stammen, wurden sie in über 95 Prozent der Fälle von Polizeibehörden abgerufen. Dabei ist zu berücksichtigen, dass das BVerfG die Datenübermittlung von Nachrichtendiensten an grundsätzlich operativ agierende Polizeibehörden generell als potenziell problematisch bewertet. Denn selbst wenn die in der RED abgefragten Daten nicht unmittelbar zur Grundlage operativer Maßnahmen gemacht werden – was wohl direkt nur im Eilfall geschehen dürfte –, darf doch nicht außer Acht gelassen werden, dass die Daten zumindest mittelbar Eingang in operative Maßnahmen, die primär auf anderer Grundlage beruhen, finden können. Unter diesem Aspekt entfalten die im RED-G vorgesehenen umfangreichen verfahrens- und datenschutzrechtlichen Absicherungen eine hohe grundrechtsschützende Wirkung.

§ 7 RED-G kann nicht auf eine Vorbildnorm im ATDG zurückgreifen und wurde im Rahmen der Novellierung des RED-G noch einmal umfangreich umgestaltet. Da eine technische Umsetzung der durch § 7 RED-G eröffneten Datenverarbeitungsmöglichkeiten bislang unterblieben ist, musste es in der empirischen Erhebung bei einer allgemeinen Einschätzung alleine auf Grundlage des Gesetzestextes verbleiben. Die hohen Anforderungen, die § 7 RED-G an eine erweiterte Datennutzung stellt und die im Rahmen der Novellierung noch einmal verschärften Einschränkungen, denen die erweiterte Datennutzung unterliegt, führten zu einer relativ negativen Bewertung dieses Instruments. Als für die Praxis unzuträglich wurden nicht nur der eingeschränkte Umfang einbeziehbarer Daten genannt, sondern auch die verfahrensrechtlichen Anforderungen, die an ein Projekt nach § 7 RED-G gestellt werden. Ob der mit der technischen Umsetzung verbundene Aufwand und die damit einhergehenden Kosten als sinnvolle Investition zu betrachten sind, sollte daher noch einmal eingehend geprüft werden.

7.4 Fazit

Nach der Gesetzesbegründung besteht die Zwecksetzung des RED-G primär in der Effektivierung des Informationsaustausches zwischen unterschiedlichen Sicherheitsbehörden, denen die Bekämpfung des gewaltbezogenen Rechtsextremismus überantwortet ist. Inhaltlich bezieht sich der in den Blick genommene Informationsaustausch auf Personen und sonstige Objekte, die dem Umfeld des gewaltbezogenen Rechtsextremismus zuzurechnen sind. Auf diese Weise soll eine sinnvolle Ergänzung bereits existierender Formen der Zusammenarbeit erreicht werden.

Dieser Zielsetzung wird das RED-G bzw. die RED gerecht. Die Datei ermöglicht über die dort recherchierbaren Fundstellennachweise eine schnelle und zielgerichtete Kontaktaufnahme mit Behörden, die ebenfalls über Informationen zu dem gesuchten Objekt verfügen. Auf Grundlage bereits etablierter Kooperationsmechanismen erfolgen sodann der eigentliche Datentransfer sowie die evtl. erforderliche gemeinsame Bewertung der vorliegenden Informationen außerhalb der durch die RED zur Verfügung gestellten Strukturen.

Unter Zugrundelegung dieser eng umrissenen Zieldefinition erfüllt die RED die ihr vom Gesetzgeber zugedachte Aufgabe auf verfassungsrechtlich grundsätzlich nicht zu beanstandende Art und Weise. Insbesondere ist davon auszugehen, dass das RED-G im Wesentlichen einen angemessenen Ausgleich zwischen den Rechtsgütern, in die auf seiner Grundlage eingegriffen wird, und denjenigen, deren Schutz es verpflichtet ist, gefunden hat. Die differenzierte Ausgestaltung der Eingriffsschwellen in Abhängigkeit von der Eingriffsintensität der jeweiligen Maßnahmen genügt den Vorgaben der Verfassung.

Zur praktischen Umsetzung der mit § 7 RED-G geschaffenen Möglichkeit zur projektbezogenen erweiterten Datennutzung sind mangels vorliegender Anwendungsfälle keine Aussagen möglich. Nach Auffassung der PraktikerInnen führen allerdings die aus verfassungsrechtlicher Perspektive erforderlichen Einschränkungen und verfahrensrechtlichen Absicherungen zu einer weitgehenden Entwertung des mit der erweiterten Datennutzung theoretisch verbundenen Nutzens. Insofern muss an dieser Stelle die Frage gestellt werden, ob der für die bislang noch nicht erfolgte technische Umsetzung erforderliche Aufwand in Anbetracht des voraussichtlich nur geringen Nutzens dieses Instruments gerechtfertigt ist.

Im Übrigen sollte auf die Behebung erkannter technischer Probleme hingewirkt werden. Ähnliches gilt für die im Bereich der Anwenderfreundlichkeit geäußerten Kritikpunkte. Denn gerade in diesen Bereichen können Verbesserungen mit relativ geringem Aufwand erzielt werden, während der Nutzen für die Anwender durchaus hoch sein kann. Dies dürfte auch positive Auswirkungen auf die generelle Akzeptanz der Datei bei den NutzerInnen haben, was wiederum zu einer weiteren Steigerung des Zielerreichungsgrades beitragen kann.

8. Literatur- und Quellenverzeichnis

2. Untersuchungsausschuss nach Artikel 44 des Grundgesetzes (2013): Beschlussempfehlung und Bericht, Deutscher Bundestag, Drs. 17/14600.

Albrecht, Florian/Knabe, Axel (2012): Das Gesetz zur Verbesserung der Bekämpfung des Rechtsextremismus. Ein Kurzkommentar zur Entwurfsfassung vom 13.02.2012, in: JurPC Web-Dok. 43/2012, Abs. 1-54, online abrufbar unter: http://www.jurpc.de/jurpc/show?id=-20120043 (zuletzt abgerufen am 17.8.2016).

Amtsblatt der Europäischen Union (2008a): Rahmenbschluss 2008/913/JI des Rates vom 28.11.2008 zur strafrechtlichen Bekämpfung bestimmter Formen und Ausdrucksweisen von Rassismus und Fremdenfeindlichkeit, L 328/55 vom 6.12.2008.

Amtsblatt der Europäischen Union (2008b): Rahmenbeschluss 2008/919/JI des Rates vom 28.11.2008 zur Änderung des Rahmenbeschlusses 2002/475/JI zur Terrorismusbekämpfung, L 330/21 vom 9.12.2008.

Arzt, Clemens (2013): Antiterrordatei verfassungsgemäß – Trennungsgebot tot?, in: NVwZ 2013, 1328-1333.

Arzt, Clemens (2014a): Stellungnahme zur Anhörung des Innenausschusses des Deutschen Bundestages am 22.9.2014, Gesetzentwurf der Bundesregierung zur Änderung des Antiterrordateigesetzes und anderer Gesetze vom 28.5.2014, Drucksache BT Drs. 18/1565, Deutscher Bundestag, Innenausschuss, Ausschussdrs. 18(4)144 A.

Arzt, Clemens (2014b): RED-G, in: Schenke, Wolff-Rüdiger/Graulich, Kurt/Ruthig, Josef (Hrsg.): Sicherheitsrecht des Bundes, München.

Ausschuss für Innere Angelegenheiten (In) (Federführend) und der Rechtsausschuss (R) des Bundesrates (2014): Empfehlungen zu Punkt ... der 922. Sitzung des Bundesrates am 23. Mai 2014, Entwurf eines Gesetzes zur Änderung des Antiterrordateigesetzes und anderer Gesetze, BR-Drs. 153/1/14.

Bäcker, Matthias/Giesler, Volkmar/Harms, Monika/Hirsch, Burkhard/Kaller, Stefan/Wolff, Heinrich Amadeus (2013): Bericht der Regierungskommission zur Überprüfung der Sicherheitsgesetzgebung in Deutschland, 28.08.2013, abrufbar unter: http://www.bmi.bund.de/-SharedDocs/Downloads/DE/Broschueren/2013/regierungskommission-sicherheitsgesetzgebung.html (zuletzt abgerufen am 17.8.2016).

Bäcker, Matthias (2014): Stellungnahme zu dem Entwurf eines Gesetzes zur Änderung des Antiterrordateigesetzes und anderer Gesetze (BT-Drs. 18/1565) vom 17.09.2014, Deutscher Bundestag, Ausschussdrs. 18(4)144 B.

Baldus, Manfred (2013a): Reform des Thüringer Verfassungsschutzes – Auflösung, Zusammenlegung, Eingliederung oder Reduktion?, in: ThürVBl 2013, 25-32.

Baldus, Manfred (2013b): Art. 10 GG, in: Epping, Volker/Hillgruber, Christian (Hrsg.): Grundgesetz. Beck´scher Online-Kommentar, München, Stand: 01.11.2013.

BfDI (2011): Tätigkeitsbericht zum Datenschutz für die Jahre 2009 und 2010, 23. Tätigkeitsbericht 2011, BT-Drs. 17/5200.

BfDI (2013): Tätigkeitsbericht zum Datenschutz für die Jahre 2011 und 2012, 24. Tätigkeitsbericht 2013, BT-Drs. 17/13000.

BGBl. I (2012): Gesetz zur Verbesserung der Bekämpfung des Rechtsextremismus vom 20.8.2012.

BGBl. I (2014): Gesetz zur Änderung des Antiterrordateigesetzes und anderer Gesetze vom 18.12.2014.

Böhret, Carl/Konzendorf; Gottfried (2001): Handbuch Gesetzesfolgenabschätzung, Baden-Baden.

Borgs-Maciejewski, Hermann/Ebert, Frank (1986): Das Recht der Geheimdienste. Kommentar, Stuttgart/München/Hannover.

Britz, Gabriele (2011): Schutz informationeller Selbstbestimmung gegen schwerwiegende Grundrechtseingriffe – Entwicklungen im Lichte des Vorratsdatenspeicherungsurteils, JA 2011, 81-86.

Bundesrat (2014): Stellungnahme, Entwurf eines Gesetzes zur Änderung des Antiterrordateigesetzes und anderer Gesetze, BR-Drs. 153/14 (Beschluss).

Bundesregierung (2006): Entwurf eines Gesetzes zur Errichtung gemeinsamer Dateien von Polizeibehörden und Nachrichtendiensten des Bundes und der Länder (Gemeinsame-Dateien-Gesetz), BT-Drs. 16/2950.

Bundesregierung (2012): Entwurf eines Gesetzes zur Verbesserung der Bekämpfung des Rechtsextremismus, BT-Drs. 17/8672.

Bundesregierung (2013): Bericht zur Evaluierung des Antiterrordateigesetzes, BT-Drs. 17/12665 (neu).

Bundesregierung (2014a): Gesetzentwurf, Entwurf eines Gesetzes zur Änderung des Antiterrordateigesetzes und anderer Gesetze, BR-Drs. 153/14.

Bundesregierung (2014b): Gesetzentwurf, Entwurf eines Gesetzes zur Änderung des Antiterrordateigesetzes und anderer Gesetze, BT-Drs. 18/1565.

Bund-Länder-Kommission (2013): Abschlussbericht der Bund-Länder-Kommission Rechtsterrorismus, Fassung vom 30.4.2013, abrufbar unter: https://www.bmi.bund.de/SharedDocs/Downloads/DE/Broschueren/2013/abschlussbericht-kommission-rechtsterrorismus-lang.pdf?__blob=publicationFile (zuletzt abgerufen am 17.8.2016).

BVerfG (1976): Verfassungsmäßigkeit des Nachtbackverbots. Beschluss vom 25.2.1976 – 1 BvL 26 u. 326/73, in : NJW 1976, 2119- 2122.

BVerfG (1984a): Verfassungsrechtliche Überprüfung des Volkszählungsgesetzes 1983. Urteil vom 15.12.1983 – 1 BvR 209/83 u. a., in: NJW 1984, 419-428.

BVerfG (1984b): Urteil vom 15.12.1983 – 1 BvR 209/83 u. a., BVerfGE 65, 1-71.

BVerfG (2000): Fernmeldeüberwachung durch Bundesnachrichtendienst. Urteil vom 14.7.1999 – 1 BvR 2226/94, 2420/95 u. 2437/95, in: NJW 2000, 55-68.

BVerfG (2001): DNA-Identitätsfeststellung - „genetischer Fingerabdruck". Beschluss vom 14.12.2000 -2 BvR 1741/99, in: NJW 2001, 879-882.

BVerfG (2004a): Verfassungsrechtliche Bewertung des „Großen Lauschangriffs". Urteil vom 3.3.2004 – 1 BvR 2378/98 u. 1 BvR 1084/99, in: NJW 2004, 999-1022.

BVerfG (2004b): Brief- und Telefonüberwachung durch das Zollkriminalamt. Beschluss vom 3.3.2004 – 1 BvF 3/92, in: NJW 2004, 2213-2222.

BVerfG (2005): Verfassungskonformität von Observationen unter Einsatz des Global Positioning Systems. Urteil vom 12.4.2005 – 2 BvR 581/01, in: NJW 2005, 1338-1341.

BVerfG (2006a): Verfassungsmäßigkeit der präventiven polizeilichen Rasterfahndung. Beschluss vom 4.4.2006 – 1 BvR 518/02, in: NJW 2006, 1939-1951.

BVerfG (2006b): Beschluss vom 12.4.2005 – 1 BvR 518/02, BVerfGE 113, 29-63.

BVerfG (2007): Neuregelung der akustischen Wohnraumüberwachung. Beschluss vom 11.5.2007 - 2 BvR 543/06, in: NJW 2007, 2753-2757.

BVerfG (2008a): Nichtigkeit der Vorschriften zur Online-Durchsuchung im Verfassungsschutzgesetz Nordrhein-Westfalen. Urteil vom 27.2.2008 – 1 BvR 370/07, 1 BvR 595/07, in: NJW 2008, 822-837.

BVerfG (2008b): Automatisierte Erfassung von Autokennzeichen. Urteil vom 11.3.2008 – 1 BvR 2074/05, 1 BvR 1254/07, in: NJW 2008, 1505-1516.

BVerfG (2008c): Datensammlung über steuerliche Auslandsbeziehungen. Beschluss vom 10.3.2008 – 1 BvR 2388/03, in: NJW 2008, 2099-2104.

BVerfG (2009a): Abfrage von Kreditkartendateien im strafrechtlichen Ermittlungsverfahren. Beschluss vom 17.2.2009 – 2 BvR 1372, 1745/07, in: NJW 2009, 1405-1408.

BVerfG (2009b): Sicherstellung und Beschlagnahme von E-Mails. Urteil vom 16.6.2009 – 2 BvR 902/06, in: NJW 2009, 2431-2439.

BVerfG (2010): Verfassungswidrige Vorratsdatenspeicherung von Telekommunikationsverkehrsdaten. Urteil vom 2.3.2010 – 1 BvR 256/08 u. a., in: NJW 2010, 833-855.

BVerfG (2012): Anrechnung von Maßregelvollzugszeiten auf verfahrensfremde Freiheitsstrafen. Urteil vom 27.3.2012 – 2 BvR 2258/09, in: NJW 2012, 1784-1788.

BVerfG (2013): Antiterrordatei teilweise verfassungswidrig. Urteil vom 24.4.2013 – 1 BvR 1215/07, in: NJW 2013, 1499-1518.

Debus, Alfred G. (2008): Verweisungen in deutschen Rechtsnormen, Berlin.

Debus, Alfred G. (2015): Anspruch auf Zugang zu Telefon- und E-Mail-Verzeichnissen von Behörden und Gerichten, in: NJW 2015, 981-985.

Denninger, Erhard (2012): Rechtsstaatliche und demokratische Grundlagen der Polizeiarbeit, in: Lisken, Hans/Denninger, Erhard, Handbuch des Polizeirechts. Gefahrenabwehr, Strafverfolgung, Rechtsschutz, 5. Auflage, München, Kapitel B. I.

Deutscher Bundestag (2014), Stenografischer Bericht 26. Sitzung, Plenarprotokoll 18/26, 2127.

Deutsches Institut für Menschenrechte (2014): Stellungnahme zum Entwurf eines Gesetzes zur Änderung des Antiterrordateigesetzes und anderer Gesetze (BR-Drs. 153/14), http://www.institut-fuer-menschenrechte.de/fileadmin/_migrated/tx_commerce/Stellungnahme_zum_Entwurf_eines_Gesetzes_zur_AEnderung_des_Antiterrordateigesetzes_u_anderer_Gesetze.pdf (zuletzt abgerufen am 17.8.2016).

Dombert, Matthias/Räuker, Kaya (2014): Am Beispiel der deutschen Sicherheitsarchitektur: Zum Grundrechtsschutz durch Organisation, in: DÖV 2014, 414-421.

Drohla, Jeannine (2012): Deutsches Institut für Menschenrechte, Schriftliche Stellungnahme zur öffentlichen Anhörung zum Entwurf eines Gesetzes zur Verbesserung der Bekämpfung des Rechtsextremismus BT-Drucksache 17/8672 am 19.03.2012, Deutscher Bundestag, Ausschussdrucksache 17(4)461.

Eisvogel, Alexander (2012a): Schriftliche Stellungnahme zu der öffentlichen Anhörung am 19. März 2012 vor dem Innenausschuss des Deutschen Bundestages Gesetz zur Verbesserung der Bekämpfung des Rechtsextremismus; Rechtsextremismus-Datei-Gesetz (RDG) vom 16.03.2012, Deutscher Bundestag, Ausschussdrs. 17(4)460 G.

Eisvogel, Alexander (2012b): Deutscher Bundestag, Sitzung vom 19. März 2012, Öffentliche Anhörung von Sachverständigen zum Gesetzentwurf der Bundesregierung Entwurf eines Gesetzes zur Verbesserung der Bekämpfung des Rechtsextremismus BT-Drs. 17/8672, Protokoll-Nr. 17/68.

Friedrich, Hans-Peter (2012a): Deutscher Bundestag, Sitzung vom 1. März 2012, TOP 27, Plenarprotokoll 17/162, 19204 ff.

Friedrich, Hans-Peter (2012b): Deutscher Bundestag, Sitzung vom 28. Juni 2012, TOP 10, Plenarprotokoll 17/187, 22394 ff.

Hermes, Georg (2013): Art. 10, in: Dreier, Horst (Hrsg.): Grundgesetz Kommentar, Band I: Präambel, Artikel 1-19, 3. Auflage, Tübingen.

Hilbrans, Sönke (2012a): Schriftliche Stellungnahme zu dem Gesetzentwurf der Bundesregierung Entwurf eines Gesetzes zur Bekämpfung des Rechtsextremismus, BT-Drucksache 17/8672, Öffentliche Anhörung am 19.03.2012 vom 15.03.2012, Deutscher Bundestag, Innenausschuss, Ausschussdrs. 17(4)460 F neu.

Hilbrans, Sönke (2012b): Deutscher Bundestag, Sitzung vom 19. März 2012, Öffentliche Anhörung von Sachverständigen zum Gesetzentwurf der Bundesregierung Entwurf eines Gesetzes zur Verbesserung der Bekämpfung des Rechtsextremismus BT-Drs. 17/8672, Protokoll-Nr. 17/68.

Hilgendorf, Eric (2006): Stellungnahme zum Gesetzentwurf 16/02950, Deutscher Bundestag, Ausschussdrs. 16(4)131 B.

Hillgruber, Christian (2011): Grundrechtlicher Schutzbereich, Grundrechtsausgestaltung und Grundrechtseingriff, in: Isensee, Josef/Kirchhof, Paul (Hrsg.): Handbuch des Staatsrechts der Bundesrepublik Deutschland. Band IX: Allgemeine Grundrechtslehren, 3. Auflage, Heidelberg, § 200.

Innenausschuss (2012): Beschlussempfehlung und Bericht des Innenausschusses (4. Ausschuss) zu dem Gesetzentwurf der Bundesregierung – Drucksachen 17/8672, 17/8990 –, BT-Drs. 17/10155.

Innenausschuss (2014): Beschlussempfehlung und Bericht des Innenausschusses (4. Ausschuss) zu dem Gesetzentwurf der Bundesregierung – Drucksache 18/1565 – Entwurf eines Gesetzes zur Änderung des Antiterrordateigesetzes und anderer Gesetze, BT-Drs. 18/2902.

Käß, Robert (2013): Das Urteil des Bundesverfassungsgerichts zum Antiterrordateigesetz. Trennung der Grundrechtssphären und informationelles Trennungsprinzip, in: BayVBl 2013, 709-713.

Kirchhof, Gregor (2006): Kumulative Belastung durch unterschiedliche staatliche Maßnahmen, in: NJW 2006, 732-736.

Klement, Jan Henrik (2009): Die Kumulation von Grundrechtseingriffen im Umweltrecht, in: AöR 2009, Band 134, 35-82.

Kugelmann, Dieter (2012a): Stellungnahme zur Anhörung vor dem Innenausschuss des Deutschen Bundestages zu dem Entwurf eines Gesetzes zur Verbesserung der Bekämpfung des Rechtsextremismus, BT-Drucksache 17/8672, Deutscher Bundestag, Innenausschuss, Ausschussdrs. 17(4)460 H.

Kugelmann, Dieter (2012b): Deutscher Bundestag, Sitzung vom 19.3.2012, Öffentliche Anhörung von Sachverständigen zum Gesetzentwurf der Bundesregierung Entwurf eines Gesetzes zur Verbesserung der Bekämpfung des Rechtsextremismus BT-Drs. 17/8672, Protokoll-Nr. 17/68.

Kurz, Constanze/Rieger, Frank/Hubrig, Beata/Engling, Dirk (2012): Schriftliche Stellungnahme des Chaos Computer Clubs (CCC) anlässlich der Anhörung am 6.9.2012 an das Bundesverfassungsgericht 1 BvR 1215/07 vom 6.11.2012.

Lang, Kathrin Luise (2011): Das Antiterrordateigesetz. Zusammenarbeit von Polizei und Nachrichtendiensten im Lichte des Trennungsgebotes, Dissertation, Frankfurt am Main u. a.

Lücke, Jörg (2001): Der additive Grundrechtseingriff sowie das Verbot der übermäßigen Gesamtbelastung des Bürgers, in: DVBl 2001, 1469-1478.

Maurer, Jürgen (2012): Öffentliche Anhörung zum Gesetzentwurf der Bundesregierung „Entwurf eines Gesetzes zur Verbesserung der Bekämpfung des Rechtsextremismus (BT-Drucksache 17/8672) vom 14.03.2012, Deutscher Bundestag, Ausschussdrs. 17(4)460 A.

Merten, Detlef (2009): Verhältnismäßigkeitsgrundsatz, in: Merten, Detlef/Papier, Hans-Jürgen (Hrsg.): Handbuch der Grundrechte in Deutschland und Europa. Band III: Grundrechte in Deutschland: Allgemeine Lehren II, Heidelberg, § 68.

OVG Münster (2013): Beschluss vom 26.11.2013 – 14 A 2401/13 –, online abrufbar unter: https://www.justiz.nrw.de/nrwe/ovgs/ovg_nrw-/j2013/14_A_2401_13_Beschluss_20131126.html (zuletzt abgerufen am 17.8.2016).

Petri, Thomas (2012): Informationsverarbeitung im Polizei- und Strafverfahrensrecht, in: Lisken, Hans/Denninger, Erhard, Handbuch des Polizeirechts. Gefahrenabwehr, Strafverfolgung, Rechtsschutz, 5. Auflage, München 2012, Kapitel G.

Petri, Thomas (2013): Die Antiterrordatei. Prototyp für verfassungswidrig ausgestaltete Verbunddateien?, in: ZD 2013, 3-8.

Poscher, Ralf (2012a): Stellungnahme zu dem Entwurf eines Gesetzes zur Verbesserung der Bekämpfung des Rechtsextremismus, BT-Drs. 17/8672 zur Vorbereitung der öffentlichen Anhörung des Innenausschusses des Deutschen Bundestages am 19.3.2012, Deutscher Bundestag, Innenausschuss, Ausschussdrs. 17(4)460 D.

Poscher, Ralf (2012b): Deutscher Bundestag, Sitzung vom 19. März 2012, Öffentliche Anhörung von Sachverständigen zum Gesetzentwurf der Bundesregierung Entwurf eines Gesetzes zur Verbesserung der Bekämpfung des Rechtsextremismus BT-Drs. 17/8672, Protokoll-Nr. 17/68.

Poscher, Ralf/Rusteberg, Benjamin (2014): Die Aufgabe des Verfassungsschutzes. Zur funktionalen Trennung von Polizei und Nachrichtendiensten, in: KJ 2014, 57-71.

Ritzert, Silke (2015): § 98a StPO, in: Graf, Jürgen Peter (Hrsg.), Beck'scher Online-Kommentar StPO, München, Stand: 1.9.2015.

Roewer, Helmut (1987): Nachrichtendienstrecht der Bundesrepublik Deutschland, Kommentar, Köln u. a.

Roggan, Frederik (2012a): Stellungnahme zu dem Entwurf eines Gesetzes zur Verbesserung der Bekämpfung des Rechtsextremismus, BT-Drucksache 17/8672 vom 16.3.2012. Deutscher Bundestag, Innenausschuss, Ausschussdrs. 17(4)460 C.

Roggan, Frederik (2012b): Deutscher Bundestag, Sitzung vom 19. März 2012, Öffentliche Anhörung von Sachverständigen zum Gesetzentwurf der Bundesregierung Entwurf eines Gesetzes zur Verbesserung der Bekämpfung des Rechtsextremismus BT-Drs. 17/8672, Protokoll-Nr. 17/68.

Rossi, Matthias (2014): Stellungnahme zum Gesetzentwurf der Bundesregierung „Entwurf eines Gesetzes zur Änderung des Antiterrordateigesetzes und anderer Gesetze", BT-Drucksache 18/1565, im Rahmen der Anhörung im Innenausschuss des Deutschen Bundestages am 22.9.2014. Deutscher Bundestag, Innenausschuss, Ausschussdrs. 18(4)144 F.

SächsVerfGH (2005): „Großer Lauschangriff" durch den Verfassungsschutz. Urteil vom 21.7.2005 – Vf. 67_II-04, in: NVwZ 2005, 1310-1316.

Schaar, Peter (2012a): Stellungnahme des Bundesbeauftragten für den Datenschutz und die Informationsfreiheit, Öffentliche Anhörung des Innenausschusses des Deutschen Bundestages am 19.3.2012 Gesetzentwurf der Bundesregierung Entwurf eines Gesetzes zur Verbesserung der Bekämpfung des Rechtsextremismus BT-Drucksache 17/8672, Deutscher Bundestag, Innenausschuss, Ausschussdrs. 17(4)460 E.

Schaar, Peter (2012b): Deutscher Bundestag, Sitzung vom 19.3.2012, Öffentliche Anhörung von Sachverständigen zum Gesetzentwurf der Bundesregierung Entwurf eines Gesetzes zur Verbesserung der Bekämpfung des Rechtsextremismus BT-Drs. 17/8672, Protokoll-Nr. 17/68.

Schenke, Ralf. P. (2010): Art. 10 GG, in: Stern, Klaus/Becker, Florian (Hrsg.): Grundrechte-Kommentar, Köln.

Schwabenbauer, Thomas (2013): Heimliche Grundrechtseingriffe, Tübingen.

Schwarz, Kyrill-Alexander (2014): Gutachterliche Stellungnahme zum Gesetzentwurf der Bundesregierung „Entwurf eines Gesetzes zur Änderung des Antiterrordateigesetzes und anderer Gesetze" BT-Drs. 18/1656 vom 17.09.2014, Deutscher Bundestag, Innenausschuss, Ausschussdrs. 18(4)144 C.

Soiné, Michael (2007): Erkenntnisverwertung von Informanten und V-Personen der Nachrichtendienste in Strafverfahren, in: NStZ 2007, 247-253.

Srol, Sven (2012): Die ‚Verzahnung' von Polizei und Nachrichtendiensten bei der Abwehr von Gefahren durch Extremismus und Terrorismus: Gemeinsame Zentren, gemeinsame Verbunddateien und andere Problemfelder, in: Möllers, Martin H.W./van Ooyen, Robert Chr. (Hrsg.): Jahrbuch Öffentliche Sicherheit 2012/2013, Frankfurt, 109-123.

Streiß, Christoph (2011): Das Trennungsgebot zwischen Polizei und Nachrichtendiensten. Im Lichte aktueller Herausforderungen des Sicherheitsrechts, Dissertation, Frankfurt am Main u. a.

Stubenrauch, Julia (2009): Gemeinsame Verbunddateien von Polizei und Nachrichtendiensten, Baden-Baden.

Tanneberger, Steffen (2014): Die Sicherheitsverfassung, Tübingen.

Thiel, Markus (2011): Die „Entgrenzung“ der Gefahrenabwehr. Grundfragen von Freiheit und Sicherheit im Zeitalter der Globalisierung, Habilitation, Tübingen.

UN-Sicherheitsrat (2001). Resolution 1373 vom 28.9.2001.

Voß, Carsten (2014): Novelle des Antiterrordateigesetzes, Öffentliche Anhörung am 22.9.2014, hier: Stellungnahme BKA, Deutscher Bundestag, Innenausschuss, Ausschussdrs. 18(4)144 G.

Voßhoff, Andrea (2014): Gesetzentwurf der Bundesregierung zur Änderung des Antiterrordateigesetztes und anderer Gesetze (BT-Drs. 18/1565) vom 25.6.2014.

Warg, Gunter (2013): Verfassungsschutz und Polizei – Trennendes, Gemeinsames und Informationsaustausch, Die Polizei 2013, 200-206.

Weisser, Niclas-Frederic (2011): Das Gemeinsame Terrorismusabwehrzentrum (GTAZ) – Rechtsprobleme, Rechtsform und Rechtsgrundlage, in: NVwZ 2011, 142-146.

Wolff, Heinrich Amadeus (2011): Schriftliche Stellungnahme zur öffentlichen Anhörung vor dem Innenausschuss des Deutschen Bundestages am Montag, dem 19.3.2012 zum Entwurf der Bundesregierung zu einem Gesetz zur Verbesserung der Bekämpfung des Rechtsextremismus, BT-Drucksache 17/8672 vom 15.10.2011, Deutscher Bundestag, Innenausschuss, Ausschussdrs. 17(4)460 B.

Wolff, Heinrich Amadeus (2014a): Schriftliche Stellungnahme zur öffentlichen Anhörung des Innenausschusses des Deutschen Bundestages am Montag, den 22. September 2014, Deutsche Bundestag, Innenausschuss, Ausschussdrs. 18(4)144 E.

Wolff, Heinrich Amadeus (2014b): Deutscher Bundestag, Wortprotokoll der 22. Sitzung vom 22.9.2014, Innenausschuss, Öffentliche Anhörung Gesetzentwurf der Bundesregierung Entwurf eines Gesetzes zur Änderung des Antiterrordateigesetzes und anderer Gesetze BT-Drucksache 18/1565, Protokoll-Nr. 18/22.

Ziekow, Jan/Debus, Alfred G./Piesker, Axel (2013): Die Planung und Durchführung von Gesetzesevaluationen: ein Leitfaden unter besonderer Berücksichtigung datenschutzrechtlicher Eingriffe, Baden-Baden.

Zöller, Mark A. (2007): Der Rechtsrahmen der Nachrichtendienste bei der „Bekämpfung“ des internationalen Terrorismus, in: JZ 2007, 763-771.

9. Anhang

9.1 Vergleich von ATDG und RED-G

ATDG	BVerfG-Urteil (soweit Relevanz für RED-G)	RED-G-Identität	RED-G-Unterschied
Diverse	• §§ 2 S. 1 Nr. 1-3, § 3 Abs. 1 Nr. 1, § 5 Abs. 1, 2, § 6 Abs. 1, 2 verstoßen gegen Art. 10 Abs. 1 GG und Art. 13 Abs. 1 GG, soweit sie sich auf nicht nach § 4 ATDG verdeckt gespeicherte Daten erstrecken, die aus Eingriffen in das Telekommunikationsgeheimnis und das Grundrecht auf Unverletzlichkeit der Wohnung herrühren	Auch die RED ermöglicht einen Datenaustausch von Maßnahmen, die mit einem Eingriff in Art. 10, 13 GG verbunden sind, auch für nicht verdeckt gespeicherte Daten	
§ 1 (Anwendungsbereich)	• § 1 Abs. 1 nicht beanstandet • § 1 Abs. 2 verfassungswidrig, da RVO fehlt		
§ 2 (Inhalt)	• § 2 S. 1 Nr. 1a) verfassungskonform • § 2 S. 1 Nr. 1b) bezüglich des Merkmals des Unterstützens einer unterstützenden Gruppierung ist verfassungswidrig • § 2 S. 1 Nr. 2 bezüglich des Merkmals Befürworten ist verfassungswidrig • § 2 S. 1 Nr. 2 bedarf der verfassungskonformen Auslegung bezüglich der rechtswidrigen Gewalt (= Gewalt gegen Leib und Leben bzw. Gewalt durch den Einsatz gemeingefährlicher Mittel) und des vorsätzlichen Hervorrufens (=willentliches Hervorrufen) von Gewalt • § 2 S. 1 Nr. 3 (Kontaktpersonen) verfassungswidrig, nur Speicherung als erweitertes Grunddatum wäre zulässig • Teilweise unvereinbar mit Art. 10, 13 GG	§ 2 S. 2 identisch	• § 2 S. 1: unterschiedlicher Personenbezug, die Begriffe Unterstützung einer unterstützenden Gruppierung bzw. des Befürwortens tauchen nicht auf • Formulierung in Nr. 3 und 4 nahezu identisch • Relevanz des Urteils für die Kontaktpersonen

ATDG	BVerfG-Urteil (soweit Relevanz für RED-G)	RED-G-Identität	RED-G-Unterschied
§ 3 (Datenarten)	§ 3 Abs. 1 Nr. 1b): Verfassungskonform sind: aa-ff, jj, kk, ll, oo, qq, rr ATDG Zusätzliche Verfahrensrechtliche Anforderungen werden verlangt für: gg, hh, ii, kk, nn ATDG: der Gesetzgeber muss sicherstellen, dass die Sicherheitsbehörden die Bestimmungen näher konkretisieren und standardisieren und dies nachvollziehbar dokumentieren und veröffentlichen	§ 3 Abs. 1 Nr. 1a: keine Einbeziehung von Sprachen und Dialekten, *§ 3 Abs. 1 Nr. 1b):* Verfassungskonform aa-ff ATDG = aa-ff RED-G jj ATDG = hh RED-G ll ATDG = jj RED-G oo ATDG = mm RED-G qq ATDG = nn RED-G *Zusätzliche verfahrensrechtliche Anforderungen:* ii ATDG = gg RED-G kk ATDG = ii RED-G nn ATDG = ll RED-G § 3 Abs. 1 Nr. 2 außer dem Bezug auf rechtsextremistische Vereinigungen usw. identisch § 3 Abs. 1 Nr. 3, Abs. 2 identisch	§ 3 Abs. 1 Nr. 1b): rr ATDG entspricht i.W. oo RED-G mm ATDG entspricht i.W. kk RED-G pp-uu RED-G haben im ATDG keine Entsprechung
§ 4 (verdeckte und beschränkte Speicherung)	Nicht beanstandet	§ 4 Abs. 1 außer dem Bezug zu rechtsextremistischen Ver einigungen usw. identisch § 4 Abs. 2 identisch	
§ 5 (Zugriff auf die Daten)	• § 5 Abs. 1 S. 2 Nr. 1a verfassungswidrig, da unmittelbarer Zugriff auf die Grunddaten nach § 3 Abs. 1 Nr. 1a) im Wege der Inverssuche	§ 5 Abs. 1 S. 2, Abs. 2 S. 2-8, Abs. 3, 4 identisch	• § 5 Abs. 1 S. 1 Bezug zum gewaltbezogenen Rechtsextremismus

ATDG	BVerfG-Urteil (soweit Relevanz für RED-G)	RED-G-Identität	RED-G -Unterschied
	• § 5 Abs. 1 im Übrigen verfassungskonform, da kein unmittelbarer Zugriff auf die Daten zulässig ist • § 5 Abs. 2 im Übrigen verfassungskonform		• § 5 Abs. 2 S. 1 hat zusätzliche Voraussetzung
§ 6 (weitere Verwendung der Daten)	§ 6 Abs. 2 im Übrigen verfassungskonform	§ 6 Abs. 3 identisch	• § 6 Abs. 1 Bezug zum gewaltbezogenen Rechtsextremismus und auf § 7 • § 6 Abs. 2, 3 entsprechen i.W. § 6 Abs. 2, 3 ATDG
§7 (Übermittlung von Erkenntnissen)	Nicht beanstandet	§ 8, außer dem Verweis auf § 7 identisch	
§ 8 (Datenschutzrechtliche Verantwortung)	Nicht beanstandet	§ 9, außer dem Verweis auf § 7 identisch	
§ 9 (Protokollierung, technische und organisatorische Maßnahmen)	Nicht beanstandet	§ 10, außer dem Verweis auf § 7 identisch	

ATDG	BVerfG-Urteil (soweit Relevanz für RED-G)	RED-G-Identität	RED-G -Unterschied
§ 10 (Datenschutzrechtliche Kontrolle, Auskunft)	• § 10 bedarf der verfassungskonformen Auslegung • Zusätzliche verfahrensrechtliche Anforderung verlangt: es bedarf einer Pflichtenkontrolle mindestens alle zwei Jahre	§ 11, identisch	
§ 11 (Berichtigung, Sperrung, Löschung)	§ 11 Abs. 2, 4 verfassungskonform, i.Ü. nicht geprüft	§ 12 Abs. 1, 4 identisch	• § 12 Abs. 2 bezieht sich auf gewaltbezogenen Rechtsextremismus • § 12 Abs. 3 präzisiert die besonders hochwertigen Rechtsgüter
§ 12 (Errichtungsanordnung)	Nicht beanstandet	§ 13 S. 1 Nr. 2-6, 8 identisch	§ 13 S. 1 Nr. 1, 7 und S. 2 unterscheiden sich
§ 13 (Einschränkung von Grundrechten)	Nicht beanstandet	§ 14, identisch	

9.2 Erhebungsbogen für die begleitende Erhebung

Evaluierung nach Artikel 3 Absatz 2 des Gesetzes zur Verbesserung der Bekämpfung des Rechtsextremismus – Begleitende Erhebung

Behörden-Kürzel der RED: Datum:

Im Rahmen der Evaluierung des RED-G gemäß Art. 3 Abs. 2 des Gesetzes zur Verbesserung der Bekämpfung des Rechtsextremismus wird ab dem **15. August 2014** eine begleitende Erhebung bei den an der RED beteiligten Behörden durchgeführt. Darüber soll für jede einzelne Suchabfrage erfasst werden, inwieweit die RED als Kontaktanbahnungsinstrument dient.

Wir möchten Sie daher bitten, bei jeder Suchabfrage in der RED den vorliegenden Fragebogen auszufüllen und monatsweise gesammelt an das **Bundesministerium des Innern (AG ÖS I 3)** zu übermitteln. Sollten Sie zu einem Fall mehrere Suchanfragen hintereinander stellen, bitten wir Sie, für jede Suchabfrage jeweils einen eigenen Erhebungsbogen auszufüllen. Bitte übersenden Sie den Erhebungsbogen erst, wenn die Suchabfrage abgeschlossen ist, d. h. entweder nur technische Treffer erzielt worden sind oder Sie Daten abschließend erhalten oder abschließend nicht erhalten haben.

Nach Abschluss der Erhebungen werden diese Daten ebenso wie alle anderen Informationen, die als Informationsgrundlage für die Evaluierung genutzt werden, aggregiert, so dass kein Rückschluss auf einzelne Fälle oder Behörden möglich ist.

Wir möchten uns bereits jetzt für Ihre wertvolle Mithilfe bedanken.

Bitte senden Sie die ausgefüllten Erhebungsbögen per Post, E-Mail oder Fax an:

Bundesministerium des Innern
Fax: xxx
E-Mail: xxx

1) *Hat Ihre Suchabfrage in diesem konkreten Fall zu einem technischen Treffer geführt?*

☐ Ja ☐ Nein

2) *Ist in diesem konkreten Fall von Ihrer Behörde im verdeckten Datenbestand gesucht worden?*

☐ Ja, mit Rückmeldung ☐ Ja, ohne Rückmeldung ☐ Nein

3) *Falls Sie im verdeckten Datenbestand gesucht und eine Rückmeldung erhalten haben, wie lange hat es gedauert bis die datenbesitzende Behörde zu Ihnen Kontakt aufgenommen hat?*

(in Tagen)

4) *Haben Sie die Person/das Objekt in der Datei gefunden, nach der/dem Sie gesucht haben?*

☐ Ja ☐ Nein **(→ weiter mit Frage 15)**

5) *Falls Sie einen Treffer erhalten haben, haben Sie Kontakt zur datenbesitzenden Behörde aufgenommen?*

☐ Ja, zu einem Nachrichtendienst ☐ Ja, zu einer Polizeibehörde
☐ Nein

6) *Haben Sie Zugriff auf erweiterte Grunddaten erbeten?*

☐ Ja, per Email (Vorlage in RED) ☐ Ja, per Telefon ☐ Nein

7) *Falls Sie Zugriff auf die erweiterten Grunddaten erbeten haben, haben Sie diesen auch erhalten?*

☐ Ja ☐ Nein

8) *Falls Sie Zugriff erhalten haben, wie lange hat es gedauert, bis Sie die erweiterten Grunddaten erhalten haben?*

(in Tagen)

9) *Haben Sie gemäß der jeweilis geltenden Übermittlungsvorschriften (§ 8 RED-G) weitere Informationen von der datenbesitzenden Behörde erhalten?*

☐ Ja ☐ Nein

10) *Haben Sie in diesem konkreten Fall gesperrte Daten nach § 12 Abs. 3 RED-G abgerufen?*

☐ Ja ☐ Nein

11) *Aus welchem Grund haben Sie gesperrte Daten abgerufen?*

12) *Haben Sie die Daten, die Sie durch ihre Suchabfrage in der RED erhalten haben, für einen anderen Zweck als zur Bekämpfung des gewaltbezogenen Rechtsextremismus verwendet (gemäß § 6 Abs. 1 RED-G)?*

☐ Ja ☐ Nein

13) *Falls ja, für welchen Zweck haben Sie die Daten verwendet?*

☐ zur Verfolgung einer besonders schweren Straftat
☐ zur Abwehr einer Gefahr für Leib, Leben, Gesundheit oder Freiheit einer Person

14) *Hätten Sie die mithilfe der RED gewonnenen Daten auch aus eigenen Datenbanken oder Informationssystemen erhalten können?*

☐ Ja ☐ Nein

15) *Hat die Suchabfrage in der RED weiterführende Erkenntnisse für Ihre Arbeit geliefert?*

☐ Ja ☐ Nein

16) *Welche weiteren Datenerhebungsmaßnahmen haben Sie im Zusammenhang mit diesem Fall durchgeführt?*

17) *Sind Ihrer Abfrage weitere Suchanfragen zu demselben Fall vorangegangen?*

☐ Ja ☐ Nein

18) *Falls ja, wie viele Suchanfragen sind Ihrer Abfrage in diesem konkreten Fall vorangegangen?*

19) *Falls Sie inhaltliche Anmerkungen oder Kommentare zu dem erfassten Fall haben, können Sie hierfür das Freitextfeld nutzen (z. B. zu Anwendungsproblemen)! Bitte geben Sie auch an, wenn es sich um einen Eilfall handelt.*

9.3 Erhebungsbogen für die Nutzerbefragung

Evaluierung nach Artikel 3 Absatz 2 des Gesetzes zur Verbesserung der Bekämpfung des Rechtsextremismus
RED-Nutzerbefragung

Name der BPolD: ______ Datum: _______

Im Rahmen der Evaluierung des RED-G gemäß Art. 3 Abs. 2 des Gesetzes zur Verbesserung der Bekämpfung des Rechtsextremismus wird bei den beteiligten Behörden eine teilstandardisierte Erhebung durchgeführt. Darüber sollen zusätzliche Informationen zur Wirksamkeit und Praktikabilität der RED, zu nicht- intendierten Nebenwirkungen sowie zur Eingriffsintensität erfragt werden. Der Fragebogen richtet sich sowohl an die Nutzerinnen und Nutzer der RED, als auch an ggf. zuständige Datenkräfte. Wir bitten Sie, jeweils einen abgestimmten Fragebogen pro BPolD an das **Bundesministerium des Innern (AG ÖS I 3)** zu übermitteln.

Die im Rahmen der Befragung gewonnenen Daten werden ausschließlich aggregiert ausgewertet, sodass der Abschlussbericht **keinen** Rückschluss auf einzelne Behörden zulassen wird.

Für Ihre Mithilfe möchten wir uns bereits vorab bei Ihnen bedanken.

Bitte senden Sie die ausgefüllten Erhebungsbögen per Post, Fax, E-Mail oder VS-Mail an:

Bundesministerium des Innern
Fax: xxx
E-Mail: xxxx
VS-Mail: xxxx

A. Anwendungserfahrungen

1) Aus welchem Grund nutzen Sie die RED hauptsächlich?

☐ Zur Verifikation bereits vorhandener Daten

☐ Zur Gewinnung neuer Informationen

☐ Sonstiges: ______________________________

____

2) Sind in Ihrer Behörde die Personen, die auf die RED zugreifen, auch diejenigen, die die gewonnenen Informationen fachlich nutzen?

☐ Ja

☐ Nein

3) Falls nein, wie beurteilen Sie diese Aufgabenteilung in Ihrer Behörde?

Sehr gut ☐ ☐ ☐ ☐ ☐ Sehr schlecht

☐ Keine Angabe

4) Bitte begründen Sie Ihre Einschätzung kurz!

5) Sind für Sie die gesetzlichen Voraussetzungen, unter denen Personen und Organisationen in der RED zu speichern sind, in der Regel klar und eindeutig?

☐ Ja

☐ Nein

6) Falls nein, aus welchen Gründen (z. B. Abgrenzungsschwierigkeiten)?

7) Wie bewerten Sie die Relevanz der in der RED enthaltenen Datenfelder?

a) im Bereich der Grunddaten

Sehr hoch ☐ ☐ ☐ ☐ ☐ Sehr gering

☐ Keine Angabe

b) im Bereich der erweiterten Grunddaten

Sehr hoch ☐ ☐ ☐ ☐ ☐ Sehr gering

☐ Keine Angabe

8) Sollten Ihrer Meinung nach weitere Datenfelder aufgenommen werden?

☐ Ja, und zwar: ______________________________

____

☐ Nein

9) Gibt es aus Ihrer Sicht Datenfelder, die entfallen könnten?

☐ Ja, und zwar: ______________________________

____

☐ Nein

10) Bitte begründen Sie Ihre Bewertung kurz!

11) Gibt es in Ihrer Behörde eindeutige Vorgaben zur Nutzung der RED (z. B. zur Befüllung von Freitextfeldern)?

☐ Ja, und zwar: ______________________________

____

☐ Nein

12) Wie bewerten Sie die Aufteilung zwischen Grunddaten und erweiterten Grunddaten in der Praxis?

Sehr gut ☐ ☐ ☐ ☐ ☐ Sehr schlecht

☐ Keine Angabe

13) Bitte begründen Sie Ihre Einschätzung kurz!

14) Wie oft machen Sie von der Möglichkeit der beschränkten Speicherung gemäß § 4 Abs. 1 RED-G Gebrauch?

☐ Sehr oft
☐ Oft
☐ Gelegentlich
☐ Selten
☐ Nie
☐ Keine Angabe

15) Wie oft haben Sie nach einer Suche im verdeckten Datenbestand eine Rückmeldung von der datenbesitzenden Behörde erhalten?

☐ Sehr oft
☐ Oft
☐ Gelegentlich
☐ Selten
☐ Nie
☐ Keine Angabe

16) Wie bewerten Sie die Möglichkeit, Daten verdeckt zu speichern, in der Praxis?

Sehr gut ☐ ☐ ☐ ☐ ☐ Sehr schlecht
☐ Keine Angabe

17) Bitte begründen Sie Ihre Einschätzung kurz!

18) Wie bewerten Sie die mit § 7 RED-G vorgesehene – bislang technisch noch nicht umgesetzte – Möglichkeit zur erweiterten Datennutzung?

Sehr wichtig ☐ ☐ ☐ ☐ ☐ unwichtig
☐ Keine Angabe

19) Bitte begründen Sie Ihre Einschätzung kurz!

20) Wie oft kommt es vor, dass Sie bei der Nutzung der RED auf Dubletten stoßen?

☐ Sehr oft
☐ Oft
☐ Gelegentlich
☐ Selten
☐ Nie
☐ Keine Angabe

21) Wie oft haben Sie seit der Einrichtung der RED an entsprechenden Schulungen teilgenommen?

_______ (Mal)

22) Falls Sie an Schulungen teilgenommen haben, wie bewerten Sie den Nutzen der Schulungen für Ihre Arbeit mit der RED?

Sehr gut ☐ ☐ ☐ ☐ ☐ Sehr schlecht
☐ Keine Angabe

23) Wurden aus Ihrer Sicht ausreichend viele Schulungen angeboten?

☐ Ja
☐ Nein

B. Technische Bedienbarkeit der RED

24) Wie oft ist es bei der Benutzung der RED bisher zu technischen Problemen gekommen?

- ☐ Sehr oft
- ☐ Oft
- ☐ Gelegentlich
- ☐ Selten
- ☐ Nie
- ☐ Keine Angabe

25) Um welche Probleme hat es sich dabei gehandelt?

26) Wie oft ist es bei der Benutzung der RED bisher zu sonstigen Problemen gekommen?

- ☐ Sehr oft
- ☐ Oft
- ☐ Gelegentlich
- ☐ Selten
- ☐ Nie
- ☐ Keine Angabe

27) Falls es zu sonstigen Problemen gekommen ist, um welche Probleme hat es sich dabei gehandelt?

28) Vermissen Sie bestimmte Funktionen in der RED?

☐ Ja, und zwar: ______________________________

____

☐ Nein

29) Wie bewerten Sie insgesamt die Nutzerfreundlichkeit der RED?

Sehr gut ☐ ☐ ☐ ☐ ☐ Sehr schlecht

☐ Keine Angabe

C. Wirksamkeit

30) Hat aus Ihrer Sicht die RED zu einer Verbesserung des Informationsaustausches zwischen den Sicherheitsbehörden im Bereich der Bekämpfung des gewaltbezogenen Rechtsextremismus geführt?

☐ Ja

☐ Nein

☐ Keine Angabe

31) Falls nein, was sind Ihrer Meinung nach die Gründe dafür, dass die RED nicht zu einer Verbesserung geführt hat?

32) Nutzen Sie andere Formen des Informationsaustausches zwischen den Sicherheitsbehörden zur Bekämpfung des gewaltbezogenen Rechtsextremismus als die RED (abgesehen von Verbundsystemen wie NADIS WN oder INPOL-Fall)?

☐ Ja, und zwar: ______________________________

____

☐ Nein

33) Wie oft sind durch den Informationsaustausch über die RED andere Datenerhebungsmaßnahmen Ihrer Behörde obsolet geworden?

☐ Sehr oft
☐ Oft
☐ Gelegentlich
☐ Selten
☐ Nie
☐ Keine Angabe

34) Welche Instrumente würden Sie für die Informationsgewinnung nutzen, wenn Ihnen die RED nicht zur Verfügung stehen würde?

35) Wie bewerten Sie den konkreten Nutzen der mit Hilfe der RED gewonnenen Informationen für Ihre tägliche Arbeit?

Sehr hoch ☐ ☐ ☐ ☐ ☐ Sehr gering

☐ Keine Angabe

36) Bitte begründen Sie Ihre Einschätzung kurz!

37) Wie wichtig ist aus Ihrer Sicht die RED für die Bekämpfung des gewaltbezogenen Rechtsextremismus?

Sehr wichtig ☐ ☐ ☐ ☐ ☐ unwichtig

☐ Keine Angabe

38) Falls Sie weitere inhaltliche Anmerkungen oder Kommentare zur RED haben, können Sie hierfür das Freitextfeld nutzen!

9.4 Leitfaden für die leitfadengestützten Interviews

A. Allgemeines

1) Seit wann arbeiten Sie mit der RED?
2) Bitte beschreiben Sie kurz Ihren Aufgabenbereich!
3) Wie ist die Arbeit mit der RED in Ihrer Behörde organisiert?
4) Gibt es Vorgaben zur Nutzung der RED in Ihrer Behörde?
   - Falls ja, um welche Vorgaben handelt es sich dabei genau und was ist deren Inhalt?
5) Wie häufig greifen Sie auf die RED zu?
6) In welchen Situationen nutzen Sie die RED? Bitte nennen Sie uns typische Fallkonstellationen!

B. Praktikabilität der Regelungen des RED-G und mögliche Anwendungsprobleme

7) Wie bewerten Sie die Regelungen des RED-G hinsichtlich ihrer Verständlichkeit und Umsetzbarkeit?
   - Gab es Probleme bei der Anwendung der Regelungen des RED-G? Falls ja, welche?
8) Wie bewerten Sie die mit § 7 RED-G geschaffene Möglichkeit zur erweiterten Datennutzung?
9) Wie zufrieden sind Sie mit der technischen Ausgestaltung der RED?
   - Vermissen Sie bestimmte Funktionen/Datenfelder in der RED? Falls ja, welche? Aus welchen Gründen?
   - Gibt es aus Ihrer Sicht Datenfelder, die entfallen könnten? Falls ja, welche? Aus welchen Gründen?
10) Wie könnte die Arbeit mit der RED Ihrer Ansicht nach verbessert werden?

C. Eingriffsintensität

C.I Übermittlung erweiterter Grunddaten

11) Wer entscheidet in Ihrer Behörde, ob erweiterte Grunddaten übermittelt werden?
12) Wie läuft das Entscheidungsverfahren genau ab?
13) Wie häufig kommt es vor, dass im Rahmen einer individuellen Kontaktaufnahme außerhalb der RED weitere Daten abgefragt bzw. übermittelt werden?
14) Wann unterbleibt eine Kontaktaufnahme zur datenbesitzenden Behörde trotz eines Treffers in den erweiterten Grunddaten? Von wem wird dies entschieden?

C.II Übermittlung verdeckt gespeicherter Daten

15) Wer entscheidet in Ihrer Behörde, ob verdeckt gespeicherte Daten übermittelt werden?
16) Wie läuft das Entscheidungsverfahren genau ab?
17) Wie werden die Gründe für die Übermittlungsentscheidung dokumentiert?

C. III Übermittlung zur weiteren Verwendung der Daten

18) Ist eine Nutzung der Daten gemäß § 6 Abs. 1 S. 2 RED-G unterblieben, da die Behörde, die die Daten eingegeben hat, ihre Zustimmung verweigert hat?
19) Haben Sie gem. § 6 Abs. 4 RED-G Daten an die Staatsanwaltschaft übermittelt?
20) Falls ja, welche Daten haben Sie an die Staatsanwaltschaft übermittelt?

C. IV Datenschutz

21) Wie prüfen Sie die Zulässigkeit der Abfrage bzw. Eingabe der Daten gemäß § 9 Abs. 1 RED-G?
22) Wie stellen Sie die Richtigkeit und Aktualität der durch Ihre Behörde eingegebenen Daten sicher?
23) Wie oft kontrollieren Sie die in der RED gespeicherten Daten?
24) Ist die Kennzeichnung der für einen anderen Zweck verwendeten Daten gem. § 6 Abs. 3 RED-G aufrechterhalten worden?
25) Wie stellen Sie sicher, dass Daten nach Wegfall der Rechtsgrundlage für die Speicherung in der RED gelöscht werden?

Bitte skizzieren Sie kurz, wie das Verfahren in Ihrer Behörde praktisch organisiert ist.

26) Gab es Fälle, in denen Sie eine andere Behörde darauf hingewiesen haben, dass von ihr eingegebene Daten unrichtig waren (§ 9 Abs. 3 RED-G)?
27) Wie häufig kam es vor, dass Sie von einer Speicherung erweiterter Grunddaten in der RED gem. § 4 Abs. 1 RED-G abgesehen haben (beschränkte Speicherung)?
28) Aus welchen Gründen ist von einer Speicherung abgesehen worden?
29) Um welche Daten hat es sich dabei gehandelt?
30) Wurden in Fällen, in denen Daten berichtigt wurden, die Behörden, die die Daten zuvor abgefragt hatten, über die Berichtigung informiert?
31) Wie häufig kommt es zu einer Auskunft über nicht verdeckt gespeicherte Daten an Betroffene gem. § 11 Abs. 2 RED-G? (nur BKA)
32) Wie häufig kommt es zu einer Auskunft über verdeckt gespeicherte Daten an Betroffene? (alle Behörden)
33) Wie oft und auf welcher Rechtsgrundlage wurde ggf. von einer Auskunft abgesehen?
34) Gab es Fälle, in denen ein Berichtigungsanspruch geltend gemacht wurde? Gab es Fälle, in denen daraufhin die beanstandeten Daten geändert wurden?
35) Wie bewerten Sie insgesamt die datenschutzrechtlichen Vorgaben für die Nutzung der RED?

C. V Unterbliebene Datenerhebungsmaßnahmen

36) Sind durch den Informationsaustausch mit Grundrechtseinschränkungen verbundene Datenerhebungsmaßnahmen in Ihrer Behörde obsolet geworden?
37) Mit welchen Maßnahmen wären diese Daten sonst erhoben worden?

D. Wirksamkeit der RED

38) Wie hat sich der gemeinsame Betrieb der RED Ihrer Ansicht nach auf die Zusammenarbeit (Informationsaustausch) von Polizei und Nachrichtendiensten ausgewirkt?
39) Welche Faktoren haben zu den wahrgenommenen Veränderungen in der Zusammenarbeit beigetragen (z. B. Treffer-Erfolge, Arbeitsvereinfachung durch Standardisierung bestimmter Angaben und Kategorisierung bestimmter Phänomene in den Katalogen der RED)?
40) Was sind Ihrer Ansicht nach Gründe dafür, dass über die RED bisher nur relativ wenige Anfragen zur Freischaltung erweiterter Grunddaten erfolgt sind?
41) Wie hat sich die Einrichtung des GAR bzw. GETZ auf die Zusammenarbeit der Behörden im Verhältnis zu der RED ausgewirkt?
42) Welche Vor- und Nachteile ergeben sich durch die RED?
43) Wie könnte die Wirksamkeit der RED Ihrer Ansicht nach verbessert werden?

E. Nicht-intendierte Nebenwirkungen und Optimierungsmöglichkeiten

44) Werden Daten aus der RED Ihrer Erfahrung nach häufig für andere Zwecke als zu einer Bekämpfung des gewaltbezogenen Rechtsextremismus verwendet?
45) Inwieweit führen Probleme bei der Anwendung des RED-G dazu, dass die Ziele des Gesetzes nicht oder nur teilweise erreicht werden? Um welche Probleme handelt es sich dabei?
46) In welchen Bereichen der RED bzw. des RED-G sehen Sie noch Optimierungsmöglichkeiten?

FSC
www.fsc.org
MIX
Papier | Fördert gute Waldnutzung
FSC® C083411

Kolibri 360 GmbH
Ferdinand-Jühlke-Straße 7
99095 Erfurt, Deutschland
produktsicherheit@kolibri360.de